复旦卓越·金融学系列

上海高校重点课程金融科技系列教材

金融科技概论

主　编　李　征
副主编　刘广威　颜赛赛　宋金龙
编　委　陆佳佳　丁滟湫　蒲毛敏　李欣悦　祁静玉

Introduction to Financial Technology

复旦大学出版社

内容简介

随着"十四五"规划进入关键实施期,加快推动我国金融业数字化进程,鼓励持续关注金融领域新技术发展和应用情况,提升快速安全应用新技术的能力,释放数据价值。全书对金融科技涵义与界定、发展简史、理论与实践、区块链、云计算、物联网、人工智能与金融应用、大数据征信与数据资产、数字货币、金融科技安全与风险管理、金融科技监管与创新等作了阐述和分析。同时兼顾对学生的金融科技理论知识和技术能力的培养,采用从理论到技术应用构建课程知识体系。通过学习目标、知识讲解、本章小结、关键词语和复习思考题让学生回顾知识并学以致用,最后,通过扩展阅读进行知识扩展,实现立体教材建设。本书适合各高职院校经济、管理、金融等专业师生及 AI 工作者。

前　言

金融科技（FinTech）是指技术带来的金融创新，它基于大数据、云计算、人工智能和区块链等技术创新，主要应用于支付、信贷、财富管理、银行、保险和证券等金融领域。以 A（AI，人工智能）、B（Blockchain，区块链）、C（Cloud Computing，云计算）、D（Big Data，大数据）为核心的科技加快金融科技创新速度，以新质生产力激发新活力，更好地赋能金融行业数字化转型升级。本教材兼顾对学生的金融科技理论知识和技术能力的培养，从理论到技术应用构建课程知识体系。通过学习目标、本章小结、关键词和复习思考题让学生回顾知识并学以致用，最后，通过扩展阅读进行知识扩展，实现立体教材建设。教材共分十二章，分别为金融科技概述、金融科技简史、金融科技理论基础、区块链及金融应用、云计算及金融应用、人工智能及金融应用、物联网及金融应用、数据资产市场、大数据征信、数字货币、金融科技风险及其管理、金融科技监管与创新。全书由李征总体设计与统稿，参加编写的人员为宋金龙（第一章）、陆佳佳（第二章）、丁滟湫（第三章）、颜赛赛（第四章）、李欣悦（第五章）、李征（第六、七、八、十一章）、蒲毛敏（第九章）、刘广威（第十章）、祁静玉（第十二章）。

本教材编写过程中借鉴了国内外大量的研究文献，谨向本教材引用资料的所有作者表示由衷的敬意和感谢。

编者
2024 年 8 月

目 录

第一章 金融科技概述 ·· 001
第一节 金融科技内涵与概况 ·· 002
第二节 金融科技的技术与应用场景 ·· 007
第三节 金融科技前景与挑战 ·· 010

第二章 金融科技简史 ·· 013
第一节 早期的金融技术 ·· 014
第二节 电气时代的金融科技 ·· 020
第三节 计算机时代的金融科技 ·· 023
第四节 互联网金融阶段 ·· 028
第五节 人工智能新质生产力阶段 ·· 033

第三章 金融科技理论基础 ·· 041
第一节 消费者行为的金融科技理论 ·· 042
第二节 金融组织行为的金融科技理论 ···································· 044
第三节 监管主体行为的金融科技理论 ···································· 046
第四节 基于三个主体共同的金融科技理论 ···························· 048

第四章 区块链及金融应用 ·· 054
第一节 区块链的基本概念 ·· 055
第二节 区块链的发展历程 ·· 060
第三节 区块链的核心技术 ·· 064
第四节 区块链在金融领域的典型应用 ···································· 068

第五章 云计算及金融应用 ·· 078
第一节 云计算的概念 ·· 079

第二节　云计算的发展历程 …………………………………… 080
　　第三节　云计算的架构 ………………………………………… 083
　　第四节　云计算技术 …………………………………………… 087
　　第五节　云计算在金融领域的应用 …………………………… 091

第六章　人工智能及金融应用 ……………………………………… 099
　　第一节　人工智能的内涵 ……………………………………… 100
　　第二节　人工智能的工作和学习机制 ………………………… 105
　　第三节　人工智能在金融领域的应用 ………………………… 120

第七章　物联网及金融应用 ………………………………………… 129
　　第一节　物联网的定义、背景与发展历程 …………………… 130
　　第二节　物联网的特点及其与其他网络之间的关系 ………… 131
　　第三节　物联网的基本架构和关键技术 ……………………… 133
　　第四节　物联网带来的金融变革 ……………………………… 142

第八章　数据资产市场 ……………………………………………… 152
　　第一节　数据资产的形态与价值 ……………………………… 152
　　第二节　数据资产价值 ………………………………………… 160
　　第三节　数据资产的交易与流转 ……………………………… 164
　　第四节　数据资产估价 ………………………………………… 166

第九章　大数据征信 ………………………………………………… 173
　　第一节　大数据征信概述 ……………………………………… 173
　　第二节　国内外征信业发展概况 ……………………………… 179
　　第三节　大数据征信面临的机遇和挑战 ……………………… 182
　　第四节　大数据征信的发展趋势 ……………………………… 184

第十章　数字货币 …………………………………………………… 187
　　第一节　数字货币概述 ………………………………………… 188
　　第二节　数字货币的技术体系 ………………………………… 190
　　第三节　ICO 概述 ……………………………………………… 192
　　第四节　法定数字货币概述 …………………………………… 194
　　第五节　我国法定数字货币的发展 …………………………… 197
　　第六节　比特币 ………………………………………………… 199

第十一章　金融科技风险及其管理 ········· 216
第一节　金融科技的技术风险 ········· 217
第二节　金融科技的伦理风险 ········· 220
第三节　金融科技风险管理 ········· 225

第十二章　金融科技监管与创新 ········· 233
第一节　金融科技监管发展与挑战 ········· 234
第二节　金融科技监管与技术创新 ········· 239

本书主要参考文献 ········· 247

第一章 金融科技概述

 学习目标

1. 掌握金融科技的含义、特征及国内外发展阶段。
2. 了解金融科技的应用场景、类型划分及行业分布。
3. 了解金融科技的发展前景与面临的挑战。

 引例

  30年前,当互联网刚刚兴起时,大多数银行业从业者都无法相信支付方式将发生彻底变革,购物将无需现金和刷卡,交易越来越多银行内部的排队现象却越来越少;大多数的证券业从业人员也都无法想象交易所将不再是股民进行证券交易的场所,证券开户甚至都无需到证券公司现场办理。基于Windows/Linux操作系统的普通计算机和基于Android/iOS系统的智能手机/平板电脑就是数字时代的"交易所"。过去15年,许多传统大银行一直跟踪并采用最新的数字技术,但是一些银行却在坚持自认为非常成功的"当铺"模式。坚持过时的商业模式已经或正在让这些银行付出代价,比如破产重组或利润率至少下降25%。因此,在不牺牲核心原则的情况下拥抱生成式人工智能、进行数智化转型可能是最好的选择。

  伴随着ChatGPT与SORA的亮相,生成式AI大模型浪潮席卷全球。各大资本和科技巨头纷纷入场布局大模型,硅谷和中关村的AI创业市场火爆,基础大模型迅速发展,截至2023年10月初,我国生成式AI大模型的数量超过230个,占据全球各国新开发大模型数量的一半以上,仅北京地区就高达115个,其中,垂直类大模型103个,通用大模型12个。百度推出的"文心大模型"在最新发布的国际权威测评中荣获总分第一、算法模型第一、行业覆盖第一的佳绩,已经广泛应用于互联网、金融、能源、制造、传媒、教育等多个行业,体现了其强大的基础技术生产力和深不可测的产业应用覆盖广度。阿里发布的"通义千问"大模型,以赋能淘宝、钉钉、阿里云、飞猪等众多阿里系应用为目标,形成了覆盖电子商务、办公、云服务、旅行等多场景的应用生态。华为推出的"盘古"系列大模型，其应用场景涵盖游戏开发、影视制作、电商营销、工业生产、设备巡检、智慧城市、气象服务、药物设计等领域。此外，网易、360、智谱、抖音、腾讯、商汤、科大讯飞、京东、中科闻歌等数字技术公司也相继推出通用基础大模型。度小满、蚂蚁集团、恒生电子、众安科技、同花顺、马上消费等金融科技公司开发了一系列具有金融专业知识的金融大模型，积极探索垂直行业应用场景。

第一节 金融科技内涵与概况

"金融科技"的英文FinTech取自"financial technology"。很多人将金融科技直接理解为"金融+科技"，但实际上金融科技并不是两者的简单相加；人工智能（AI）、区块链、云计算、大数据等新兴技术的飞速发展，使金融科技不断被赋予全新的专业化的含义。

一、金融科技内涵

虽然"金融科技"一词最早出现在20世纪70年代，但这一概念广受关注且被高频使用则是近年来才出现的趋势。同时，近年来金融科技现实发展的快速态势又赋予这一概念新的含义。2023年12月，中国人民银行定义金融科技是技术驱动的金融创新；同年，金融稳定理事会（FSB）提出的金融科技是指"技术带来的金融创新，它能创造新的业务模式、应用、流程或产品，从而对金融市场、金融机构或金融服务的提供方式产生重大影响"。巴塞尔银行监管委员会（BCBS）认为，在支付结算类、存贷款与资本筹集类、投资管理类、金融市场基础设施类等四个领域中，金融科技活动最为活跃，创造了数字货币、股权众筹、智能投顾、客户身份认证等多种金融产品和金融服务。广义的金融科技则将金融服务供给的技术都纳入概念范围，这种观点虽然强调的是技术，但不是指一般意义上的技术在金融中的应用，而是带有颠覆性的新型复杂技术，主要指人工智能、区块链、云计算、大数据等现代信息技术，这些技术与金融的深度融合才产生出新的特定的"金融科技"概念。从公司金融角度而言，金融科技属于一种新型的商业模式，核心是使用技术提供新的产品和改善金融服务，是金融创新进化过程的一部分，理论上风险与收益并存。

金融业一直是产业数字化转型的重点行业，我国金融业具有世界上最大规模的实时数据，金融业与数字技术的结合是近年来我国金融科技创新的主要方向。中央金融工作会议明确提出做好科技金融、绿色金融、普惠金融、养老金融、数字金融五篇大文章，加快建设金融强国。随着"十四五"规划进入关键实施期，金融管理部门加快推动我国金融业数字化进程，鼓励持续关注金融领域新技术的发展和应用情况、提升快速安全应用新技术的能力,释放数据价值。这些政策为金融业集成生成式人工智能提供了可预期、可操作的基本准则。

本书重点关注金融与科技的有效融合。金融科技是指通过使用现代科学技术如人工智能、区块链、云计算、大数据等,为商业银行、证券业、资产管理行业、保险业等行业与机构提高效率、优化服务、降低成本、提升风险防控等,并促使传统金融业不断向智能化、便利化发展,推动金融业不断转型和升级。

(一)金融科技的本质是技术

这是一种较为直观的认识,认为所有可以创造或强化金融服务供给的技术都可以广义地定义为金融科技,使用机器学习算法并按照专利注册情况可以将金融科技方面的技术具体划分为网络安全技术、移动支付技术、数据分析技术、区块链技术、P2P(点对点)网贷技术、智能投顾技术和物联网技术。还有一种观点认为,金融科技是一系列广泛影响金融支付、融资、贷款、投资、金融服务以及货币运行的技术,是用以描述金融机构所采用的包括数据安全、金融服务交付等众多新型技术的新术语。但也有观点强调,金融科技中的技术通常是指那些致力于弥补传统金融服务机构以客户为中心的产品供给方式之不足的颠覆性数字技术,是用于向市场提供金融产品和服务的区别于现有技术的复杂技术。可见,这种观点虽然强调的是技术,但不是指一般意义上的技术在金融中的应用,而是带有颠覆性的新型复杂技术,主要指人工智能、区块链、云计算、大数据等现代信息技术。

(二)金融科技是一种技术驱动的金融活动或金融创新

金融科技是一种技术驱动的金融活动或金融创新,或者说,金融科技属于一种新型的商业模式。这种观点认为,金融科技描述了与互联网相关的现代技术和金融服务行业(如贷款、支付、货币价值转移和多样化的银行业务等)的连接,金融科技的核心是使用技术去提供新的产品和改善金融服务,是金融创新进化过程的一部分。

(三)金融科技可以界定为金融科技公司

这通常是基于简化实证研究的考虑而界定的概念,认为 FinTech 指的是那些使用传统商业模式之外的技术运营金融服务的公司,这些公司致力于使用通信、互联网和自动信息处理等技术寻求改变提供这些服务的方式。除了指代被金融服务机构采用的新技术外,通常还可指代业务范围宽泛的企业或机构中的金融技术部门,这些主体使用信息技术以提升服务质量。

(四)金融科技可以理解为一种系统性的宏观现象

这种观点认为,金融系统中长期存在两种行为主体:一是谋求利润最大化的私人行为者,他们把控分配资本的控制权,其行为产生了金融风险;二是代表公众利益的主权主体,它们承担维持系统性金融稳定的责任。金融科技的出现潜移默化地重塑了两种行为主体在金融体系中的权势、能力和角色方面的平衡格局,使私人行为者得以持续增加其交易性金融资产,并成比例地扩大其交易活动,但同时破坏了主权主体防范系统性风险的能力根基,潜在地加剧了当前金融市场乃至更宽范围经济中不同行为主体之间的紧张与失衡。

（五）金融科技是符合某些综合特征的商业模式

这种观点较为综合，甚至未明确区分金融科技实质属性的异质性，仅提出金融科技具有的特征，认为金融科技具有边际利润低、轻资产、可扩展性、创新性和可塑性高五大特征，并将之总结为 LASIC 法则（low marginal profit，assets light，scalability，innovation，creative），同时指出这一法则可用于指导创造具有改善收入和财富不平等社会目标的可持续商业模式，且每一种成功的金融科技商业模式都符合这一法则。

（六）金融科技指能够推动金融创新，形成对金融市场、机构及金融服务具有重大影响的商业模式、技术应用、业务流程和创新产品的技术手段

这是来自金融稳定理事会（FSB，2016）的定义，其界定既包括技术也包括技术驱动的金融创新及其产出成果，因为其较为契合现阶段金融科技发展的多变性特征而被巴塞尔银行监管委员会所采纳。FSB 是一个协调跨国金融监管，制定并执行全球金融标准的国际组织，因而其关于金融科技的定义被认为比较权威并被广泛使用。

二、金融科技概况

随着人工智能、区块链、云计算、大数据等新一代信息技术的发展和应用，科技在提升金融效率、改善金融服务方面的影响越发显著。虽然我国本土金融科技产业正逐步成为世界市场不可或缺的重要部分，但由于起步较晚，与全球金融科技发展仍存在差距。

（一）全球金融科技发展的历史演进

从信息技术（IT）推动金融行业变革的角度看，目前可以把它划分为三个阶段。

1. 金融信息化阶段

第一个阶段可以界定为金融信息化阶段，或者说是金融科技 1.0 版。在这个阶段，金融行业通过传统 IT 软硬件的应用来实现办公和业务的电子化、自动化，从而提高业务效率。这时，IT 公司通常并没有直接参与公司的业务环节，IT 系统在金融体系内部是一个很典型的成本部门，现在银行等机构中还经常会讨论中心系统、信贷系统、清算系统等，就是这个阶段的代表。

20 世纪上半叶，金融业属于劳动密集型行业，其运作高度依赖于人工作业。第二次世界大战后，全球经济进入大规模快速复苏阶段，金融行业的规模也迅速扩张。当时，人工作业的金融体系无法保证较高的运转效率，IT 成为提升金融体系运转效率的重要手段。20 世纪 60 年代，电子计算机大规模介入金融行业，可迅速给出准确无误的计算结果，这使得金融从业人员的工作效率大幅提高。20 世纪 70 年代，银行柜台业务量增大，自助银行服务出现，自动柜员机（ATM）能满足人们任何时间的自助存取款业务需求，因此得以快速普及。20 世纪 80 年代，支付领域开始出现电子化和信息化金融产品与服务，如 POS 机、电子钱包、智能卡等。20 世纪 90 年代，中国开始强调金融电子化和信息化。

2. 互联网金融阶段

第二个阶段可以界定为互联网金融阶段，或者说是金融科技 2.0 阶段。在这个阶段，主要是金融业搭建在线业务平台，利用互联网或者移动终端的渠道来汇集海量的用户和信息，实现金融业务中的资产端、交易端、支付端、资金端的任意组合的互联互通，本质上是对传统金融渠道的变革，实现信息共享和业务融合，其中最具代表性的包括互联网的基金销售、P2P 网络借贷、互联网保险。

互联网技术深入金融服务的各环节，金融业在线上业务平台提供产品与服务，传统的金融渠道发生了变革。数据成为金融机构的重要资源，对结构化数据的挖掘和运用能为金融机构带来巨大利益。20 世纪 90 年代，互联网强势崛起，金融行业也乘互联网技术的东风进行了变革。一方面，传统的金融服务借助互联网技术实现了变革，超越时间和空间限制的网上银行开始出现，证券、保险、基金、理财等各项金融业务也开始与互联网融合并大获成功；另一方面，互联网技术与金融服务的碰撞融合衍生出了新的金融服务形式，如 P2P、P2B［个人对（非金融机构）企业］、第三方支付、众筹、虚拟货币、征信系统等。

3. 金融科技阶段

第三个阶段是金融科技 3.0 阶段。在这个阶段，金融业通过人工智能、区块链、云计算、大数据这些新的 IT 技术来改变传统的金融信息采集来源、风险定价模型、投资决策过程、信用中介角色，因此可以大幅提升传统金融的效率，解决传统金融的痛点，代表技术就是大数据征信、智能投顾、供应链金融。

区块链、云计算、AI、AR（增强现实）、物联网、5G（第五代移动通信技术）、大数据等新兴技术与金融融合，进一步推动了传统金融转型，极大地提升了金融行业的效率。AI 在金融领域主要运用于信息采集和安全保护方面，如人脸支付、智能开户签约等。大数据技术在金融领域的运用主要是刻画客户画像和大数据征信。云计算可以在云端储存海量数据，提升数据处理效率。区块链去中心化、信息透明的特点提升了金融服务的安全性、真实性，降低了信息不对称性。

这一阶段金融科技的特点为智能化，新兴技术在金融系统的渗透将推动金融系统构建的转型，与此同时，也对银行等传统金融机构和金融系统的安全健康发展带来巨大的挑战。国家层面也开始注重对金融科技发展进行规划，强调金融科技要服务实体经济、推进普惠金融发展。图 1-1 展示了金融科技发展时期的概况。

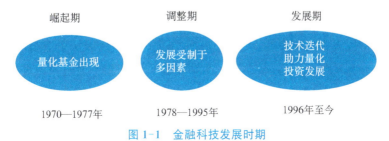

图 1-1　金融科技发展时期

(二) 我国金融科技发展定位

我国在金融科技发展初期较为落后,但目前已处于后来居上的地位。从体量规模来看,中国已经是全球金融科技领域的绝对主导者,中国电子支付规模占全球总体规模的近一半,远远领先于其他国家。

1. 央行指引金融科技发展方向

2001年,科技部、中国人民银行等部门确定16个地区为首批促进科技和金融结合试点地区。2004年,支付业务的出现使金融科技从后台支撑开始走向前端。随着金融科技的快速发展,金融业务的边界逐渐模糊,金融风险的传导也突破了时间和空间的限制,给货币政策、金融稳定、金融监管、金融市场等多个方面带来新的挑战。为推动我国金融业的高质量发展,中国人民银行指出,金融科技发展要遵循"守正创新、安全可控、普惠民生、开放共赢"的基本原则。

2. 金融科技行业快速发展

首先,央行成立多家金融科技公司,引领行业风向。中国人民银行于2018—2020年先后在深圳、苏州、北京成立深圳金融科技有限公司、长三角金融科技有限公司、成方金融科技有限公司3家金融科技公司。由于央行在金融科技方面的布局和规划具有风向标作用,国内各大银行业金融机构也纷纷加快推进金融科技战略部署,陆续成立自己的金融科技子公司,注重通过自身力量建立金融科技核心竞争力。截至2020年底,国有五大行及大部分股份制商业银行共计成立了12家金融科技子公司。

其次,互联网金融科技企业更加强调科技能力输出与服务。在金融行业监管趋严、科技能力重要性提升及市场重心转变等多方面因素推动下,互联网属性的金融科技企业更加强调自身科技属性,将为金融机构提供科技能力输出和服务作为发展重点。近年来,360金融、蚂蚁金服、京东金融、百度金融、小米支付等互联网企业先后调整优化业务范围并更改企业名称,明确了技术能力输出的长期战略定位。

最后,传统金融IT企业强化与互联网企业合作。传统金融IT企业与互联网企业在竞争中合作,一方面可发挥传统金融IT服务商在金融垂直领域的产品、运营及生态优势,另一方面则可发挥互联网企业的技术、渠道及平台优势,实现优质资源互换。如宇信科技获得来自百度的约6亿元战略投资、科蓝软件与蚂蚁金融云签订业务合作协议、金证股份与京东数科签署战略合作协议、中科软与灵雀云达成深度战略合作意向等。

3. 金融科技应用场景不断丰富

当前,金融科技应用快速发展,人工智能、大数据、云计算、区块链等技术逐渐渗透金融行业,已深入各业务条线与产品,驱动金融服务模式不断创新。通过大数据技术,可对客户进行画像并开展精准营销,还可建立数据模型进行风险管控和运营优化。通过云计算技术,可显著降低金融机构运营成本,提高资源利用的弹性灵活度。通过人工智能技术,可提供智能客服、智能理赔、智能风控、智能投顾等多样化的智能服务。通过区块链技术,可构建金融交易中的互信机制,有效提升跨境支付、供应链金融、数字票据等交易的处理效率。金融与科技的深度融合,促使各类新型服务场景层出不穷,既显著提升了客户消费体验,又有效降低了企业运营成本。

第二节 金融科技的技术与应用场景

随着云计算、大数据以及区块链等技术的广泛应用,我国金融行业的经营理念、创新能力、服务水平进一步提升,为疏通资金进入、催化产业创新升级、促进资本良性循环提供了新路径。我国金融科技行业的规模暂时处于世界第一,覆盖了众多的金融应用场景。通过金融与关键技术的深度融合,在用户的实际生活中找到需求痛点,并通过场景搭建实现金融服务的无缝对接,是现阶段金融科技发展的趋势。

一、金融科技的关键技术

金融科技的发展在推动金融普惠、便利金融交易、满足多元化投融资需求、提升金融服务质量、提高资源配置效率方面发挥了积极作用。特别是2019年以来,金融服务与科技进一步深度融合,在数字货币、开放银行等领域取得了令人瞩目的进展。金融科技的关键技术包括大数据、人工智能、分布式技术(区块链、云计算)等。

(一) 大数据

大数据能够提供数据集成、数据存储、数据计算、数据管理和数据分析等功能,具备随着数据规模扩大进行横向扩展的能力。从功能角度看,大数据技术主要分为数据接入、数据存储、数据计算、数据分析四层,而金融机构的业务要求大数据平台具有实时计算的能力。目前,金融机构最常使用的大数据应用场景包括智慧营销、实时风控、交易预警和反欺诈等业务。大数据分析平台可以对金融企业已有客户和部分优质潜在客户进行覆盖,对客户进行画像和实时动态监控,用以构建主动、高效、智能的营销模式。

为切实做到数据驱动,金融企业需要定制化的技术平台。首先,金融企业要进行顶层设计,把技术和业务结合起来,将技术应用在企业价值链的每个场景上。其次,金融企业需要大规模的系统改造。为实现数据的汇聚,需要将原来存储在上百个信息系统的数据整合,重新设计并搭建数据采集、存储、传输的架构。最后,金融大数据具有极高的重要性,需要更加完善的安全保障措施。金融数据的泄露、篡改可能造成系统性金融风险,甚至危及社会稳定。部分数据(如用于金融交易的用户鉴别与支付授权信息)需要全流程加密。

当下,大数据技术的应用提升了金融行业的资源配置效率,有效促进了金融业务的创新发展。这一技术在提升决策效率、强化数据资产管理能力、促进产品创新和服务升级、增强风控管理能力等方面已经展现了其应用价值,并且在客服、风控、反欺诈、营销等业务场景中都已得到广泛应用。

(二) 人工智能

人工智能是有关智能主体(intelligent agent)的研究与设计的学问,而智能主体是指一个可以观察周遭环境并作出行动以达到目标的系统。人工智能使用机器代替人类实现认知、识别、分析、决策等功能,它在金融领域的应用主要包括五个关键技术:机器学习、生物识别、自然语言处理、语音技术以及知识图谱。金融行业沉淀了大量的金融数据,主要涉及金融交易、个人信息、市场行情、风险控制、投资顾问等多个方面,其海量数据能够有效支撑机器学习,不断完善机器的认知能力,尤其在金融交易与风险管理这类复杂数据的处理方面,人工智能的应用将大幅降低人力成本,通过对大数据进行筛选分析,帮助人们更高效率地决策,提升金融风控及业务处理能力。

人工智能在金融科技中的应用进一步提升了金融行业的数据处理能力与效率,推动金融服务模式趋向主动化、个性化、智能化,同时有助于提升金融风险控制效能,助推普惠金融服务发展。目前,人工智能技术在金融领域应用的范围主要集中在智能客服、智能投顾、智能风控、智能投研、智能营销等方面。

(三) 区块链

2008年,中本聪首次提出区块链的概念并将其作为虚拟货币比特币的底层技术。区块链由无数区块构成,各区块之间按照时间顺序相互链接,并以密码学方式保证每个节点上的数据都具备不可篡改、不可伪造的特性。区块链具备以下优势:安全性高、难以篡改;异构多活、可靠性强;智能合约、自动执行;直接协作机制、公开透明。由于区块链技术不依赖第三方平台及设施,其去中心化的特点支持分布式核算与存储,链上各个节点实现了独立信息的自我储存、验证、传递和管理,这对构建数字化经济结构具有重大意义。

区块链因其特性与金融活动的本质要求十分契合,在金融领域具备天然的优势,发展十分迅猛。区块链金融在增强数据储存、提高金融服务效率、加强数据安全等方面发挥着十分重要的作用。一方面,区块链自身的技术优势能够帮助金融机构优化金融基础结构,降低银企信息不对称,在提高金融服务效率的基础上降低服务成本;另一方面,区块链上各节点参与上传与维护信息后生成信息区块和数据链,加盖时间戳使得信息可追踪,保障了金融数据的真实性和用户信息的安全性。

随着数字时代的来临,区块链金融的相关技术取得了革命性突破,但同时融合了金融本身的高风险及不确定性,在为金融科技发展增添活力的同时,也给互联网金融监管加大了难度。

(四) 云计算

美国国家标准与技术研究院(National Institute of Standards and Technology,NIST)对云计算的定义是:云计算是一种按使用量付费的模式,通过云计算,用户可以随时随地按需从可配置的计算资源共享池中获取网络、服务器、存储器、应用程序等资源。这些资源可以被快速供给和释放,将管理的工作量和服务提供者的介入降低至最少。云计算说明计算能力也可以作为一种商品通过互联网进行流通。在对资源的使用过程中,用户不需要了解"云"中各种计算资源的配置细节,也不需要具备专业的计算机网络知识,其核心是希望 IT 技术的使用能像使用水、电、燃气那样方便。我们从来不会想到去建电厂,也不关心电厂在哪里,只要插上插头,就能用电;同样,云用户获取云服务的成本低廉且无须对云底层基础设施进行管理和维护。云计算作为推动信息资源实现按需供给、促进信息技术和数据资源充分利用的技术手段,与金融领域进行深度结合,是互联网时代金融行业可持续发展的必然选择。云计算大大地降低了金融机构的资源获取和应用成本,减小了金融机构的资源配置风险,提高了金融机构的 IT 运营效率。未来中国金融云服务的格局是:大型金融机构自建私有云,并对中小金融机构提供金融行业云服务,进行科技输出;中型金融机构的核心系统自建私有云,外围系统采用金融行业云作为补充;小型金融机构逐步完全转向金融行业云。

二、金融科技的应用场景

金融与科技经过数十年的发展、渗透、融合,尤其是 2000 年之后,VR(虚拟现实)、生物验证、智能机器人、大数据、区块链等更多元的先进科技因素融入金融体系,科技在赋能传统金融业的同时,自身也超越了"工具"的范畴。金融科技不仅仅是一个前瞻的概念,更是可以应用到各个细分应用场景的大趋势,是金融与科技融合发展的必然结果。

(一)商业银行智慧化

我国大型商业银行一直以来对民营企业(特别是小微民营企业)贷款的审批过程繁杂、效率低下、门槛很高。各大银行原先都希望通过内部组织结构扁平化改革以提高运行效率,但是受限于数据处理能力、传递能力等众多原因,一直没有达到预期效果。金融科技的应用与发展开启了商业银行智慧化的道路,一定程度上推进了银行组织结构变革和开拓了新的业务应用场景。现在,传统商业银行越来越多的项目集中到了线上,以顺应趋势发展,扩展业务范围。

(二)网络信贷智能化

互联网技术的发展,催生出互联网信贷市场。信贷、众筹业务借助互联网平台的开放、共享、便利性优势,解决了资金借贷双方信息不对称的难题,打破了时间、空间的限制,极大地促进了资本的流通。此外,信贷业务逐步呈现智能化,令金融服务的范围进一步扩展,以达到强化实体经济薄弱环节的目标。

国内的智能投顾市场起步较晚,金融科技公司以及多数智能投顾平台大多诞生在 2016 年,基本上处于早期阶段,但整体发展速度较快。智能投顾公司通过自身的技术优势为传统金融机构的网络平台提供相关服务。

(三)互联网保险科技化

金融科技技术创新为现有的互联网保险行业在优化服务、产品营销、信息识别三个层面进一步赋能:以区块链技术为基础的智能合约的引入,可以解决实物保险卡的诸多难题;人工智能助力产品定价、精准营销、风险欺诈识别;应用物联网技术可获取更为全面、真实的数据；借助生物基因技术可以全面了解投保人的身体状况及家族病史。互联网保险与金融科技若能在监管之下深度融合，进一步形成合力，发展保险科技，将会赋予整个保险行业新的活力。

(四) 数字理财高效化

20世纪90年代末期，投资者就开始在线上进行投资分析，对收益与风险进行估算。但是由于金融的复杂性，人工投资往往难以把握住短暂的投资机会，效率极低。AI、大数据、云计算等技术的不断创新，为应用马科维茨现代投资组合理论提供了技术支持，极大地提高了数字理财的效率。2016年被我国业内称为"智能理财元年"，多数智能投顾平台都诞生于此年。目前，大部分企业尚处于早期（包括种子期和初创期）阶段，不过发展速度很快。中关村互联网金融研究院院长刘勇在2018年10月指出：从2010年开始，智能理财的融资金额增长率突破100%；到2015年，增幅超过400%。智能理财是金融科技率先落地的典范，科技端与牌照端的牵手合作是智能投顾领域稳健发展的制度保障。

第三节 金融科技前景与挑战

一、金融科技前景

毫无疑问，生成式人工智能是2023年全球最具影响力的创新科技，它代表着一种范式转变，从专门的技术追求演变为商业和金融领域的焦点。在全球范围内，越来越多的银行和保险机构已经采用并投资于生成式人工智能，尽管到目前为止几乎所有应用都是面向内部的。与此同时，还有大量的金融机构正在快速了解这项具有划时代意义的突破性科技。

(一) 金融科技聚集效应不断凸显

大型科技公司利用其布局早、信用高、安全可靠等方面的优势，往往能聚集大量用户流量和数据，形成事实性的数据垄断优势，涉足各类金融和科技领域，长期占据市场主导地位。

(二) 金融科技跨界融合发展新业态不断涌现

这主要体现在以下两个方面。一方面是科技与金融的跨界融合。越来越多的金融科技公司等非银行机构在发展过程中将银行的服务融入其中，呈现出便利化、网络化、银行化的业务属性和特征，从而倒逼银行进行数字化转型。另一方面是金融与政务民生的跨界融合。金融业发挥金融专长，利用科技优势，与政府部门等共建共治共享数据，构建智慧政务，在不断提升政务服务便利化、信息化、透明化、高效化水平的同时，间接加速了数据的聚集。

(三) 数字货币不断开花

根据国际清算银行的报告，全球参与调查的中央银行约80%已开展了中央银行数字货币(central bank digital currencies, CBDC)相关工作，其中，有40%已从概念研究转向试验阶段，另有10%已经开展试点。中国人民银行正在有序推进数字人民币体系(DC/EP)项目的封闭试点测试。除此之外,私人部门发币活跃。其中,美国的脸书(Facebook)公司计划推出"天秤币",引发美国、欧洲等金融管理部门的严重关切,指出其可能在网络安全、数据保护等多方面带来新的挑战。

(四)生成式人工智能是新质生产力

生成式人工智能是人工智能技术的集大成者,具有令人惊叹的人类原始创造能力,已被用于内容创作、文本提取及摘要生成、电子邮件生成、问答、翻译、客户支持、物体跟踪、图像生成与分类、音频生成与分类、代码开发等诸多场景。大模型技术大幅缩短了数据间发生连接与被计算的时间,极大提高了数据创造价值的效率,带来显著的降本增效,生产力水平是人工的4.4倍以上,并重新定义新服务、带来新制造、形成新业态,成为数字经济时代的新质生产力。

金融业是单位数据产出量最高的行业,生成式人工智能将通过嵌入运营、业务转型、加速创新和差异化这四个关键方式重塑全球金融业,大幅提升内部运营效率,提高获客能力,提升产品设计创新能力,加强风险防控能力。大模型驱动的新商业模式有望为金融业带来3万亿美元规模的增量商业价值。目前,生成式人工智能在我国银行业已经进入试点应用阶段。全面进入生成式人工智能时代,高质量数据将是银行和其他金融机构的核心竞争力,这将会加速金融机构的组织变革与业务转型。

(五)国际化趋势不断显现

一方面,中国关注欧美等发达国家和地区金融科技的发展,吸收应用金融科技发展的最新成果;另一方面,中国金融科技近几年迅速崛起,"中国样本""中国经验"彰显中国形象和经济发展成果,吸引了世界的目光。中国与世界相互学习、相互融合,这与全球化发展趋势一致,也有利于全球化资源配置。

二、金融科技面临的挑战

(一)金融科技研发的资金投入不足

中小企业的科技研发经费融资困难,导致企业普遍存在短视行为,不重视科学研究带来的长期效益,急于在短期内见到效果、获得利益。未来,我们需要跳出当期经济效益的短期思维,着重考虑技术在远端的社会影响。

(二)金融科技的服务体系亟须完善

金融科技是一个系统工程,目前,其配套服务的技术、信息、内容、品质、效率等发展不均衡,导致金融风险加大,而且形成风险后的补偿机制和转移机制尚不健全,企业参与金融科技的积极性被降低。

(三)金融科技市场的体系有待完善

不完善的市场使得大量互联网科技公司可在很短的时间内通过提供某些金融的替代服务获取很大的市场份额,这不利于金融科技市场长期、健康发展。

(四)金融科技的关键技术人才缺乏

虽然国家日益强大、经济高速发展,使得我国在人才引进方面具备一定的优势,但因科研基础、团队力量相对较弱,国内外文化、思维方式、竞争环境存在差异,以论文为导向的人才评价方式等机制问题没有得到根本解决,导致人才的市场意识薄弱,创新思维不够活跃,技术转移转化应用的积极性不高。

挑战是一把双刃剑,在让我们看到不足的同时,又给了我们弥补不足努力发展的机会。从金融科技发展的 FinTech 1.0、FinTech 2.0 到 FinTech 3.0 初级阶段,15 年的时间,金融科技有了长足的进步,为 FinTech 3.0 的全面到来积累了包括另类数据的海量数据源和丰富的场景图。未来,金融科技的发展空间仍旧十分广阔。

本章小结

金融科技是指通过使用金融科技技术如人工智能、区块链、云计算、大数据等,为商业银行、证券业、资产管理行业、保险业等行业与机构提高效率、优化服务、降低成本、提升风险防控等,并促使传统金融业不断向智能化、便利化发展,推动金融业不断转型和升级。金融科技的关键技术包括互联网、大数据、人工智能、分布式技术(区块链、云计算)等。

关键词

金融科技　数字经济　AI 应用场景　数字货币　机遇与挑战　ChatGPT

复习思考题

1. 结合金融科技的含义与辨析,谈谈金融科技的具体定位与发展历程。

2. 金融科技的关键技术有哪些?选择具体金融科技公司的案例谈谈相应技术应用的主要特征与优势。

3. 你认为我国金融科技处于全球金融科技演变的哪一个阶段?未来的发展将面临哪些挑战?

扩展阅读

[1] 唐勇,黄志刚,朱鹏飞,等. 金融科技概论[M]. 北京:清华大学出版社,2022.
[2] 姚国章. 金融科技原理与案例[M]. 北京:北京大学出版社,2019.

第二章 金融科技简史

学习目标

1. 了解从历史的视角梳理金融科技实践发展的几个重要时期及其代表性的金融创新。
2. 了解前电报时代的同城结算和异地汇款、信汇中的技术,了解电气时代电报、电话及其信息触及范围,掌握电汇原理。
3. 掌握电子计算机出现后银行与金融市场的业务创新,认识互联网金融发展的动力以及智能金融的发展趋势。

引例

金融全球化开始的标志性事件是1866年世界上第一条跨大西洋海底电缆成功铺设。电缆起始于爱尔兰的瓦伦西亚岛(Valencia Island),终止于加拿大纽芬兰的小镇哈茨康坦特(Heart's Content),每分钟可以传输8个英文单词,实现了欧美大陆"一线牵"。此后,更多的海底电缆建设工程启动。到19世纪末期,欧洲和北美已经被紧密地连接在同一个电报通信网络之中。跨大西洋电报系统的诞生,让欧美的主要市场之间可以即时通信,促进了信息交流,将世界经济金融连接为一个整体。今天,我们可能对打开电脑就能查询到全球各个市场的行情司空见惯,但是在那个通信工具不发达的年代,即使是每分钟仅8个单词的传输速度,对金融市场来说也是质的飞跃。值得指出的是,过去5年新增的海底电缆铺设量,比此前150年的总量还要多。这是因为随着大数据时代的来临,更密集的实物电缆网对传输更大流量的数据是必不可少的。这也再次印证了跨洋海底电缆的铺设对金融市场的意义是非凡的。

第一节 早期的金融技术

电报发明以前,对金融创新影响比较大的技术是冶金技术,中国四大发明中的造纸术、印刷术,以及数学衍生出来的密押技术。

一、早期的结算、汇款与票号

(一) 早期的同城结算、异地汇款

经济活动产生了债权债务结清的需要。国家出现后,市场交易活动多集中在城邦中进行,由此产生了同城结算的概念。在中国古代未出现一般等价物时,商品交易大多采用以物易物的同城交易。从夏、商、西周、春秋战国时期开始出现贝、铜、布帛等一般等价物,但是由于携带不便的问题,大量交易都以同城交易为主,并且及时清算。同城结算也叫"本埠结算",是指在同一个城市内经济活动个体之间所办理的结算业务。唐朝出现的"飞钱"标志着古代汇兑业务的快速发展,后北宋出现了"交子",南宋出现了"会子",明末清初出现了"汇票"等支付工具。那时的同城结算多以此类支付工具为媒介,经由特定的钱铺、钱庄、账局、票号等进行结算。

中国早期的异地汇款业务可以追溯到盛唐年间。唐德宗在建中元年推行"两税法",使得钱币数量不足,各地开始纷纷禁止钱财出境,为解决货币流通问题,以"飞钱"为工具的异地汇款业务开始出现。由于"飞钱"具有节省钱币流通费用、降低结算交易成本等优点,异地汇款业务得到快速发展。唐代后期出现的"贴"、宋代出现的"便钱"等均属于早期的异地汇款工具。明朝中叶之后,随着工商业的发展和资本主义萌芽的出现,汇兑业务的经营越来越多样化。到了清代,具有现代票据雏形的汇票得到快速发展,有即期和远期之分。

(二) 票号产生与信息

早在原始社会时期,我国就已经出现了"日中为市,致天下之民,聚天下之货,交易而退,各得其所"的情景。古代信用的最早体现是私有制产生后的私人借贷和国家借贷。西周时期产生了官府,西汉以后产生了义仓、社仓、济农仓等多种形式的信用机构,晋隋时开始出现放债、出债、举贷等,明清时期开始出现信用放款和银钱兑换。随着古代支付体系的不断发展和各类支付工具的出现,中国古代的商品贸易快速发展,与国外的贸易逐渐频繁,交易的需求催生了古代票号的产生。嘉庆、道光年间出现的山西票号标志着专业化支付中介机构的产生,其汇款票据如图2-1所

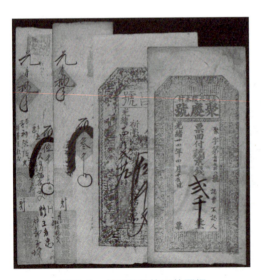

图2-1 山西票号的汇款票据

示。到 20 世纪初期，陕西及其他地区的票号已经可以承办票汇、信汇、电汇、分地付款汇票等具有现代银行结算特征的基础业务。票号的快速发展，为民族银行业的产生奠定了基础，为形成以银行为核心的支付结算服务系统作出了重要的贡献。

（三）票号运营中的技术元素

1. 印刷技术

继唐代的雕版印刷术和宋朝的活字印刷术后，中国古代的印刷技术不断进步，元代时印刷技术达到了一个新的阶段，铜版印刷技术开始普遍使用，多色套印技术也得到了发展。明代时印刷技术达到了高峰，彩色套印技术和金属活字等成为官方主流的印刷技术。先进的印刷技术为票号的产生提供了技术基础。山西票号在印刷上采用了宋、元时期的多色套印技术，同时运用了明朝的图版雕刻技术，并在此基础上设计了票号的防伪印章——微雕章。微雕在山西票号中的典型代表作是王羲之《兰亭序》，全篇 345 个字被雕刻在一枚印章之上，足见雕刻技术的精湛。

2. 造纸技术和水印技术的结合

自蔡伦改进造纸术之后，中国古代的造纸技术不断完善。清代山西票号的汇票印刷采用的纸张为麻纸，麻纸具有纤维长、纸浆粗、纸质坚韧及不易变脆、变色的特点。票号采用的纸张由总号定量供给，并且分号不能独立出票。在此基础上，水印技术快速发展。票号的印刷中加入了水印，这种水印由红格绿线制成，极大地防止了山西票号的伪造。各家票号的用纸、款式、水印都不相同，只有各家专门的人员才能识别。例如，日升昌汇票的水印为"昌"，蔚泰厚票号的水印则为"蔚泰厚"三个字。

3. 票据防伪技术的成熟

防伪技术作为清代山西票号汇票和存放款票据的核心技术，在工商业私有产权保护缺失的条件下发挥着极大的作用。山西票号除了采取以水印、安全线、彩点为代表的纸张防伪技术和以微雕为代表的印刷防伪技术以外，还出现了其他防伪技术手段，如印章防伪技术和密押技术。书写后的汇票需要加盖特制的防伪印章，这种印章大多在正中设有财神像，四周再用蝇头小字的古文雕刻上与汇票有关的汇款金额、时间，并且设有暗号。汇款人和持票人并不知情，只有票号的内部专业人士才能辨别真伪。汉字密押是山西票号防伪技术中最重要的一种标志，汇票上的金额和年、月、日都通过汉字来设计暗号进行防伪。例如，日升昌票号把一年当中的 12 个月编成口诀密押，叫作"谨防假票冒取，勿忘细视书章"，这 12 个字就分别为 1—12 月的密码代号，一个月的 30 天的暗号又被设计为"堪笑世情薄，天道最公平，昧必图自利，阴谋害他人，善恶终有报，到头必分明"。

二、早期支付工具的创新

造纸术与印刷术以及加密技术推动了支付工具的创新，也为纸币的出现奠定了技术基础。纸质支付工具经历了飞钱、交子、会子、银票、银行券、不兑现纸币的演变过程。

(一) 飞钱

飞钱又名"便换"(见图2-2),是中国历史上最早出现的汇兑工具,它产生于唐宪宗时期(806—820年),是一种在异地间移转现金的方式,性质上类似于今天的汇票。飞钱的出现使得交易者不再需要携带大量沉重的金属货币,而是可以通过在甲地缴纳款项并取得收据后,凭借收据在乙地进行支取,这就既避免了大量运输钱币的不便,也符合唐代不能任意携钱出境的规定。《新唐书·食货志》记载:"宪宗以钱少,复禁用铜器。时商贾至京师,委钱诸道进奏院及诸军、诸使富家,以轻装趋四方,合券乃取之,号'飞钱'。"在京的商人可以将售货所得铸币交给各道驻京的进奏院、诸军、诸使等机构,由这些机构开具发联单式的"文牒"或者"公据"。其中的一联交给商人,另一联寄到本道。使用飞钱的商人与各道进奏院或者诸军、诸使三司等机构交涉完毕后,就可以凭借飞钱随时到异地兑换现钱。北宋时期沿用了唐代产生的飞钱,宋开宝三年(970年),官府在开封设置了官营汇兑机构"便钱务",直接为商人办理异地汇款业务。

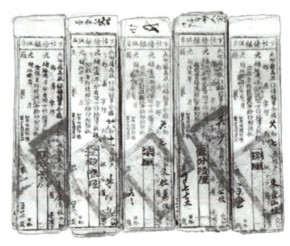

图 2-2 飞钱

图 2-3 交子

(二) 交子

交子(见图2-3)最先产生于四川。在北宋时期流通的货币是铜钱和铁钱,但是在四川境内流通的只有铁钱。铁钱的重量较大,单位价值却比铜钱要小,进行商品买卖时十分不便,不能够适应山西商人大量交易的需求。当时的成都大贾如云,商品的交易需求日益增加。为了减轻携带商品交易所需铁钱的成本并提高保险性,就把铁钱交付给当地有声望、信誉、实力的商铺,收款商铺把存放现金的数额临时填写入用楮纸制作的票券,交给存款方。这种临时填写存款金额的货币代用债券称为"交子"。经营此类业务的商铺称"交子铺户"。交子的产生标志着中国古代纸币的产生。交子之所以能成为纸币,是由于社会经济和商品交换发展水平需要纸币这种货币符号来代替铸币,而且当时的造纸和印刷技术水平已具备条件,再加上商业信用,信用票据的行使已有一定的历史,并且一批精通金融、货币流通的理论家、实践家能够建立完整的行使纸币的制度,使人们乐于在商品交换中把纸币作为铸币符号使用。三者的同时存在是交子产生的必要条件。

(三) 会子

会子(见图 2-4)也称作"便钱会子"(汇票、支票)。北宋神宗熙宁八年(1075 年),吕惠卿言:"自可依西川法,令民间自纳钱请交子,即是会子。自家有钱,便得会子。动无钱,谁肯将钱来取会子?"由此可知,会子是纳钱和取钱的凭证。据记载,当时有会子、钱会子、铅锡会子、寄附钱物会子等。钱会子和会子的意思一样,铅锡会子是出卖铅锡给政府后所得的取钱凭证。寄附铺对所寄存的钱物开出的凭证称为寄附钱物会子。寄附钱物会子能够出城使用,具有汇票的性质。绍兴五年(1135 年),宋高宗下诏禁止寄付兑便钱会子出城,因受到反对,次日取消。绍兴三十一年(1161 年)二月,正式成立行在会子务,户部侍郎钱端礼主持发行会子,分一贯、二贯、三贯,在东南各路流通,又称"东南会子","许于城内外与铜钱并行"。会子是仿照四川发行钱币的办法发行的,成为户部发行的纸币。

图 2-4 会子

宋代会子从起源到演变为纸币经历了近百年的时间。在这期间,北宋末至南宋初纸币流通区域的逐步扩大,持续的"钱荒"及"盐钞""茶引"等交易买卖的合法化,对会子向纸币的演变具有重要的促进和催化作用。

(四) 银票

银票由商人自由发行。北宋初年,四川成都出现了专为携带巨款的商人经营现钱保管业务的"银票铺户"。存款人把现金交付给铺户,铺户把存款人存放现金的数额临时填写在用楮纸制作的券面上,再交还存款人,当存款人提取现金时,每贯付给铺户 30 文钱的利息,即付 3% 的保管费。这种临时填写存款金额的楮纸券便称为"银票"。这时的银票只是一种存款和取款凭据,而非货币。银票的出现并不是偶然的,而是北宋社会政治经济发展的必然产物。宋代的商品经济发展较快,商品流通中需要更多的货币,而当时铜钱短缺,并不能满足流通中的需求。再者,北宋虽然是一个封建专制的高度集权国家,但是全国的货币并没有统一,存在几个货币区,各自为政、互不通用。各个货币区又严禁货币外流,使用银票可以防止铜钱和铁钱的外流。此外,宋朝经常受辽、夏、金的攻打,军费和赔款开支很大,也需要发行银票来弥补财政赤字。正是这些原因促使了银票的产生。到了元朝以后,银票制度得到进一步完善。清代发行的银票(见图 2-5)品种更加复杂,有官钞和私钞之分。官钞是由官府发行的,私钞是由民间发行的。银票的出现,便利了商业的往来,弥补了现钱的不足,是中国货币史上的进步。

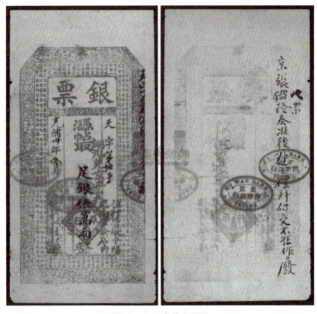

图 2-5 清代银票

(五) 银行券

银行券是由银行发行的用以代替商业票据的银行票据,是一种信用货币。银行券由于具有黄金和信用的双重保证而得到广泛使用。银行债券的发行,不仅可以使银行能够超过其资本数量来扩大信用业务,而且可以满足因商品发展而产生的对于货币的需求。银行券流通的数量受商品流通需要的调节。只要银行券可以随时兑换货币,发行银行券的银行就绝不能任意增加流通的银行券的数目。银行券最早出现于17世纪,是在商业票据流通的基础上产生的,主要通过银行贴现商业票据发行到流通中。早期的银行券是由私人银行发行的。19世纪中叶以后,资本主义国家的银行券逐渐由私人银行改为中央银行或其指定的银行发行。

(六) 不兑现纸币

20世纪30年代世界性经济危机后,各国相继放弃金本位制。第二次世界大战后,布雷顿森林体系确立了全球统一的金汇兑体系,但由于在制度设计上有先天缺陷,该体系于1973年瓦解,世界各国货币与黄金脱钩,普遍由中央银行发行不兑换的纸币作为流通手段。不兑现纸币是根据政府的法令发行的、按规定在一切公私债务支付中必须接受的货币,所以叫作"法定货币"。货币要求具有同质性和匿名性,而不兑现纸币具有许多货币应该具有而不为实物货币所具有的特点,如易识别性、持久性、便携性、防盗性等。

不兑现纸币和信用不可分割。在这种信用中,国家是债务人,而作为债权人的每个个人被取消了向国家的追索权,但国家以法律和强制力保证其在交换中被接受。

三、推动早期金融创新的技术

(一)造纸术

造纸术是中国古代四大发明之一。早期的造纸术与丝絮有一定的关系,东汉元兴元年(105年),蔡伦改进了造纸术,用树皮、麻头以及敝布等原料经过挫、捣、炒、烘等工艺造纸。这种纸由于原料便宜易得,逐渐得到普遍使用。唐朝时利用竹子为原料制成的竹纸标志着造纸技术取得了重大的突破。在此基础之上,唐代为解决异地汇兑问题而产生了飞钱,促进了早期异地汇兑业务的创新。宋、元、明、清时期的楮纸、桑皮纸等皮纸和竹纸盛行,纸质的提高也促进了金融行业的发展。纸的种类增加以及质量的提高扩大了纸的用途,除书画、印刷和日用外,中国还产生了纸币(即宋代的交子),之后还产生了银票。由于纸币和银票需要印刷所用的纸张易于保存、不易损毁,同时可以经受多种形式的印刷和水印的考验,这就需要造纸术的发展相对成熟。清朝时产生了山西票号,其使用的纸张就是专用的麻纸。随着造纸技术的发展,纸的加工工艺也越来越多样,如染色、印花等工艺都在不断创新,为货币工具的创新提供了便利,出现了银行券、不兑现纸币等。

(二)印刷术

印刷术是中国古代的一大发明,最早的印刷术采用的是雕版印刷的方式,源于古代的石刻、印章。一般认为,中国古代雕版印刷术出现于唐代,比欧洲开始用雕版印刷圣像要早700多年。活字印刷术是中国古代印刷技术上的重大变革和创新。活字印刷术根据所用材料不同,又分为泥活字印刷、木活字印刷、锡活字印刷、铜活字印刷和铅活字印刷。北宋庆历年间(1041—1048年),毕昇发明泥活字印刷后,活字的印刷技术不断得到改进和发展,并先后出现了木活字和金属活字。最先采用木活字印刷的是元代的王祯。这个时期的印刷仍以小规模、成本较低的雕版印刷为主,且所用雕版以木版为最普遍,也有以铜版、锡版进行印刷的。其中,铜版雕刻比木版雕刻更为困难、更为精细、更为耐用,多用于纸币印刷。纸币的字少,检查简单,不需要繁杂的设备,因此,采用成本较低、图案精美、字体整洁且美观大方的雕版印刷就能满足纸币印刷的要求。纸币的印刷还少不了一项印刷工艺,那就是套色印刷术。为了防止伪造假币,采用彩色套印技术是非常必要的。宋代交子已经使用的多色套印花纹图案及官方印章和私记,元代中统钞使用的铜版印刷,以及明代继承宋、元时期的图版雕刻并有所创新的彩色印刷中的拱花印刷等技术进步的成果,为清代纸币的发行和防伪手段奠定了基础。正是印刷技术的快速发展,才使纸币顺利发行并推动早期的金融创新。

(三)密码技术

密码是使用双方约定的法则进行信息特殊变换的一种保密手段,按照这些法则,变明文为暗文和变暗文为明文。密码学在早期金融发展中的作用主要体现在防伪技术上。在宋代就出现了密押技术,"铺户押字,各自隐密题号,朱墨间错,以为私记"。清朝时密押技术更加成熟,为山西票号的防伪提供了技术支持。例如,大德通票号把银总暗号数设计为"赵氏连城璧,由来天下传",这10个字分别代表大写数字壹、贰、叁、肆、伍、陆、柒、捌、玖、拾。"周密流通"则代表"万仟百两"。如果是"汇银伍仟两",就写"璧密通"。

第二节 电气时代的金融科技

一、电气时代

(一)电报、电话的发明

1. 电报

19世纪30年代,英国和美国率先发展了通过专用的交换线路以电信号发送、传递信息的方式,即电报。电报中使用的电信号是用编码来代替文字和数字,大多用莫尔斯电码进行加密。中国首条出现的电报线路,是1871年由英国、俄国和丹麦设立的经上海从香港传至日本长崎的海底电缆。电报进入中国后,改变了中国近代的通信手段,改变了过去通过驿站、信鸽以及烽火传递信息的方式,提升了信息交换的速度,而且逐渐在金融业得到运用,衍生出电汇业务方式,对于票据业务的发展产生了极大的促进作用,推动了异地汇款、汇兑业务快速发展。

2. 电话

在电报业务之后,随着通信工具的创新,出现了一种可以远程传送和接收声音的通信设备。1860年,安东尼奥·穆齐发明了电话机;1876年,亚历山大·格拉汉姆·贝尔注册了电话机专利。早期电话机的作用原理是将说话声音对空气的复合振动传输到固体上,通过电脉冲于导电金属上传递。电话出现之后,各类金融产品的营销业务开始通过电话的方式展开,进一步推动了金融科技的前进步伐。进入现代社会之后,可视电话和移动电话的出现进一步提升了信息传递的速度。

3. 电报、电话与信息触达范围

电报主要是以加密文字的形式传递信息,传递信息的一方通过莫尔斯电码将文字转化为26个英文字母,并通过敲击的间隔进行传递。这需要传递的文字尽可能简洁,因此对电报传递信息的范围造成了限制。

电话的出现从一定程度上克服了电报传送信息中的缺陷,传递信息的内容不受限制,并且从文字传递的方式转为声音传递的形式,传递的信息更加实时和清晰,扩大了信息触及的范围。

无论是电报还是电话,对于信息的传递都需要良好的线路设备和接收装置,这取决于科技发展的水平。随着电报和电话业务的开展,两者都在不断地创新,传递信息的质量越来越高,并对人类生活产生了重大的影响。

(二)电气时代的科技与产业

1. 科技进步与生产力变化

第二次工业革命以来,科技取得了快速发展,生产力也得到了提高。从科技进步的角度而言,电灯、电报、电话的接连问世,极大地提高了信息传递的速度,并且科技逐渐应用到多个领域,促进了人们生活水平的提高和经济的快速发展。进入现代社会以来,计算机技术的出现再一次促进了科技水平的提高。从生产力变化的角度而言,科技的进步促进了生产力的提高。以电为基础的电机开始出现,工厂生产不再以蒸汽为动力,而是以电气为新的生产能源,进入机器化大生产阶段,生产的速度和质量快速提高。电报、电话等通信设施的出现,使得跨国订单和交易不再需要跨越较长的谈判和合作周期,促进了跨国交易的快速发展。电报的出现推动了国内电汇业务出现,促进了银行等金融机构的发展。

2. 电气自动化

电气自动化是指一种结合了电学、系统科学、信息学、控制学等多种学科的技术方法,是在电子技术、通信技术、现代计算机技术和运动控制技术等基础上发展起来的。电气自动化的出现不仅是先进科技的证明,也标志着工业现代化的到来。电气自动化系统是一个复杂的系统,主要包含信息采集、信息处理和控制、动作执行三个部分。从涉及的范围来看,电气自动化既涉及传统的电机、电器等领域,也涉及现代电子技术、信息处理、网络传输等信息通信技术。电气自动化出现后,被广泛地运用到了人们生活的方方面面。在经济全球化的背景下,电气自动化在经济和社会的发展中日趋重要,在企业生产中发挥着越来越重要的作用。

二、银行电汇业务

(一)电报汇款出现

电报汇款简称电汇,是指通过电报传输信息的汇兑业务,付款人将一定的款项交存汇款银行,由汇款银行通过电报通知目的地所在的分行或者代理行,指示汇入行向收款人支付一定金额的货币。近代电汇出现于19世纪80年代中期,电报的引入是电汇业务出现的重要诱因。19世纪四五十年代,西方人在中国从事的各类贸易和工商活动规模扩大,六七十年代中国民族资本主义工商业不断发展。在工商业和贸易等经济活动中需要资金的快速调拨和周转,传统的汇兑方式(如信汇、票汇等)难以适应交易的时效性要求,利用电报办理汇兑的业务应运而生。最先采用电汇方式的机构是当时的票号。

(二)电汇运作原理

电汇业务流程是:先由汇款人填写汇款申请书并交款付费给汇出行,再由汇出行拍加押电报或电传给汇入行,汇入行给收款人电汇通知书,收款人接到通知书后去银行兑付,银行进行解付,解付完毕,汇入行发出借记通知书给汇出行,汇出行给汇款人电汇回执。

电汇时,由汇款人填写汇款申请书,并在申请书中注明采用电汇方式。同时,将所汇款项及所需费用交汇出行,取得电汇回执。汇出行接到汇款申请书后,为防止因申请书中出现的差错而耽误或引起汇出资金的意外损失,汇出行应仔细审核申请书,如有不清楚的地方,要及时与汇款人联系。

汇出行办理电汇时,根据汇款申请书的内容以电报或电传向汇入行发出解付指示。电文内容主要有:汇款金额及币种,收款人名称、地址或账号,汇款人名称、地址、附言、头寸拨付办法,汇出行名称等。为了使汇入行证实电文内容确实是由汇出行发出的,汇出行在正文前要加列双方银行约定使用的密押。

汇入行收到电报或电传后,即核对密押是不是相符。若不符,应立即拟电文向汇出行查询;若相符,即缮制电汇通知书,通知收款人取款。收款人持通知书一式两联向汇入行取款,并在收款人收据上签章后,汇入行即凭以解付汇款。实务中,如果收款人在汇入行开有账户,汇入行往往不缮制电汇通知书,仅凭电文将款项收入收款人账户,然后给收款人一份收账通知单,也不需要收款人签具收据。最后,汇入行将付讫借记通知书寄给汇出行。电汇中的电报费用由汇款人承担,银行对电汇业务一般均当天处理,不占用邮递过程的汇款资金。

(三) 电汇业务的发展

19世纪80年代中期,票号的电汇业务出现开始,至90年代初,"各省电汇银两已属通行"。1907—1932年,票号的电汇业务由于对安全问题的担忧逐渐由盛转衰,与此同时,钱庄与银行代之而起,成为这一时期电汇业务最主要的经营主体。这一时期社会对于电汇的需求量大幅度增加,使得电汇业务的规模显著扩大。1933年以后,一些尚未开展电汇业务的钱庄逐渐开始了这项业务的经营。虽然20世纪20年代末30年代初钱庄倒闭很多,但是据统计,截至1933年,皖、浙、闽、冀、湘、鄂、赣、苏、粤、晋、鲁、川以及东北三省等仍有钱庄1 200余家,银行的电汇业务取得长足发展,成为电汇业务最重要的经营主体。最关键的是,邮政也开始了电汇业务,成为电汇的生力军。20世纪三四十年代,电汇业务的经营主体进一步扩增,电汇量取得较大的提升,成为电汇的深入发展时期。电汇业务的快速发展,使得传统的汇兑业务与汇兑格局发生了较大的变动,票汇、信汇、电汇三足鼎立的局面开始形成。

随着电汇办理机构与办理网点的增加,货币的流动性也逐渐增强,这便利了货币异地供需的调剂,进而强化了全国性金融市场的内在联系,有助于近代金融管理模式的形成和管理体制的建立。

三、证券交易的变化

(一) 交易池交易

早期的证券交易所的交易空间是交易池。交易池是指在交易厅内进行期货和期权合约买卖的场所。交易池一般为能使合约交易者互相看见的八角形、外高内低的台子。在传统的交易厅中,交易池中的交易人员凭交易所发给会员单位的入场证进场。通过叫喊加手势讨价还价,价格报告员在交易场内随时记录最新成交价格,并迅速显示于行情板上,交易厅的信息可以通过电话、传真、屏幕接收显示系统随时传递到世界各地。直到今天,纽约证券交易所、东京证券交易所等还保留交易池,与现代电子交易系统并行运作。

（二）电话、电传交易指令

进入电气时代后，证券交易信息逐步实现了电子、电信传输。证券市场是指令驱动的市场，开盘价由集合竞价方式确定，后续交易阶段则采用连续竞价方式报价，即投资人的交易指令先报送于证券公司或交易系统，证券公司通过其场内交易员或交易系统将委托人的交易指令输入计算机终端；各证券公司的计算机终端发出的交易指令将统一输入证交所的计算机主机，由其撮合成交；成交后由各证券公司代理委托人办理清算、交割、过户手续。电话、电传交易指令是指客户以电话、电传的形式通知证券商的营业场所，由营业员按电话内容填制委托书，据以办理委托业务的股票买卖委托方式。大数额的投资者常采用这种方式。因为大额投资需要机动、秘密和分散进行，投资者常常分别委托几家证券经纪商进行买卖，投资者因此无法亲临现场，只有采取电话、电传交易指令的形式。采用电话、电传交易指令，可迅速向证券经纪商传达指示，完成委托，节省时间，提高效率。

（三）证券交易所的自动化创新

随着计算机技术的快速发展，证券交易出现了网上委托的方式，证券经纪商的计算机交易系统与互联网连接，委托人利用任何可上网的计算机终端，通过互联网凭交易密码进入证券经纪商计算机交易系统委托状态，委托人自行将委托内容输入计算机交易系统，完成证券交易。进入大数据时代以后，证券交易不断创新，形成了证券自动化交易机制。证券自动交易软件是指利用全后台自动交易引擎，融合美国华尔街投资机构模型和国内的交易经验和理念，配合智能化提供证券交易的工具。证券的自动化交易具有以下特点：第一，能提高执行力，克服人性弱点；第二，可以降低盯盘时间，减少时间成本，提高效率；第三，可以提高操盘精准度；第四，智能化 T+0 跟踪趋势拐点；第五，预警指标选股；第六，无人值守自动交易功能。就投资者而言，选择合适的自动化交易策略，通过算法和信息系统实现订单生成、风险管理、交易传送和成交等一系列动作，有助于其在既定的风险承受能力下，以更低的成本完成盈利目标；就宏观金融市场而言，精确和规范的交易会对证券期货市场的质量产生正面影响。

第三节　计算机时代的金融科技

电子信息时代的核心技术是计算机技术。计算机发明以后，极大地提升了人类的算力。在金融领域，计算机的应用促进了金融科技的创新。

一、计算机的发明及影响

（一）计算机的诞生

世界上第一台电子计算机诞生于 1946 年，叫作 ENIAC（Electronic Numerical Integration and Calculator），由美国宾夕法尼亚大学设计和建造。由于战争的原因，新武器研制中的弹道问题涉及许多复杂的计算,由此催生第一台电子计算机。如图 2-6 所示。

图 2-6　世界上第一台电子计算机 ENIAC

(二) 计算机的技术演进

第一代计算机(1946—1958 年)以电子管为基本电子器件,使用机器语言和汇编语言,主要应用于国防和科学计算,运算速度为每秒几千次至几万次。第二代计算机(1959—1964 年)以晶体管为主要器件,在软件上出现了操作系统和算法语言,运算速度为每秒几万次至几十万次。第三代计算机(1965—1971 年)普遍采用集成电路,体积缩小,运算速度为每秒几十万次至几百万次。第四代计算机(1972 年至今)以大规模集成电路为主要器件,运算速度为每秒几百万次至上亿次。

(三) 计算机解决的问题与影响

1. 满足人类提升算力的需要

正如第一台电子计算机的诞生是为了解决武器研制中的弹道计算问题,天文学、工程学、物理学等各行业的复杂计算需求是电子计算机发展的原动力。随着人类活动范围扩展、各种关系的复杂程度提升,探寻未知和认识现实世界都需要算力作保障。计算机技术不断进步,核心指标就是算力不断提升。自计算机发明以来,其算力的进步基本上能够满足人类的需要。

2. 数字化记录人类活动效率提高

人类生产生活的各类数据被广泛收集和记录,其蕴含的信息通过数字化转换后被应用。自计算机发明以来,数字技术极大地提升了社会生产力。不论是航空航天等高尖技术领域,还是气象预测、交通规划、金融与经济等和人们生活密切相关的领域,计算机技术带来的数据统计监控效率的提升发挥了重要作用。

3. 计算机促进了生产力的发展

科学技术是第一生产力,以计算机为代表的信息技术是科学技术的重要组成部分。计算机的发展带来了劳动力的升级、劳动工具的变革、劳动对象的高级化,开启了一个新时代。

在全球已步入高科技时代的当下,蓬勃发展的计算机科学技术仍是推动金融业发展的新质生产力。

二、计算机带来的金融创新

(一) ATM 的发明与功能演进

1. ATM 的出现

自动取款机(Automatic Teller Machine,ATM)的原意是自动柜员机,因大部分用于取款,故称作自动取款机。世界上第一台 ATM 于 1967 年 6 月 27 日出现在伦敦巴克莱银行分行。

2. ATM 的功能

ATM 最初是为了解决银行网点排队和服务时间短的问题,高效率和 24 小时营业是其特点。随着技术进步,ATM 分为自动取款机和存取一体机,功能包括取款、转账以及查询余额,存取款一体机相比自动取款机多了存款功能。随着移动支付对 ATM 传统功能的挑战,一些智能化程度较高的 ATM 除传统功能外,还具有定期存款、购买理财以及查询理财测评等功能。

3. ATM 的演进

ATM 发明初期一次只能取 10 英镑,饱受冷落。1978 年,花旗银行在一场暴风雪中以"花旗银行永不眠"让人们认识到 ATM 的便利与效率。1985 年,ATM 突破了美国单个银行的局限,跨行提供服务。自 1999 年起,美国商业街区的 ATM 免收跨行取款的 1 美元手续费,后来又取消了异地取款手续费。此后,ATM 的发展一发不可收。2015 年 6 月 1 日,中国自主研发的首台 ATM 正式发布,这也是全球第一台具有人脸识别功能的 ATM。当下金融科技的发展使得无现金应用场景越发普遍,ATM 的传统功能受到挑战,开始朝智能化自助银行方向转型(见图 2-7)。

图 2-7 自助银行

(二)规避管制的创新

1. ATS

自动转账服务账户(Automatic Transfer Service Accounts,ATS)属于电子清算服务,于1978年由美国联邦储备委员会和联邦存款保险公司授权商业银行提供。它是在电话转账服务账户基础上发展起来的,是电子计算机技术进步下的金融创新。ATS打破了消费者只使用一个交易账户的习惯,兼具活期账户支付灵活和储蓄账户高利息收入的优点。

2. 大额可转让定期存单(CDs)

CDs于1961年由花旗银行首次推出,是美国商业银行规避利率管制而进行金融创新的产物。20世纪60年代,市场利率上升,公司纷纷将资金投资于高收益的货币市场工具。为了阻止存款外流,花旗银行创设了兼具活期存款流动性和定期存款收益性的CDs。电子计算机的发展促进了金融基础设施的完备,使银行能够掌握CDs转让、挂失情况;同时,二级市场为CDs提供了流动性。这些是CDs能够产生和快速发展的技术基础。

3. 货币市场存款账户(Midas)

货币市场共同基金(Money Market Mutual Funds,Mmes)诞生于1971年,因不受美国商业银行存款利率上限和缴纳存款准备金要求的影响,对美国商业银行存款业务构成较大威胁。货币市场存款账户(Money Market Deposit Accounts,Midas)是美国商业银行为应对Mmes的竞争而创设的银行存款品种,属于运用电子计算机等先进手段和工具进行的金融创新,能够对Midas支付更高的利率以吸引存款,且1980年后无须提取法定存款准备金。

(三)金融市场创新

1. 电子化证券交易

传统的证券市场设有交易大厅,投资者之间的交易通过证券商派出的出市代表进行撮合。随着电子计算机和通信技术的发展,证券商和交易所计算机联网,投资者直接输入买卖指令即可被撮合交易,形成证券交易的无形市场,计算机主机取代了交易大厅。上海证券交易所交易大厅如图2-8所示。

2. 货币期货出现

电子计算机技术的发展使大范围的集中交易成为可能,集中交易市场变得更为高效,更为全球化。1972年5月,芝加哥商业交易所正式成立国际货币市场(IMM),推出了英镑、加元、德国马克、法国法郎、日元和瑞士法郎等外汇期货合约。在布雷顿森林体系解体、国际汇率波动加剧的背景下,IMM这种全球范围的集中交易场所为对冲以及投资性货币交易提供了高效的机制。此后,外汇期货市场便蓬勃发展起来。

3. 期权定价问题的解决与期权市场发展

期权定价模型由布莱克与斯科尔斯在20世纪70年代提出。该模型表明,期权价格的决定非常复杂,当标的资产价格只出现一次上升或下降变化时,手工计算也可得到期权的定

图 2-8 上海证券交易所交易大厅

价公式。而现实中标的资产价格变化复杂多样,评估期权价值变得困难,使用计算机是解决大多数实际期权问题唯一的可行办法。电子计算机技术实际上使得金融产品创新成为现实。

三、计算机与金融创新的关系

(一)金融的计算本质

1. 金融活动过程中离不开计算

金融是数据性的行业,无论是金融机构还是金融市场,都具有数据量大、数据多维的特点,数据本身蕴含巨大的商业价值。投融资、财富管理、风险管理、金融监管等,都离不开计算。通过数据的统计、分析和挖掘,可以更好地释放金融创新活力和应用潜力。

2. 宏观金融涉及总量平衡的测算

宏观金融分析研究宏观金融总量及其相互关系,总量平衡需要满足总供给和总需求的基本平衡,对货币供给与货币需求、利率与货币供应量、利率与汇率、利率与通货膨胀、失业率等指标之间的关系进行量化,通过模型数据进行理论验证。

3. 金融计算是经济活动的驱动力

微观金融计算体现在企业财务核算、家庭金融管理方面,企业通过加强成本收益核算,提升企业财务绩效,驱动企业加强经济活动管理。家庭通过金融计算,平衡消费与投资之间的关系,合理配置资产,驱动经济活动的开展。政府部门通过加强财政收支核算,评估政府投融资的绩效,更好地安排公共经济活动。

(二) 金融计算的算力要求

1. 金融是信息敏感性行业

金融的关键是数据。随着计算机技术的发展,数据获取的频率不断加快,从最初的年度、季度、月度等低频数据,发展到实时更新的高频数据。数据频次的提升意味着数据体量的指数型增长,进一步提高了对计算机算力的要求。

2. 金融数据承载着经济活动信息

随着全球现代金融业的迅猛发展,数据量也在以前所未有的速度增长。数据是支撑和促进金融业稳定快速发展的重要基础,承载着各类经济活动信息,是金融创新和转化为生产力的关键。信息的挖掘需要强大的算力。在大数据时代,数据结构日趋复杂,数据类型日趋多样,大数据需要大科技,大科技才能提供足够的算力。

3. 金融市场交易机会的把握需要强算力支撑

伴随着数据的爆炸式增长,金融行业每天处理的数据规模也在不断加大,交易机会隐藏在大量数据中,人们的时间和精力有限,利用计算机的强大算力和高质量的优化搜寻算法,能够快速把握稍纵即逝的交易机会。在程序化交易的设计中,算力的比拼是最关键的,毫秒级的投资机会把握,需要量子计算来完成。

(三) 计算机推动了金融复杂化创新

1. 投融资产品的设计

创新是金融发展的原动力,计算机和通信技术的发展是金融产品和服务供给条件改善的源泉,新技术运用导致新产品层出不穷。不论是按照产品种类划分的股票类、债务工具类、衍生工具类,还是按照投融资需求划分的投资产品、融资产品,都在计算机的推动下进行着复杂化的金融创新。

2. 风险管理的产品设计

全球金融市场波动联动性增强、金融市场化水平提高、金融产品设计越发复杂,都使金融机构愈益脆弱,对金融机构的风险管理能力提出了更高要求,金融机构风险管理创新需求与日俱增。计算机的发展有力地刺激了风险规避金融创新。

第四节 互联网金融阶段

一、互联网与互联网金融

(一) 互联网的出现

互联网(Internet)是一系列网络以一组通用的协议相连,形成逻辑上的单一巨大国际网络。互联网开始于美国的阿帕网,最初是用于军事目的的系统连接,后将加利福尼亚大学洛杉矶分校、斯坦福大学研究学院、加利福尼亚大学和犹他州大学的四台主要的计算机连接起来，于 1969 年 12 月开始正式联机。进入 20 世纪 80 年代后，互联网技术不断进步，逐步走向社会化应用。1994 年以后，互联网开始大规模普及应用，并在 2000 年左右出现一波全球性互联网经济热潮。近年来，通信技术、互联网、云计算、大数据、人工智能技术快速发展，为智慧互联网的发展提供了一个技术支持，互联网的应用前景更加广阔。

（二）互联网的功能与本质

1. 互联网的功能

互联网是一个现代的通信载体，借助网络技术可以解决原有的地理不可及性、交易成本过高以及社交信任问题，实现通信服务与资源共享。互联网技术的发展加快了各种传感设备的普及，很多线下的消费、阅读和投资等活动逐渐转移到互联网上，社会信息数字化趋势逐渐增强。搜索引擎除了提供基础的网页搜索等功能外，还内嵌了许多智能化的大数据分析工具和 IT 解决方案，基于互联网技术的金融活动逐渐增加。此外，互联网技术的发展提高了人类的计算能力。随着通信技术、互联网、移动通信技术的融合，互联网的智能性、灵活性、便捷性以及安全性有所提升，对制造业生产、居民消费生活以及金融行业产生了深远的影响。

2. 互联网的本质

互联网的出现是人类进步的体现。人类追求的是连接，进而沟通信息、共享资源。互联网通过数据将世界连接了起来，有效克服了地理限制，给人类的生产生活带来了巨大的变革。互联网的第一本质是共享，即资源的共享性，既包括信息资源的无偿共享，也包括消费品、耐用品的有偿共享。随着共享单车、共享汽车以及共享房屋等共享经济理念的推进，基于共享理念的互联网技术将给媒体、交通运输、金融以及医疗等多个行业带来机遇和挑战。互联网的第二本质是互动，即企业和用户之间、用户和用户之间通过互联网联系得更加紧密，突破了原有地理限制和社会网络局限导致的交流障碍，互动程度的加强将提高生产资料和金融资源的搜寻匹配效率，增进社会福利。互联网的第三本质是虚拟。互联网上的各种活动在一定程度上具有一定的虚拟性，有别于传统的面对面交易，因此，互联网平台的交易模式会更加多样化和便捷化，但其交易风险也会明显高于传统经济活动。

（三）互联网金融

1. 互联网金融的概念

互联网金融是一个有别于"网络金融"的新型概念，自 2012 年出现以来，随着实践的快速发展而引起人们的关注。从现实来看，互联网金融是金融行业与互联网相结合的新兴领域。2015 年，中国人民银行给出了互联网金融的官方定义：互联网金融是传统金融机构与互联网企业利用互联网技术和信息通信技术实现资金融通、支付、投资和信息中介服务的新型金融业务模式。

2. 互联网金融的主要类型

互联网金融的主要类型有传统金融的互联网业务创新和替代性网络金融。其中，传统金融的互联网业务创新主要包括互联网银行、互联网证券和互联网保险,替代性网络金融则包括第三方网络支付、互联网借贷、网络众筹、网络资产管理等。

二、传统金融的互联网业务创新

(一) 互联网银行

互联网银行是指商业银行通过一种或多种移动互联网技术,借助大数据、云计算等方式,为客户提供存款、取款、转账、支付、结算、理财等传统银行业务的互联网金融服务模式。互联网银行主要有两种模式:一种是传统商业银行利用互联网技术开展的手机银行、网上银行等固定或移动互联网银行模式,提供与实体银行一致的金融服务;另一种是监管部门批准的、拥有商业银行牌照的纯互联网银行。它没有零售型物理网点,金融服务通过互联网平台开展。此类银行一般主要靠后台处理中心集中处理业务,有一个具体的办公场所,但没有分支机构和营业柜台。

美国的互联网银行兴起于20世纪90年代中后期。世界上第一家互联网银行是成立于纽约的安全第一网络银行(Security First Network Bank,SFNB)。它由三家美国银行联合发起,于1994年成立,1995年10月正式开展网上业务。这是第一家真正意义上的互联网银行,其完全在互联网上提供银行非现金服务。然而,随着美国网络经济泡沫的破灭,大量互联网银行破产或被收购,SFNB在1998年出现了停滞,并在同年被加拿大皇家银行以2 000万美元收购,传统银行开启了线上线下业务双线战略。

中国真正意义上的纯互联网银行始于2014年。这一年,原银监会批准了第一批民营银行,其中就包括以纯互联网的形式运营的网商银行、微众银行、北京中关村银行、苏宁银行和新网银行。公开年报显示,截至2018年年底,微众银行资产规模达到2 200亿元,净利润24.74亿元,同比增长70.85%。同期网商银行资产规模达到959亿元,净利润6.71亿元,同比增长66%,而2017年后营业步入正轨的新网银行、苏宁银行和北京中关村银行总资产分别为361.57亿元、323.71亿元和131.55亿元。

(二) 互联网证券

互联网证券又称网络证券或网上证券,是指证券公司通过互联网平台为客户提供信息推送、投资顾问、产品发行、证券交易等一系列全方位证券服务的新方式。互联网证券服务的提供者包括传统的证券公司和专业的互联网证券信息平台。证券公司提供的服务除了网上开户、网上交易、网上理财等基本业务外,还包括投资咨询、信息送达、数据分析、投资者教育等。

美国的互联网证券交易始于20世纪90年代初。美国不仅是最早开展互联网证券业务的国家,也是互联网证券交易经纪业务最发达的国家。1995年,嘉信公司成立专门的电子商务部门来从事互联网经纪业务,成为第一家开展证券电子商务的经纪商。1996年,E-TRADE公司成立,美国无传统经营场所的新型经纪公司诞生。1999年,美林证券开始为投资者提供互联网证券交易服务,标志着美国传统证券经纪商对网络交易的态度发生根本性转变，美国的互联网证券交易快速发展。目前，美国互联网证券交易模式随着各证券经纪公司差异化服务的不断发展，逐渐形成以 E-TRADE 为代表的纯网络经纪商，以嘉信、Fidelity 为代表的折扣经纪商，以及以美林证券为代表的传统证券全服务经纪商。

随着 2013 年年底网上开户制度的推出以及互联网开户引流业务的开展，国内互联网证券业务进入大发展阶段。2014 年 4 月，中信证券股份有限公司、国泰君安证券股份有限公司、长城证券有限责任公司、平安证券有限责任公司、华创证券有限责任公司、中国银河证券股份有限公司成为首批经证监会同意，开始开展互联网证券业务试点的证券公司。随后，又有几十家券商接连获批开展互联网证券业务。

（三）互联网保险

互联网保险是指借助互联网技术和互联网平台进行保险营销的新型服务方式，其服务可以覆盖到保险的信息查询、合同设计、投保、交费、理赔、给付等各个方面。互联网保险服务提供者包括保险公司、拥有保险牌照的纯互联网保险公司以及保险产品销售信息平台。

中国的互联网保险始于 1997 年，第一个第三方保险网站是该年年底成立的中国保险信息网。2001 年 3 月，太平洋保险公司北京分公司开通了"网神"，推出 30 多个险种，开始了真正意义上的保险网销。随着互联网、云计算和大数据技术的进步，网络保险公司出现。2013 年 9 月，由蚂蚁金服、腾讯、中国平安等企业发起设立的众安在线财产保险股份有限公司成立，成为国内第一家纯互联网保险公司。2016 年前，互联网保费规模一直处于增长态势，尤其是 2015 年，互联网保费规模同比增长 9.2%，达 2 234 亿元。但 2016 年后，互联网保费规模出现一定的下降，渗透率也同步回落。截至 2020 年 3 月，四家互联网保险公司相继披露 2019 年部分经营数据，但保费收入、净利润增长态势出现分化现象。泰康在线保费收入增速最快，但亏损也进一步扩大；众安在线、安心财险在保费收入保持增长的同时，净利润情况有所好转；易安财险虽然保费收入增速下降，但重新实现盈利。

三、新兴产业互联网金融

新兴产业互联网金融是指通过传统金融系统以外的互联网市场为个人和企业提供替代性金融服务的渠道和活动。和传统金融业相比，新兴产业互联网金融利用创新型的金融渠道与工具来帮助个人和企业融资和投资。从奖励模式众筹到 P2P 个人及企业信贷，从票据交易到股权模式众筹，这些新兴产业互联网金融活动直接对接了出借人与消费者及中小企业借款人，为创业公司和创意产业提供了风险资金，并且为个人与机构调配资产、投资借贷提供了新的选择和渠道。

（一）第三方支付

学术界对第三方支付给出的定义是：具备一定实力和信誉保障的独立机构，通过与银联或网联对接而促成交易双方进行交易的网络支付方式。国外第三方网络支付产业的起步略早于中国，并保持了高速发展。1996 年，第三方支付公司在美国出现，随后 Yahoo Paydirect、Amazon Payments 和 PayPal 等公司先后成立，其中以 PayPal 的发展历程最为典型。

PayPal 公司成立于 1998 年，其起初创设的目的是弥补商务领域商业银行不能覆盖个人收单业务领域的不足。2002 年，PayPal 被全球最大的 C2C 网上交易平台 eBay 全资收购，从此进入快速发展期。集聚各种二手商品的 eBay 当时是全球最大的个人电子商务交易平台。除 PayPal 之外，其他第三方支付企业的成长也很迅速，尤其是在移动支付领域。

中国的第三方支付机构起初只是作为银行的外包服务机构，为银行提供基于网络技术的支付解决方案，从银行卡收单，到发行和受理预付卡，基本是利润低、人力成本高因而银行自身不愿意经营的业务，因此其影响力一直不大。2004 年 12 月，阿里巴巴旗下的支付宝（Alipay）正式推出，借助于淘宝网强大的商业资源、技术背景和品牌实力，支付宝业务取得了迅猛的发展，仅用 4 年时间便成为全球最大的第三方支付平台。继阿里巴巴公司的支付宝推出后，财付通、安付通等支付平台也相继出现。

（二）互联网借贷

互联网借贷是交易双方通过网络平台达成资金借贷的形式，包括 P2P 网贷、小额商业信贷、消费信贷、供应链融资等。英国的 Dopa、美国的 Lending Club 和中国的拍拍贷都是 P2P 网络借贷模式的典型代表。互联网小额商业贷款一般由小额贷款公司或电商平台提供。互联网消费金融借助于新的技术及商业模式能够显著改进服务质量，专门为消费者提供小额信用支持，如京东白条、花呗等。互联网供应链金融是互联网金融与供应链金融的集成概念，是指兼具电商平台经营者和资金提供者身份的电商或商业银行，在对电子商务平台长期积累的大量信用数据以及借此建立起来的诚信体系进行分析的基础上，运用自偿性贸易融资的信贷方式，引入资金支付工具监管的手段，向在电子商务平台从事交易的中小企业或小微企业提供封闭的授信支持及其他资金管理、支付结算等综合金融服务的一种全新的金融模式。

（三）互联网众筹

互联网众筹（Internet Crowd Funding）是指需求方通过互联网、社交网络或专业平台广播项目信息，以此吸引网络用户对项目的关注，从而使项目需求方（融资人或项目）获得必要的资金援助、渠道支持和营销推广的一种行为或方式。

2009 年，众筹在国外兴起。Kickstarter 于当年在纽约创立，是全球最大最知名的众筹网站，主要针对科技产品和艺术作品。截至 2015 年年底，该平台成功资助了 9.5 万个项目，成功筹集资金 20 亿美元。Kickstarter 众筹平台出现后，出现了众多的模仿者。其中较著名的是于 2010 年 10 月成立的英国股权众筹平台 Crowdcube，这是全球首个股权众筹平台。股权众筹是典型的直接金融，它是指通过网络平台方式向特定投资者进行股权融资。2011 年 7 月，中国首家众筹网站"点名时间"成立，随后几年众筹网站的数量和融资规模快速增长。众筹从 2014 年起进入快速增长期。2015 年，在互联网金融受追捧的情况下，新上线的众筹平台数量再创新高，达到 222 家。2016 年，随着互联网金融专项整治及相关监管措施的实施，传统的产品及股权型众筹平台已基本上停止增长。2017 年后，股权众筹行业多项指标急剧下降。

(四)互联网资产管理

随着金融科技的不断发展以及计算机、互联网、大数据、云计算、人工智能等技术的日新月异,资产管理模式从传统模式逐渐走向智能化、普惠化、便捷化的互联网模式,极大地拓展了资产管理的服务需求、潜在用户规模和应用场景。互联网大型电商集团、传统金融机构、业务升级和转型的互联网金融平台以及非金融实业企业设立的互联网资产管理平台均活跃在中国网络资产管理市场的蓝海上。就发展情况来看,网络资产管理可分为自助化、社交化、顾问化三种商业运作模式。

(1)自助化资产管理模式。在自助化资产管理模式下,用户根据自身财务情况和风险偏好,通过互联网"全品类金融超市"进行自助理财。与传统理财相比,这一模式通过互联网吸纳了更多位于"长尾部分"的中低资产净值客户进行大众理财投资,是中国最主流的互联网资产管理模式。国内的自助化资产管理平台主要是由互联网巨头和传统金融机构牵头,利用自身在客户资源以及技术上的优势切入资产管理、聚集各类金融产品、提供比价服务,根据用户情况筛选、匹配和推荐金融产品。

(2)社交化资产管理模式。社交化资产管理模式以信息共享为核心,强调"跟投"的投资理念。具体来说,将职业或业余投资人的投资业绩和持仓情况通过互联网平台分享出来,供普通投资者参考或直接跟投相关资产或组合。这一模式本质上是使普通投资者间接地享受投资咨询服务。

(3)顾问化资产管理模式。线上理财顾问平台通过互联网和移动互联网技术将传统投顾服务的服务对象延展至高净值以外的长尾用户。面向理财师的互联网理财顾问平台主要为理财师提供金融产品和智能化客户管理服务;面向投资人的平台则通过将传统的线下理财师互联网化,为投资者提供线上理财服务,或者是以"高佣金返还"等模式吸引理财师入驻,平台则撮合投资者和理财顾问。一方面,这类平台解决了投资顾问由于技术条件、地理条件等限制无法扩展其工作半径的问题;另一方面,投顾服务门槛的降低使得非高净值人士也能够享受到理财顾问服务。

第五节 人工智能新质生产力阶段

一、人工智能技术与产业变革

(一)人工智能

人工智能(artificial intelligence,AI)又称智械或机器智能,是由人制造出来的机器所表现出来的智能。人工智能的核心问题包括建构能够跟人类似甚至更强的推理、规划、学习、交流、感知、移物、使用工具和操控机械的能力等。当前,有大量的工具应用了人工智能,其中包括搜索和数学优化、逻辑推演,基于仿生学、认知心理学以及基于概率论和经济学的算法等也在逐步探索当中。人工智能就像人类的大脑一般,具有超强的学习与处理信息的能力。通过输入大量的算法与模型,人工智能在大数据基础上不断进行自我训练与模拟,从而可以形成人甚至超过人的智能化处理模式。

人工智能是一个大范围的科学,运用了多个学科的理论与方法,运用的主要技术包括机器学习、知识图谱、自然语言处理、计算机视觉技术,可应用于智能化处理数据、识别身份、监控风险等具体途径,详细内容可见表2-1。

表2-1 人工智能运用的主要技术

技术名称	简介	具体应用
机器学习	人工智能的核心手段,运用概率、统计等算法和心理学、社会学理论让机器模拟人们的行为与反应	虚拟助手、交通预测等
知识图谱	结合应用数学、图形学等理论与方法构造可视化图谱,体现知识的框架与内在逻辑	人物关系图谱、绘制资金流水等
自然语言处理	融合语言学、数学、计算机科学,实现人机语言良好通信交流	机器翻译、信息检索、语言主题提取等
计算机视觉技术	主要用于模拟人的视觉功能,对图像进行客观的信息提取与处理	人脸识别、指纹识别等

从发展趋势来看,2015—2018年,中国人工智能产业市场规模逐年递增,2018年达到415.5亿元。同时,中央政府出台了人工智能相关的政策,目的在于鼓励与支持人工智能的产业发展。2019年9月,中国人民银行印发《金融科技(FinTech)发展规划(2019—2021年)》,在"重点任务"一章中提到:"深入把握新一代人工智能发展的特点,统筹优化数据资源、算法模型、算力支持等人工智能核心资产,稳妥推动人工智能技术与金融业务深度融合。"地方政府也积极采取了相关措施,加大了对人工智能的研发与投入,为人工智能产业带来了广阔的发展前景。

技术变革带来的冲击显然才刚刚开始,人工智能最好的应用领域之一就是金融业,因为这是唯一的纯数字领域。"互联网+金融"阶段更多的影响在于"渠道革命",而"人工智能+金融"会有更多服务和产品层面的变革。人工智能在金融业是应用最早、最成熟的领域,例如,量化交易、智能投顾、智能客服和生物身份识别等细分领域的商业化发展也将加速推进。传统金融机构受到很大冲击,但同时也获得了重新发力的契机,因为作为人工智能的重要基石,数据和IT的最优资源仍掌握在金融机构手中。

(二)第四次工业革命

进入资本主义社会以来,人类共经历了三次重要的产业革命(工业革命)。第一次产业革命始于18世纪60年代,以蒸汽机的发明为标志,代表人类社会进入蒸汽时代,主要表现为机器开始取代人力,大规模工厂化生产取代个体工场手工生产。第二次产业革命始于19世纪中期,以电力的广泛应用和内燃机的发明为主要标志。人类社会从"蒸汽时代"跨入

"电气时代",主要表现为家用电器走进人们的生活,重工业起步,新型交通工具扩大了人类的活动范围。第三次产业革命始于20世纪中期,以计算机与互联网的发明和应用为主要标志。人类社会又进入了"信息时代",主要表现为全球信息和资源交流变得更为迅速,各类技术呈交叉式突破。

近年来,由于算力、数据和算法完成了由量到质的飞跃,人工智能也得以进一步发展,这被不少人看作第四次产业革命到来的重要标志。人工智能被认为能作为核心驱动力,促进产业结构、城市形态、生活方式和科技格局的颠覆式变革。至此,人类进入了"智能时代",智能制造、智能农业、智能物流、智能金融、智能商务等产业全面繁荣。

二、人工智能与金融的融合

(一) 人工智能在金融领域的应用

进入互联网时代以来,科技逐渐改变金融方式,尤其是随着人工智能技术的逐渐成熟,多数互联网金融公司通过运用多种人工智能技术,全面提升风控的效率与精度,简化业务流程。对于金融行业而言,如何提升业务的风险防控能力是传统金融机构面临的重要问题。智能风控主要得益于以人工智能为代表的新兴技术的快速发展,在信贷、反欺诈、异常交易监测等领域得到广泛应用。与传统的风控手段相比,智能风控改变过去以满足合规监管要求为主的被动式管理模式,转向依托新技术进行监测预警的主动式管理方式。以信贷业务为例,传统信贷流程中存在欺诈和信用风险、申请流程烦琐、审批时间长等问题,通过运用人工智能相关技术,可以从海量数据中深度挖掘关键信息,找出借款人与其他实体之间的关联,从贷前、贷中、贷后各个环节提升风险识别的精准程度,使用智能催收技术可以替代40%—50%的人力,为金融机构节省人工成本。同时,利用AI技术可以使得小额贷款的审批时效从过去的几天缩短至3—5分钟,进一步提升客户体验。

通过了解业务流程(见图2-9),我们可以看到随着AI技术与金融行业融合程度的不断加深,金融业务的开展效率也越来越高,从营销、申请到贷款审批以及贷后监控与催收都逐渐智能化,极大地降低了人工成本,提高了业务效率。一些互联网小贷公司在一天之内甚至能完成上万笔贷款业务。随着业务量的不断增加,风险问题也在加剧,如何提高监管效率也就显得更加重要了,尤其是考虑如何更好地将AI技术应用到金融监管的场景中去。

越来越多的金融机构运用了人工智能,地方监管机构也越来越重视其作用。一个重要的原因是人工智能为金融监管带来许多便利与发展,弥补传统金融监管的短板与不足。进行金融监管,监管方需要通过收集信息—处理信息—反馈信息三个基本步骤,实时跟进监管对象的动态变化。人工智能化的金融监管相较于传统模式,在每一个步骤上都进行了较大的优化与改善,推进了金融机构对内部进行风控、政府对行业进行监管,维护了整个金融行业的生态圈。具体来看,主要有以下应用场景。

(1) 在数字化监管协议基础上引入人工智能。该类应用场景的出现,可以帮助监管机构对监管规则、合规准则进行标准化解读和专业化解释,减少人工解读造成的理解歧义和解

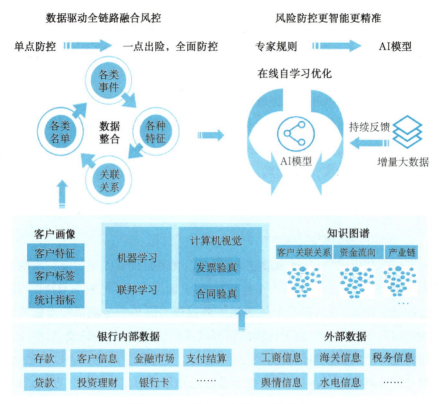

图 2-9 AI 技术＋信贷业务的流程

释错误,提高监管合规的科学性和准确性。

(2) 及时广泛收集信息。金融监管的第一步为收集信息。在传统模式下,信息的采集需要大量的人工成本,采集来的信息过少且片面。现在是信息数字化、大数据的时代,传统的人工收集已经跟不上线上数字化的发展。人工智能在大数据的背景之下,可以跨时、跨地对这些数据进行全面采集和分类储存,是一个拥有极大容量的智能大脑。它能及时捕捉每一条信息,加速筛选与分类信息。这种全面、及时的信息采集模式还有利于实现共享智能,为企业和政府连接多个端口,达到信息共享的目的,从而有利于建立征信体系。人工智能对信息及时且广泛的收集丰富了监管数据,大大提高了监管的准确度。例如,将指纹识别、虹膜识别、面部识别等生物识别技术与人工智能深度结合,可以促使监管机构以及金融企业更加科学高效、安全便捷地验证客户的身份,提高客户分析评测的精确性。

(3) 高效灵敏处理数据。信息采集之后需要进行信息处理。人工智能可以通过机器学习、自然语言处理等,运用大量的算法和模型快速处理数据,将数据可视化。经过大量的自主学习,机器处理信息的能力逐渐提升。它可以用不同的语言转化信息,快速地进行数据分析,挖掘不同数据间的关联性等。在传统金融监管之下,人们需要找到众多领域的专家对信息进行分析,人力成本大且耗费时间长,难以及时处理好大量的数据来反映问题,这就造成了监管的滞后性。人工智能的使用大大节省了监管成本,提升了监管效率。

(4) 全面智能评测风险。金融监管最终需要得出监管对象是否存在较大风险的相关结论并对其采取管理措施。这就需要综合的、大量的信息形成一个最终的反馈结果。金融监管的核心在于监测风险。企业需要监测产品的运营风险、用户的使用风险等，政府需要监测企业的运营风险、违规风险等。传统的评测风险模型容易被淘汰，传达不及时，人力和经验所限导致风险刻画不准确，造成比较大的监管漏洞。人工智能通过多维度的数据处理与分析、自主更新迭代模型、对目标进行精准画像与图谱分析等，可以全面实时地刻画风险、反馈监测结果。智能风控的诞生帮助政府与企业及时发现潜在风险，控制各项风险，做到有效可控地监管。

通过收集信息—处理信息—反馈信息的监管步骤，企业和政府得以找到存在的问题，从而制定解决方案。人工智能的运用就如给金融监管安装了一个核心引擎，帮其实现了一个更加准确、动态化的智能监管模式。

(二) 智能金融的定义与范围

2017年，国务院印发《新一代人工智能发展规划》，明确提出要发展智能金融，包括：建立金融大数据系统，提升金融多媒体数据处理与理解能力；创新智能金融产品和服务，发展金融新业态；鼓励金融行业应用智能客服、智能监控等技术和装备；建立金融风险智能预警与防控系统。

1. 智能金融的内涵界定

目前，学界对智能金融尚无统一的定义。根据较权威的中国金融四十人论坛的研究成果，智能金融（Intelligence Finance）是指人工智能技术与金融业深度融合的新业态，是用机器替代和超越人类部分经营管理经验与能力的金融模式变革。智能金融是金融科技发展的高级形态，是在数字化基础上的升级与转型，代表着未来发展趋势，已成为金融业的核心竞争力。智能金融与数字化转型、金融科技既有密切联系又有重要区别，智能金融的发展基础是金融机构的数字化转型，数字化转型为智能金融的发展提供了基础设施的保障。

2. 智能金融的范围

目前，智能金融的应用主要包括前台、中台、后台三大方面。具体来看，其应用范围包括以下几类。

(1) 智能身份识别。智能身份识别又称生物识别技术，是指通过识别人的生物特征来区分个体的技术，包括身体特征和行为特征两大类别：前者包括指纹、静脉、人脸、DNA、掌纹、虹膜、视网膜、气味等；后者包括键盘敲击、步态、声音等。目前的智能身份识别技术以指纹识别和人脸识别为代表，已进入大规模应用阶段。在金融领域最常见的智能身份识别应用就是人脸识别支付系统。2015年11月18日，支付宝正式上线了人脸识别支付功能，其流程为选择产品后进入支付页面，在确认支付后出现人脸扫描页面，通过面部扫描（拍照）进行认证，只有认证成功后才能顺利支付。

（2）智能营销。智能营销也称精准营销，指借助人工智能技术，根据客户交易、消费、网络浏览等丰富的特征数据，构建用户多维画像，从而挖掘客户的潜在需求。在金融领域，智能营销主要指的是金融机构通过用户大数据构建用户画像，并基于此设计针对性更强的金融产品和营销方案，为客户提供个性化和精准化的服务。例如，各大银行通过掌上银行 App 的用户使用数据，可进一步对客户的职业、财产规模、金融服务需求等进行分类，并在此基础上推送相关的理财产品、信用产品等。

（3）智能客服。智能客服是建立在大规模知识库处理基础上的自动应答引擎，提供基于语义的智能应答服务。2020 年 3 月，由中国银行个人数字金融部与科大讯飞合力打造的 95566 全语音门户正式上线，面向中行客户提供"零接触""零等待"的智慧金融服务。用户在拨打 95566 后，只要直接说出自己的业务需求，就可获得相应的信息与服务，实现以自然语言为交互界面的高效沟通。

（4）智能投顾。智能投顾又称机器人投顾，是一种新兴的在线财富管理服务，它根据个人投资者提出的风险承受水平、收益目标以及风格偏好等要求，运用一系列智能算法及投资组合优化等理论模型，为用户提供最终的投资参考，并根据市场的动态针对资产配置再平衡提供建议。2015 年 8 月，京东金融在行业首推创新型产品——"智投"。

（5）智能风控。智能风控利用人工智能技术构建线上金融风控模型，通过海量运算与校验训练以提升模型精度，最终应用到反欺诈、客户识别、贷前审批、授信定价及贷后监控等金融业务流程，从而提高金融行业的风控能力。智能风控为金融行业提供了一种基于线上业务的新型风控模式，贯穿反欺诈与客户识别认证、授信审批与定价分析、贷后管理与逾期催收等业务。

（三）从智能金融走向智慧金融

智慧金融（smart finance）依托于互联网技术，运用大数据、人工智能、云计算等金融科技手段，使金融行业在业务流程、业务开拓和客户服务等方面得到全面的智慧提升，实现金融产品、风控、获客、服务的智慧化。总体而言，智慧金融是在智能金融的基础上进一步升级演化而形成的。相较于主要应用人工智能技术的智能金融，智慧金融涉及的技术领域、具备的发展潜力等更为广阔。智慧金融的"智慧"源于对海量数据的高密度计算，云计算是计算资源虚拟化的新型计算模式，为实现大规模复杂计算提供了良好的解决方案。各种形态的物联网的发展为采集大量的用户行为数据、生活数据提供了全新渠道，这些数据对拓展智慧金融在具体行业、具体场景的深入应用将发挥重要作用。生物识别技术由于能够很好地区分和辨别被识别人的身份，常被用于客户身份的鉴别与智慧支付方式的创新。在数字货币的背景下，区块链和智能合约有望为智慧金融的开发提供全新的思路和安全技术保障。随着量子通信技术的研发不断推进，智慧金融在通信加密、身份认证等方面有望获得量子通信技术的研究成果红利，在金融数据通信的安全性上取得新突破。虚拟现实技术是一种可以创建和体验虚拟世界的计算机仿真系统，在完善金融交易的智能交互体验、创新金融服务场景和辅助金融数据分析的可视化等方面具有广阔的应用空间。

三、人工智能金融发展中的伦理问题

（一）金融从业者替代造成的失业问题

和人工智能的其他应用一样，智能金融的发展也带来了机器替代人工作并造成失业的伦理问题。例如，智能投顾的发展方向是替代财富顾问，智能营销将可能代替金融销售人员，而智能交易软件直接取代了交易员。如何平衡智能机器与人的关系，避免出现大规模失业成为智能金融也是人工智能发展中的重要伦理问题。

（二）金融算法存在歧视问题

金融算法应用过程中会产生歧视问题，分为主观价值算法歧视和客观系统算法歧视（见图 2-10）。数据颗粒度越细，数据标签越丰富，算法的结果越会产生对某些群体的客观歧视。

（三）金融算法的"黑箱"问题

人工智能算法常常存在不透明的问题，尤其是基于深度学习的算法，其并不遵循数据输入、特征提取、特征选择、逻辑推理、预测的过程，而是由计算机直接从事物的原始特征出发，自动学习和生成高级的认知结果。在人工智能输入的数据和其输出的答案之间，存在我们无法洞悉的"隐层"，这也被称为"黑箱"（black box）。

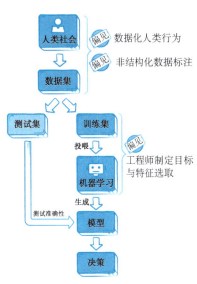

图 2-10　AI 算法歧视

（四）道德风险问题

无论是在金融领域还是其他领域的应用，人工智能技术不可避免地带来了一些道德风险问题。例如，North Pointe 公司开发的预测罪犯二次犯罪概率的人工智能系统的算法，被认为带有种族偏见倾向，因为黑人罪犯被标注的概率远远高于其他人种。又如，有学者利用唇曲率、眼内角距以及口鼻角度等的面部识别系统预测某些人具有犯罪倾向，也被质疑存在偏见。若上述算法使用在金融客户的画像上，必然会造成不公平等道德问题。

 本章小结

中国古代商品交易的支付手段随技术进步而不断发展变化，从唐代的飞钱到宋代的交子、会子和银票以及清代的汇票的发展，是在造纸术、印刷术和密码学技术与科学实践推动下的金融创新。电报、电话出现后，信息传递速度大幅提升，推进了汇兑业务转向电汇。电子计算机的诞生大幅提升了金融计算的算力，拓展了金融交易边界，推动了金融复杂化创新，释放了金融创新活力和应用潜力。互联网金融是基于互联网技术平台的金融活动、金融形式等的总和，是技术平台与金融活动的融合形态。互联网金融的支付清算、资金融通、信息提供以及风险管理等金融的基本功能没有变。互联网金融的范围包括金融机构的互联网

应用、非金融企业利用互联网技术在金融基础设施领域的应用。人工智能技术在金融领域的应用为金融业务带来了巨大的变革,智能金融由此产生。智能金融领域目前已形成一系列较成熟的业务模式,其仍在不断发展和完善。

关键词

飞钱　交子　会子　票号　密押技术　电汇　互联网金融　互联网银行　互联网证券　互联网保险　替代性网络金融　智能金融　智慧金融

复习思考题

1. 简述交子成为纸币的原因。
2. 简述促进中国早期金融创新的技术因素。
3. 简述电汇的发展过程。
4. 如何看待计算机与金融创新的关系?
5. 互联网与互联网金融的本质是什么?
6. 人工智能在金融领域的应用有哪些?智能金融有哪些具体的业务模式?

扩展阅读

［1］成艳萍.纸币防伪技术与山西票号业的发展[J].科学技术与辩证法,2008(3):90-95.

［2］田子强.清朝银票的防伪印刷技术[J].中国防伪报道,2015(2):116-117.

［3］夏维奇,夏青.电汇的演进与近代中国金融生态的变迁[J].学术研究,2016(3):121-129.

［4］施瓦布.第四次工业革命:转型的力量[M].世界经济论坛北京代表处,李菁,译.北京:中信出版集团,2016.

［5］李建军,彭俞超.金融科技学[M].北京:高等教育出版社,2021.

第三章 金融科技理论基础

 学习目标

1. 了解和掌握金融科技发展演变的基本理论架构。
2. 理解和掌握消费者主权理论、马克思消费者理论、金融创新理论、金融中介理论、信息不对称理论、长尾理论和普惠金融理论等。
3. 理解和运用相关理论分析现实生活中有关金融科技的案例。

 引例

2024年3月5日,"新质生产力"首次被写入国务院《政府工作报告》,"大力推进现代化产业体系建设,加快发展新质生产力"被列为2024年十大工作任务之首。在中央金融工作会议提出的"五篇大文章"中,科技金融也位居"五篇大文章"之首。上海国际金融中心建设,涉及中央和地方、国内和国外、实体经济和金融业的各个方面,需要党中央和国务院加强对新时代上海国际金融中心建设的统一领导、统一规划,有关部门和上海市政府密切合作,分别落实。金融是强监管、重规则的领域,对法治的要求特别高。我国现行法律中,直接与金融相关的约有10部,大部分是在20世纪90年代中期到21世纪初期制定的。党的十八大以来,党中央就金融领域改革开放和法治建设作出一系列重大决策部署,取得不少成果,但相关法律制度建设有所滞后,需要在全面把握金融行业普遍规律的基础上,深入剖析我国金融与类金融领域的问题,强化效果导向,聚焦上海国际金融中心建设的重点领域,加快推出新的金融司法规范,打造市场化、法治化、国际化的一流营商环境。

第一节　消费者行为的金融科技理论

金融科技是技术进步推动的金融创新，其本质并非技术，而是金融。因此，金融科技与传统金融业态至少具有三点相同之处：其一是参与主体相同，即包括资金需求方、资金供给方和监管方，通俗而言即消费者、金融组织和监管机构；其二是基本模式相同，即金融组织根据客户的需求提供储蓄、理财、投资、融资等服务，监管机构从第三方角度对金融供需双方的行为进行监督、识别和预防风险；其三是部分理论基础相同，如均可运用金融发展理论解释金融科技和传统金融业态的演进等。然而，由于技术驱动的影响，与传统金融业态相比，金融科技的理论基础更为复杂和丰富。

按照西方经济学的观点，供给和需求的影响是双向的，这里暂且讨论需求对供给的影响，即需求行为的产生引起了供给行为的出现。消费者是金融市场中的金融服务的需求方，其需求包括个人的存贷款及其他理财需求、企业的投融资需求等。消费者赋予金融科技充足的需求空间和信任资源，被普遍认为是催生金融科技市场并推动其发展的根本要素。因此，本节基于消费者视角，运用消费者主权理论、马克思消费者理论分析金融科技发展。

一、消费者主权理论

自20世纪至21世纪初，强调消费者在市场经济中具有重要地位的"消费者中心"理论已经得到发展。然而，彼时西方世界以实现金融市场效率和国家利益最大化为目标，消费者长期处于金融体系边缘地带，相关理论并未受到重视。当前，以消费者为重要元素的金融科技市场正在形成，促使消费者中心理论重回研究视野。其中，"消费者主权论"解释了消费者对市场的作用机理，认为消费者能够通过"货币选票"影响市场供需关系，这在新市场条件下得到了印证和发展。

"消费者主权"源于西方经济学中的经济民主主义思想，意指消费者在市场经济活动中拥有主导力量，滥觞于《国富论》中的经典论述："消费是一切生产的唯一目的，而生产者的利益，只在能促进消费者的利益时，才应当加以注意。"[①]其后，哈耶克和哈特先后使用了"消费者主权"一词，哈耶克对消费者主权的社会价值加以论证，认为忽视消费者需求必然导致资源配置失调。霍顿则进一步将"消费者主权"定义为作为公民的消费者拥有至高无上的主权，包括对社会生产提出需求（或拒绝接受）的权利。消费者主权理论以消费自由为逻辑起点对市场关系进行了诠释，认为个人消费决策应基于完全自由，消费者对市场上的稀缺资源拥有优先于社会资源托管人的控制式权力，他们通过手中的"货币选票"，将自己的意愿和偏好诉诸经济体系。在彼时的社会环境下，这种提法具有重要的进步意义。

---

① 斯密.国民财富的性质和原因的研究：下卷[M].郭大力，王亚南，译.北京：商务印书馆，1974：227.

20世纪后期,西方世界为应对"滞胀"导致的经济停摆,错误地理解和应用消费者主权理念,过度提倡市场自由竞争,高估消费者在经济活动中决策的理性程度,反对国家适当干预。误解甚至滥用"理性人"及其"主权"违背客观规律,导致广大消费者并不能掌握真正意义上的"主权",沦为了资本的附庸,最终招致了更为严重的经济危机。尽管消费者主权论被认为是根植于自由主义的土壤,但并非以"绝对理性人"为基础。哈耶克认为,生活环境、教育背景等差异使消费者偏好大相径庭,而社会分工也使每个消费者的知识具有片面性和有限性,这决定了他们不可能成为"绝对理性人",他们对自身福利缺乏整体认知,因而不能采取有效措施保证个人利益最大化。

消费者主权论提出至今已近百年,因其所强调的消费者作为个体的能动作用的观点,能够契合工业4.0时代的社会扁平化、去中心化发展趋势,故而再次获得了研究者的关注。信息化时代的社群结构正在发生转变,互联网和移动设备使消费者能够从多种渠道获取金融产品和服务,并通过社交媒体及时表达诉求,对相关活动产生广泛影响,以提高自身福利水平。从这一意义上说,社交平台使消费者聚合了巨大的权力。根据消费者主权论,消费者是决定金融科技市场中存在和发展何种金融产品和服务的最高权威,在互联网的作用下,他们手中的"货币选票"能力进一步强化,而"数据选票"也直接决定金融科技创新活动能否成功。保障金融科技消费者自由选择权的顺利实现是消费者主权理念的应有之义。首先,这要求金融科技市场能够充分竞争,从而提供更符合消费者需求的产品和服务;其次,技术黑箱不仅会建立信息壁垒,还可能利用消费者的片面理性使其作出错误的金融决策,因此在帮助消费者了解必要金融知识的同时,监管者还要积极消除信息壁垒,使消费者能够真正自由独立地作出切合自身需求的决策。

二、马克思消费者理论

马克思的消费者理论始于对消费活动的讨论:一经完成的产品回到主体取决于主体相对于其他个人的关系,意即消费不仅是一种行为和过程,更是人的内在规定性的最终表现形式,它贯穿于社会生产的全过程之中,体现社会生产的目的和生产关系的性质。在资本主义国家,工人的个人消费从属于资本家榨取剩余价值的需要,是资本生产和再生产的一个要素,消费需求被限制在仅能够提供再生产劳动力的极窄的范围之内。在建立公有制的社会主义国家,满足人们日益增长的物质文化生活需要,实现人的全面自由发展,才是消费需求的最终目的。马克思认为,消费者在社会生产中具有重要的地位和作用,这体现在其需求对生产的推动力上,"消费创造出新的生产的需要,也就是创造出生产的观念上的内在动机,后者是生产的前提"[①]。

这一思想源于马克思关于主体性的概念,其中既涉及人与自然之间的关系,也涉及人与人之间的关系,分别对应认识论和本体论两个维度。中国市场经济构造和运行的特殊性,一

---

① 马克思.《政治经济学批判》导言[M]//马克思,恩格斯.马克思恩格斯选集:第2卷.北京:人民出版社,2012:691.

定程度上减弱了个人意志和个体偏好对生产行为的影响,导致生产与需求不相匹配。因此,在生产的全过程中,重视马克思消费者理论中的本体论维度具有现实意义。对于个体福利及其实现途径,马克思具体提出了消费者在交换中应享有的平等、自由和受益的权利,即以"各尽所能"为前提,消费资料在共产主义社会初级阶段"按劳分配",在高级阶段"按需分配"。按需分配集中体现了共产主义社会的生产目的,它以劳动者免于劳动异化、个性与潜能的发展平等为宗旨,这种平等并非形式上的平等,而是实质上的平等,体现了亚里士多德的分配正义观。

基于马克思的消费者理论,在信息化时代的社会主义市场经济条件下,发展金融科技的终极目标是保障消费者的金融需求得到合理满足。其内在逻辑在于,金融科技的本质仍是金融,但区别于传统金融。虽然金融科技能够极大地解放生产力,但经济的增长并非最终目的。传统金融制度发源于20世纪中后期的西方国家,其体系主要服务于大型企业以及高收入人群,以使资金流通所能产生的利益最大化为宗旨。信息化时代的金融科技仍带有逐利性质,但其成长的土壤发生了根本性的改变:金融科技的消费群体主要为发展中国家的中低收入人群和小微企业。充分应用现代科技介入金融领域的根本宗旨应当是为了更好地实现金融普惠,使人民群众能够共享现代经济发展带来的各种福利和机遇。当前,金融科技仍处于发展初期,释放其创新红利需要监管者以社会生产的终极目的为导向,对创新活动加以正确引导,加强金融科技对实体经济的支撑作用,倡导绿色金融和金融普惠,提高普通金融消费者抗风险能力,强化金融消费者教育,以确保其平等权、自由权和受益权,防范滥用科技导致劳动的异化。

第二节 金融组织行为的金融科技理论

传统金融业态中的金融组织主要包括银行(中央银行、政策性银行、商业银行)、证券公司、保险公司、信托投资公司和基金管理公司等,属于金融服务的供给方。它们根据业务供给划分,为不同的消费者提供对应的金融产品或服务。金融科技的出现,从数量维度扩展了金融组织的内涵,互联网银行、互联网保险、互联网证券、网络众筹、第三方网络支付平台等都纳入金融科技组织。金融组织是金融科技出现和发展的原动力之一。因此,本节基于金融组织角度,运用金融创新理论和金融中介理论分析金融科技的发展。

一、金融创新理论

金融创新是指金融领域内部通过各种要素的重新组合和创造性变革所创造或引进的新事物,一般分为金融制度创新、金融业务创新和金融组织创新。诸多对金融创新产生与发展有所建树的金融经济学家大致可以分为两派:一派注重分析推动金融创新进程的制约因素,而不是研究金融创新的经济学原理;另一派则侧重对金融创新过程决定因素及发展动力的研究，只研究新金融工具、市场和技术的分类及其产生渊源、目的、意义等方面。以上这些研究表明，尽管金融管制在金融创新的初始阶段至关重要，但技术进步对金融创新起到了决定性的作用，其重要性贯穿金融创新的全过程。

技术进步对金融创新的影响表现为三个方面。其一，技术变革推动了银行、证券、保险等金融机构产品和服务方式创新。以商业银行为例，1950年以来，电子计算机、通信和互联网等技术的出现使银行的存、贷、汇等业务发生了显著的变化。从20世纪中叶银行采用磁条技术开发信用卡到21世纪的纯网络银行业务，银行采用新技术在极大程度上提升了信息传输效率和处理能力，同时降低了交易成本和帮助银行扩大了市场规模，更为重要的是方便了银行客户。其二，技术进步改变了货币形式。通信、计算机、互联网等技术催生了电子货币，大数据、云计算、人工智能、区块链及数字加密等技术催生了数字货币。其三，技术金融进步推动了金融科技的发展。金融科技借助互联网、大数据、云计算、人工智能等技术重构了金融业态，创造了新的业务模式、应用、流程和产品，从而对金融市场、金融机构和金融服务的提供方式产生了重大影响。

金融科技推动了支付方式的变革和创新，第三方支付和移动支付迅速兴起，改变了金融发展模式；金融科技拓展了金融服务对象的范围，网络借贷、众筹和平台金融等金融模式为中小微企业和中低收入者等客户提供了金融服务；第三方资讯平台、垂直搜索平台以及在线金融超市等互联网金融门户为金融产品的销售提供了便利；传统金融机构加快技术变革，网络银行、智能银行、智能投资顾问、互联网保险等业务方兴未艾。

二、金融中介理论

讨论金融中介理论，应对金融中介的内涵有所了解。格林和肖（1956，1960）、本斯顿·乔治（1976）、法玛（1980）指出，金融中介（银行、共同基金、保险公司等）是对金融契约和证券进行转化的机构。约翰·钱特（1990）认为，金融中介的本质就是在储蓄—投资转化过程中，在最终借款人和最终贷款人之间插入一个第三方，也就是说，金融中介既从最终贷款人手中借钱，又贷放给最终借款人；既拥有对借款人的债权，也向贷款人发行债权，从而成为金融活动的一方当事人。弗雷克萨斯和罗切特（1997）认为，金融中介是从事金融合同和证券买卖活动的专业经济部门。格林和肖（1993）把金融中介机构分为货币和非货币的中介机构。结合市场经济的实际来看，金融中介具体包括商业银行、证券公司、保险公司以及信息咨询服务机构等。在现代市场经济中，金融活动与经济运行关系密切，金融活动的范围、质量直接影响到经济活动的绩效，几乎所有金融活动都是以金融中介机构为中心展开的，因此，金融中介在经济活动中占据着十分重要的位置。

众多学者对金融中介理论的关注和深入研究，形成了大量的成果。信用媒介论和信用创造论是古典金融中介理论中相互对立的两种观点。亚当·斯密、大卫·李嘉图和约翰·穆勒等的信用媒介论认为，银行必须在首先接受存款的基础上才能实施放款。但随着资本主义的发展，这种观点的局限性逐渐显露。随之产生了信用创造论，代表人物有约翰·劳、麦克鲁德、熊彼特和哈恩等。信用创造论的基本观点是：银行的功能在于为社会创造信用，银行能够超过它吸收的存款额进行放款，而且能够用放款的办法创造存款，银行通过信用创造，能为社会创造新的资本，推动国民经济的发展。信用创造论从技术上描述了银行信用对货币流通的经济过程的影响，这为中央银行制度的完善和对货币量的调控提供了理论依据，但信用创造论的"信用即财富、货币即资本""银行无限创造信用"的观点是错误的。

本书赞同约翰·钱特（1990）将金融中介理论分为"新论"与"旧论"的观点。"新论"主要是对信息经济学和交易成本经济学的平行发展作出的回应。也就是说，金融中介理论的研究以信息经济学和交易成本经济学作为分析工具。格林和肖（1960）认为，金融中介利用了借贷中规模经济的好处，它们以远低于大多数个人贷款者的单位成本进行初级证券投资和管理。本斯顿·乔治（1976）认为，存在交易成本、信息成本和不可分割性等摩擦的市场，是金融中介产生和存在的理由。博伊德和史密斯（1992）认为，信息获取和交易监督上的比较优势使金融中介得以形成。杜塔和卡普尔（1998）认为，当事人的流动性偏好和流动性约束导致了金融中介的形成。"旧论"将金融中介提供的服务等同于资产的转型，金融中介向客户发行债权，而这些债权与其自身持有的资产具有不同的特点。把金融中介视为被动的资产组合管理者，只能根据它们在市场上所面对的风险与收益情况完成组合的选择。事实上，"新论"与"旧论"的区分不是很明确，因为任何一种理论都是在以前理论的基础上形成与发展起来的。

金融科技以中介平台为核心，只不过在传统的金融中介基础上增加了新型金融中介，如第三方支付平台等。科技的进步促使传统金融中介的服务质量和效率不断提升，产品种类和设计更为人性化，如从纯手工的业务办理到电子银行的转变等。基于技术发展和成本集约的需求，虚拟金融中介出现，传统金融中介以实体形式存在，这使得其服务辐射空间范围有限、服务时间长度有限，若想打破时空限制，就必然增加成本，互联网和大数据等技术帮助金融中介破除时空局限，如消费者使用网上银行几乎能够随时随地获得金融服务。金融中介机构的信息成本和搜寻成本极大降低，大数据技术能够高效合法地储存和调用客户信息，为消费者提供个性化的金融服务，在下文中会再次论述这一观点。总之，金融中介理论支撑了金融科技的发展，金融科技也将使金融中介理论的内涵更为丰富。

第三节 监管主体行为的金融科技理论

金融监管包括金融监督和金融管理，是指一个国家或地区的金融监督管理当局依据法律法规的授权对金融业实施监督管理的总称。它的对象是一个国家或地区的金融体系，内容是依法对金融机构及其活动实施领导、组织、协调和控制等活动。金融监管有狭义和广义之分。狭义的金融监管是指中央银行或其他金融监管当局依据国家法律规定对整个金融业

（包括金融机构和金融业务）实施的监督管理。广义的金融监管在上述含义之外，还包括金融机构的内部控制和稽核、同业自律性组织的监管、社会中介组织的监管等内容。本节基于金融监管理论和原则性监管理念分析金融科技发展。

一、金融监管理论

迄今为止，金融监管理论主要有三个观点。其一是梅尔泽（1967）提出的公共利益论。他认为，金融部门的垄断会对社会产生负面影响，降低了金融业的服务质量和有效产出，造成社会福利的损失，所以应该通过监管消除垄断。该理论是在20世纪30年代大危机后出现的，是最早用于解释政府监管合理性的监管理论，奠定了金融监管的理论基础。其二是施蒂格勒（1971）提出，后经波斯纳（1974）和佩尔特兹曼（1976）补充形成的监管经济论。该理论侧重研究金融机构与金融监管当局的关系，政府之所以进行金融监管，其直接目标不是公共利益理论所称的控制市场失灵、控制资金价格、防止各种金融风险的传染，以及保证金融体系的健康和最优化的资源配置效率等，而是为了实现某些利益集团的政治收益和经济收益的最大化。其三是凯恩（1981）提出的一种新的分析框架——管制的"辩证法"，即监管辩证论。凯恩认为，金融创新主要是金融机构为了获得利润而回避政府管制所引起的，政府管制在性质上等于隐含的税收，阻碍了金融机构从事已有的营利性活动和利用管制以外的利润机会，限制了金融机构的竞争能力和获利能力，而金融机构在自身利益的驱动下，会进行一些创新活动以规避监管并寻求新的盈利机会。当金融机构的创新出现以后，监管当局可能适应形势的变化而放松原有的监管政策，或者当创新危及金融稳定与货币政策执行时又进行新的监管，从而形成了金融机构与监管当局之间的管制-创新-放松管制或再管制-再创新的动态博弈过程。

金融科技加深了金融业、科技行业以及提供市场基础设施的企业之间的融合，在增加整个系统的复杂性的同时，也带来了更多的风险因素，主要表现为：金融的隐蔽性、匿名性，加之风险传导速度快、范围广，可能引发系统性风险；数据风险和信息安全风险交织的概率增大；存在监管套利风险。金融科技强调金融与科技的结合，核心是大数据、区块链、云计算和人工智能等科学技术的应用，而在互联网时代，技术本身就蕴含着巨大的风险，具体表现在四个方面：在大数据方面，容易导致非法用户的入侵并窃取重要信息，从而可能对金融机构以及个人甚至政府的决策造成严重干扰，更进一步，个人信息的泄露可能会给消费者造成财产损失甚至生命危险；在区块链方面，对共有网络而言，所有加入网络的节点可以无障碍地链接其他节点和受到其他节点的链接，可能导致信息源复杂且不可控制；在云计算方面，由于多个系统共享云端的硬件，可能导致黑客针对安全漏洞乘虚而入，连带损坏其他云客户的系统，如果云计算服务的提供商提供的接口不安全，客户会面临各种数据的完整性和可用性的风险；在人工智能方面，如果网络受到攻击，网络设施受损、运转不正常等都可能造成系统故障，一旦应用环境和数据脱离用户的可控范围，将带来巨大的系统性混乱和不可预估的风险。因此，金融科技带来的风险可能给金融参与各方带来巨大的损失，这无疑给监管机构造成极大的风险预防压力。

二、原则性监管理念

"原则性监管"是指监管行为并非依据详细、具体的规则,而是依据高位阶、概括性的监管原则。这种监管方式能够与监管目标保持高度一致,增加金融监管弹性,其隶属于适应性监管范畴。适应性监管是指给予金融监管者更大程度的自由裁量权,以及包括技术手段在内与复杂金融活动相匹配的更多的监管资源,以使其适应变动的金融市场。原则性监管还与监管科技相联系。朱娟(2018)认为,对区块链金融开展智慧监管需构建以原则性规范为主的规制体系。多数学者呼吁,在金融科技领域,监管机构应当适用原则导向的监管,而非规则导向的监管。"监管沙箱"制度旨在为金融科技创新开辟安全空间,对监管存疑的创新项目进行测试,而不会立即引起常规监管全部后果的发生,是具有普遍适用性的新型金融监管模式。

监管沙箱搭建的多利益攸关方共商平台能为金融科技消费者充分获益提供有效制度保障,体现了原则性监管适应快速变化的新兴科技市场环境的优越性。但这并不意味着原则性监管理念完美地解决了金融科技的监管难题。由于同时肩负两大监管目标,基于原则性监管理念的沙箱解决方案在金融消费者保护问题上可以说是一把"双刃剑",在具体实行过程中仍然面临诸多困境。例如,客户获取和流程管理不完善,部分小规模公司难以满足初始授权监管条件;监管机构过于强调基于原则进行监管,在为创新松绑的同时放松对消费者保护规则的执行,使传统金融消费者保护制度面临瓦解的风险等。进一步,监管俘获论认为,监管机构在监管过程中,出于自身利益的理性考量,倾向于收受被监管者的贿赂或屈服于利益集团的政治压力,使得监管效果偏离公共利益最大化目标。在科技发展迅速的情况下,监管俘获还表现出一种新的形态,即监管认知俘获,它对以原则为基础的制度会产生较大影响。

当监管沙箱目标倾向于促进创新时,即使完全排除监管机构出于私利的考量,其在与受测试主体的密切接触中,也容易受到后者诉求的干扰,导致认知偏差,下意识地将创新机构需求置于消费者保护和金融稳定之上;甚至是由于共享社交网络或纯粹出于个人偏好,这种类型的监管俘获也难以避免。由于以原则性监管理念为基础的金融监管制度在执行中存在此种弊端,因此有必要设定一系列明确具体的监管标准以保护金融科技消费者,防止创新与消费者保护两大目标之间的失衡。

第四节 基于三个主体共同的金融科技理论

实际上,消费者、金融组织和监管机构在某种程度上是无法独立运转的,消费者与金融组织之间会产生金融服务的供需活动,而一旦有金融活动发生,就无法绕开金融监管。因此，存在部分理论（如信息不对称理论、长尾理论与普惠金融理论等）能够对本章提出的三个金融科技主体行为进行解释。

一、信息不对称理论

信息不对称理论是指在市场经济活动中，各类人员对有关信息的了解是有差异的：掌握信息比较充分的人员，往往处于比较有利的地位；信息贫乏的人员则处于比较不利的地位。该理论认为，市场中卖方比买方更了解有关商品的各种信息，掌握更多信息的一方可以通过向信息贫乏的一方传递可靠信息而在市场中获益，买卖双方中拥有信息较少的一方会努力从另一方获取信息。最早对信息不对称现象展开研究的是乔治·阿克洛夫（G. Karloff）、迈克尔·斯彭斯（M. Spence）和约瑟夫·斯蒂格利茨（J. E. Stieglitz）。三位经济学家从商品交易、劳动力和金融市场三个不同领域研究了这个现象，最后殊途同归，形成信息不对称理论。

信息不对称理论对经济具有重要的作用。第一，信息不对称理论指出了信息对市场经济的重要影响，在互联网技术发展迅猛的今天，信息在市场经济中发挥的作用比过去任何时候都更加突出，并将发挥更加不可估量的作用；第二，信息不对称理论揭示了市场体系中的缺陷，指出完全的市场经济并不是天然合理的，完全靠自由市场机制不一定会给市场经济带来最佳效果；第三，信息不对称理论强调了政府在经济运行中的重要性，呼吁政府加大对经济运行的监督力度，使信息尽量由不对称到对称，更正由市场机制所造成的一些不良影响。

在传统的金融业态中，消费者、金融组织和监管机构都在不同程度上受到信息不对称带来的消极影响。于消费者而言，当个人消费者具有理财欲望和能力时，往往受限于信息获取途径时效，无法参与更具价值的理财机会和错过理财收益的最佳时期，按照成本是放弃的最大的代价的观点，这种情景下的个人消费者已经产生了损失。同理，当企业消费者具有投融资需求时，缺少更为准确和及时的信息以供决策，最终提高了融资成本或错失投资机会。于金融组织而言，尽管拥有较多的客户信息，但客户的需求不是一成不变的，由于缺乏动态的信息跟踪，产品和服务可能不具备市场需求，抑或需求量较小，这无疑增加了金融组织的经营成本。于监管机构而言，金融组织可能出于逐利性的本质，刻意钻监管漏洞，如为获得更多贷款利息收入，违法降低贷款门槛等，最终可能引发信用风险，监管机构往往无法掌握此类灰色信息，给监管行为造成巨大压力。

科技进步缩短了金融参与主体之间信息获取能力的差距，随着智能手机及互联网的出现，消费者可以从不同渠道获得最新的金融服务信息，能够随时随地根据自身的需求参与金融活动。金融组织能够利用大数据等技术储存消费者信息，再利用云计算等技术为不同的消费者提供个性化服务。由于互联网具有多重记忆，因此监管机构能够实时跟踪金融供需双方的活动，触及和填补以往的监管漏洞。综上所述，金融科技在一定程度上克服了信息不对称带来的不利影响。但是，由于信息大爆炸，这给消费者、金融组织和监管机构在识别和判断信息方面也带来极大的挑战。

二、长尾理论与普惠金融理论

长尾理论兴起于互联网时代，商品的存储成本、流通成本急剧降低，那些基数庞大但是有限的产品共同占据的市场份额完全可以和少数需求旺盛的热卖产品市场份额相匹敌。发展中国家的中小微企业及中低收入者的金融服务需求长期被忽略，虽然他们的金融服务需求规模有限、种类繁多，但数量众多，是典型的金融长尾市场。从企业层面来看，大量的中小企业因处于长尾而不能获得融资，这是因为部分国家的银行在资金融通中扮演着非常重要的角色，银行更愿意把资金贷给财务报表规范透明且具有抵押资产的大企业或是国有企业来降低坏账率。从个人层面来看，我国数量众多的低收入人群的融资需求很难得到满足，主要原因有三个：一是我国目前征信体系尚不健全，低收入人群没有信用记录或者信用记录时间较短；二是低收入人群缺乏抵押品；三是许多低收入人群没有固定的工作和收入，因此低收入人群的信用风险较高，在银行风险定价体系仍不完善的情况下，银行不愿意为这些客户提供融资服务。从投资理财的层面来看，金融投资工具的不足和高门槛抑制了中低收入家庭的投资理财需求。以国内为例，普通散户很难通过买卖股票获得投资收益；房价的快速上涨让许多家庭意识到可以通过购买房产实现投资收益，但是由于房价较高，中低收入家庭购房刚需尚未满足；信托产品和私募产品虽然收益较高但门槛也较高，众多的中低收入家庭只能望而却步。

普惠金融这一概念最早出现于联合国 2005 年"国际小额信贷年"的宣传中。联合国把普惠金融定义为能有效、全方位地为社会所有阶层和群体提供服务的金融体系。一般而言，普惠金融包含四方面内容：一是家庭和企业以合理的成本获取较广泛的金融服务；二是金融机构稳健，要求内控严密、接受市场监督以及健全的审慎监管；三是金融业实现可持续性发展，确保长期提供金融服务；四是增强金融服务的竞争性，为消费者提供多样化的选择。可以看出，普惠金融建立的是一种包容性的金融体系，这个体系服务的对象包括所有地区、所有行业的企业和家庭，特别是中低收入家庭、中小微企业、个体经营者及农户。

从提供金融服务的内容来看，普惠金融不但涵盖存取款、支付等基本的金融服务，还包括信贷、证券、保险、理财、金融衍生产品等。这需要改善金融基础设施，提高金融服务的可得性，还需要制度创新、机构创新和产品创新，革除传统金融体系的弊端：一是制度创新，如利率市场化改革、扩大金融市场对内对外开放等，会提高金融市场的竞争性，市场的力量会迫使金融机构增加对中小微企业和低收入家庭提供服务的比重；二是机构创新，如政策性银行、小额贷款公司等机构的设立会改善中小微企业和低收入家庭获得金融服务不足的状况；三是产品创新，如支付宝可以为普通老百姓提供低成本、便捷的支付服务。普惠金融要求家庭和企业以合理的成本获取较广泛的金融服务，这要求打破金融市场的垄断性，增强其竞争性和开放性。因此，普惠金融较好地契合了金融长尾客户的需求，构建普惠金融体系，对于完善现代金融体系，运用金融的手段满足金融长尾客户需求，促进经济社会实现共同繁荣和谐发展，具有重要的意义。

从前面的分析可知,传统正规金融体系很难以合理的成本为这些长尾客户提供长期金融服务。传统正规金融体系对数量众多的长尾客户金融服务供给不足,为金融科技发展留下了巨大的空间。金融科技通过科技手段推动金融业务模式、流程和产品创新,对金融市场、机构及金融服务产生了重大影响,在为长尾客户提供金融服务实现普惠金融方面具备以下优势:一是进入成本低;二是服务成本低;三是减少了信息不对称;四是服务便捷;五是可提供个性化服务。此外,金融科技的发展还产生了"鲇鱼效应",倒逼传统正规金融体系增加对中小微企业及中低收入者的服务比重。在宏观层面,金融科技推动了金融改革进程,进一步推动了普惠金融的发展。

三、机制设计理论

机制设计理论是指对于任意一个给定的经济和社会目标,在个体理性、信息不完全、自由选择和分散决策的条件下,设计出一套机制,使得经济活动参与者的个人利益和机制设计者的目标一致。根据福利经济学第一定理,瓦尔拉斯均衡是帕累托有效的,这意味着自由竞争的市场机制能使资源实现有效配置,从而严谨地论证了亚当·斯密的"看不见的手"原理。同时,经济学家还证明了自由竞争市场机制有效配置资源的唯一性、公正性和有利于社会的稳定性。但是,这些结论是基于一些前提条件的,包括经济信息完全且对称、交易成本为零、消费偏好是凸的等。然而,现实经济中存在垄断、外部性、公共产品、信息不对称等市场机制失灵的情形,也就意味着市场机制不能导致帕累托有效配置。在存在信息不对称的情况下,会产生激励相容问题。从研究方法来看,机制设计理论先给定社会目标,然后设计实现既定社会目标的经济机制,即博弈的具体形式,在满足参与者各自约束条件的前提下,让参与者在个体理性下的选择所带来的配置和社会目标相一致。利奥尼德·赫维茨是最早研究机制设计问题的经济学家,最先提出了激励相容的概念。在赫维茨之后,罗杰·迈尔森和埃瑞克·马斯金等学者进一步丰富并发展了机制设计理论。

需要进行机制设计的主要原因是,在个体理性信息不完全自由选择与分散决策的条件下,经济活动参与者的个人利益和机制设计者的目标并不一致。如果经济活动参与者和机制设计者之间的信息不对称程度能够缓解,机制设计问题就会简单许多。缓解信息不对称首先需要获得数据,互联网"开放、平等、协作、分享"的精神为数据的获得提供了天然的平台,大大降低了数据获取成本。此外,云计算、人工智能等技术的发展也极大地释放了数据的流动性,大数据日益成为重要的资源。通过采集大量化、多元化、多层化、非结构化、多样化的实时动态数据,特别是交易行为数据和社交网络数据,整理、分析和挖掘这些数据,并运用机器学习等大数据技术重新设计征信评价模型算法,大数据征信可以为数据信息使用者提供信用信息服务。融资市场的资金供给者或者保险机构均可以利用大数据分析、判断资金需求者或者投保客户的类型,缓解事前逆向选择问题。此外,还可以利用实时动态大数据实现监控和预警,如果资金需求者或者投保客户出现道德风险问题,大数据征信的失信惩罚机制会使失信者在一定期限内付出惨重代价,极大地缓解了道德风险问题。

在分析金融机制设计时，无论是直接融资模式还是间接融资模式，为保证融资者和资金供给者的利益一致，资金供给者在设计机制时都会要求融资者的资本较多或者资产负债表较好。这虽然能保证资金供给者的利益，但是大量中小微企业及中低收入者由于企业财务报表不规范或缺乏抵押品而很难获得融资支持。而这些长尾客户对社会的发展非常重要，是普惠金融重点关注的对象。所以，从社会的角度来看，还需要设计新的机制，使得资金供给者和长尾融资者的利益保持一致。利用互联网、大数据、云计算等技术手段，金融科技的网络借贷模式和平台金融模式可以有效降低长尾客户的信息不对称程度。这些金融模式所采用的机制不但推动了普惠金融的发展，也提高了社会资源配置效率。利用互联网、大数据、云计算等技术手段，网络保险可以在保险标的、责任范围、保费费率等方面实现个性化定制，还可以综合利用消费数据、行为习惯数据、家庭背景数据、工作和生活环境数据等评定客户等级，实现差异化定价。利用这些新的技术手段，网络保险有效降低了信息不对称，使投保客户和保险机构之间利益更趋一致。互联网的发展促进了电子商务的发展，而电子商务在发展的初期，信息不对称问题往往导致电子商务平台上的买家和卖家利益并不一致，这严重限制了电子商务的发展。电子商务中的逆向选择问题主要源于买家和卖家关于商品质量的信息不对称，这会导致劣质卖家驱逐优质卖家。当电子商务交易发生后，有可能出现卖家收到货款不发货或者买家收到货物不付款的情形，先行动的一方由于无法监督对方的行为而处于信息劣势，就出现了道德风险而损害先行动方的利益。电子商务的发展需要机制设计使买家和卖家的利益和机制设计者的目标一致。第三方支付的出现为电子商务平台上买家和卖家的交易提供了信用保障，消除了买家和卖家之间的信息不对称，促进了电子商务的发展。当买家和卖家在电子商务平台上达成交易以后，买家先把购物款付给第三方支付平台；第三方支付平台在收到货款后通知卖家发货；买家收到货物并验收合格后，通知第三方支付平台付款给卖家。如果买家收到货物以后发现质量有问题就会退货给卖家，而卖家收到退货以后会通知第三方支付平台把货款退给买家。第三方支付平台介入电子商务后设计的"质量有问题就退货"机制，以及给买家和卖家制定退货合约并监督双方的交易和退货过程，避免了逆向选择问题。同时，买家订货后先把货款打到第三方支付平台，在收到货物并验收合格以后才通知第三方支付平台付款给卖家，从而杜绝了"先付款后发货"及"先发货后付款"模式下的道德风险行为。

概而言之，金融科技既是基于机制设计理论而发展，也在消费者、金融组织和监管之间搭建起了多维的目标实现机制。一方面，消费者通过现代科技能够以不同的途径、方式和场景获得金融机构提供的产品和服务，即实现金融参与目标的路径不再单一；另一方面，无论是传统的金融机构还是新型金融组织，产品和服务的销售渠道得到了拓宽，金融供给的效率和质量明显提升。尽管金融科技给监管机构带来了新的监管难度，但实际上，通过数字化技术，监管机构对金融市场的把控更为全面和及时，方法更为多元。机制设计理论自诞生以来，在微观经济学领域得到快速运用和发展，金融科技作为金融发展到一定阶段的业态，无法脱离机制设计理论的基本思想。

# 本章小结

消费者主权理论是指生产什么、生产多少，最终取决于消费者的意愿和偏好。企业、市场和消费者这三者间的关系是：消费者借助于消费品市场上生产者之间的竞争，行使主权，向生产者"发布命令"。马克思的消费者理论始于对消费活动的讨论，它贯穿于社会生产的全过程之中，体现社会生产的目的和生产关系的性质。金融创新一般分为金融制度创新、金融业务创新和金融组织创新。金融中介具体包括商业银行、证券公司、保险公司以及信息咨询服务机构等。金融监管包括金融监督和金融管理，是指一个国家或地区的金融监督管理当局依据法律法规的授权对金融业实施监督管理的总称。"原则性监管"是指监管行为并非依据详细、具体的规则，而是依据高位阶、概括性的监管原则。信息不对称理论是指在市场经济活动中，各类人员对信息的了解是有差异的：掌握信息比较充分的人员，往往处于比较有利的地位；信息贫乏的人员则处于比较不利的地位。联合国把普惠金融定义为能有效、全方位地为社会所有阶层和群体提供服务的金融体系。机制设计理论是指对于任意一个给定的经济和社会目标，在个体理性、信息不完全、自由选择和分散决策的条件下，设计出一套机制，使得经济活动参与者的个人利益和机制设计者的目标一致。

# 关键词

消费者主权理论　马克思消费者理论　金融创新理论　金融中介理论　金融监管理论　原则性监管理念　长尾理论　普惠金融理论　机制设计理论

复习思考题

1. 消费者主权理论的代表人物和观点有哪些？
2. 简述马克思消费者理论与西方消费者主权理论的区别和联系。
3. 简述金融创新的内容与实现路径。
4. 金融中介的内涵、代表人物及观点有哪些？
5. 金融监管的对象、内容、方式和要求分别是什么？
6. 总结普惠金融理论的内涵及我国普惠金融发展现状。
7. 机制设计理论如何在消费者、金融组织和监管机构三者之间产生联系和作用？

# 扩展阅读

臧敦刚.金融科技学[M].北京：经济科学出版社，2022.

第四章 区块链及金融应用

 学习目标

1. 了解区块链产生的背景及定义。
2. 了解区块链的分类及其特点。
3. 了解区块链的发展现状。
4. 了解区块链的核心技术。
5. 了解区块链在金融领域的典型应用。

 引例

  基于区块链技术的比特币系统,是由一个叫"中本聪"(Satoshi Nakamoto)的神秘人物于2008年建立的。时至今日,中本聪究竟是一个人还是一个组织抑或一场货币阴谋,仍无人能够确定。比特币的最大成就在于,它解决了一个无国界数字化货币长期以来存在的问题:在没有政府或者中央银行的情况下,如何实现货币交易的追踪,并且防止欺诈行为的发生?作为比特币的设计者,中本聪的解决方案包括两个重要部分:其一是在互联网上建立一个共享的公共账目,以进行比特币交易的验证,一旦有比特币在系统中交易,所有运行开源比特币软件的人都会知道这笔交易;其二是构建了挖矿模式。挖矿的用户需要运行一种高度专业化的比特币软件,通过解决系统中的数学问题获得比特币。系统中的数学问题会每小时重新设置6次。矿工既扮演着比特币市场供应方的角色,又扮演着比特币公共账目维护者的角色。中本聪的比特币系统的精妙之处在于,比特币的总量在开发时就已经被限制为2 100万枚,试图获得比特币的人越多,其挖矿的难度就越大。到了2010年,普通的台式计算机已经无法满足挖矿的需求,矿工只有用科研用的、具有高速图形处理器的计算机,才能保证持续地挖出比特币。目前,2 100万枚比特币已经有一半在市场上流通,估计最后一枚比特币会在2140年前后被挖出。随着比特币被市场接受程度的不断提高,加之挖矿的难度不断上升,比特币的价格一路走高,在2013年年末至2014年年初竟然达到1 000多美元一枚,虽然之后市场热度有所降温,但仍旧维持在几百美元一枚的高位。中本聪最早出现在2008年11月,他在一家隐秘的密码论坛上发表文章,讲述了如何创建一套去中心化的电子交易系统,并介绍了比特币的存在以及比特币的运算法则。2009年,中本聪正式启动了比特币系统,从此开启了一场"梦与远方"的逐利游戏。虽然中本聪到底是谁目前无法搞清,但是其创造的比特币逐步在网上发展,尤其是比特币的底层技术——区块链技术的研发与应用,已经深入各个领域,特别是2018年,更是掀起了一场区块链技术的科技风暴。

第一节　区块链的基本概念

一、区块链的产生

(一) 比特币的产生

要了解区块链的概念,就要先了解什么是比特币。2008年,不受中央银行和任何金融机构控制的比特币诞生了。作为目前世界上应用区块链技术最成功的项目,比特币自从诞生之初就充满了神奇的色彩并引来很多争议,同时伴随着价格大幅度的涨跌,比特币越来越多地出现在公众的视野之中。比特币是一种数字货币,它由计算机生成的一串串复杂代码组成,新比特币通过预设的程序制造。与法定货币相比,比特币没有一个集中的发行方,而是由网络节点计算生成,谁都有可能参与制造比特币,并且可以在全球任意一台接入互联网的计算机上进行买卖。任何人无论身在何方都可以挖掘、购买、出售或收取比特币,而且在交易过程中他人无法辨认其身份信息。

简单来说,比特币是一种通过密码编码,经过复杂算法产生的去中心化、点对点交易的数字货币。去中心化保证了比特币的安全与自由,也是比特币的最大特点。在比特币系统中,最重要的概念并不是"币",而是没有中心存储机构的"账本"。

在比特币系统中,每10分钟就会通过矿工(参与记账的节点)产生一个区块(block),这个区块是一份账单(相当于账本中的一页),其中记录的是10分钟内全球发生的所有交易信息。比特币会永久地保存自创世区块以来的所有有效区块,其中的每一个区块都被打上了时间戳,并通过由计算机算法生成的哈希指针来告诉人们哪个区块是它的上一个区块。这样,比特币严格按照时间顺序将所有区块组织成一个首尾相接的长长的数据链条,因此得名"区块链"。

之所以说比特币的"币"的概念并不是最重要的,是因为在区块链系统中,比特币的"币"是保存在所有人的账本中的一段记录,而不是实体(如硬币)或者对应于某种实体而发行的具体"货币"。如果所有的分布式账本都记载着某人拥有这些数据,则整个交易系统就承认此人对这些数据的拥有权。想要更改记录,需要至少同时更改51%以上的账本中的记录,这对于如今比特币客户端使用者的规模来说,几乎是一个不可能完成的任务。

比特币的概念自提出以来虽然吸引了人们的大量关注,但始终没有成为一种主流货币,过高的价格波动性和各国监管层对其复杂的态度抑制了比特币的发展。不过,比特币的数据结构——区块链却得到了快速发展。相比于传统的支付方式,基于P2P网络的区块链可以为交易支付、清算结算、供应链金融等领域提供支持。

(二) 区块链的定义

区块链到底是什么?关于区块链的定义有很多。

一些区块链联盟对区块链的定义是:分布式数据存储、点对点传输、共识机制、加密算法等计算机技术的新型应用模式。其中,共识机制是区块链系统用于实现在不同节点之间建立信任、获取权益的数学算法。

本书对区块链的定义分狭义和广义两种。狭义来讲,区块链是一种将数据区块按照时间顺序相连的具有链式数据结构的数据库,同时也是用密码学方法保证不可篡改和不可伪造的分布式账本。广义来讲,区块链是利用块链式数据结构来验证与存储数据、利用分布式节点共识算法来生成和更新数据、利用密码学方法保证数据传输和访问的安全、利用由自动化脚本代码组成的智能合约来编程和操作数据的一种全新的分布式基础架构与计算方式。

区块链实际上是一种分布式数据库技术。在区块链中,信息或记录被存放在一个个的区块中,然后用密码签名的方式链接下一个区块。这些区块在系统的每一个节点上都有完整的副本,所有的信息都带有时间戳,是可追溯的。换言之,区块链就是将区块以某种方式组织起来的链条(chain)。简单来说,区块链是由一串使用密码学方法产生的区块组成的,每一个区块都包含一次比特币网络交易的信息,用于验证其信息的有效性和生成下一个区块。通俗地讲,区块链就是一本人人可记账的账本。对于传统账本而言,只有少数受过专业训练的人才有权记账。当然,区块链并非传统意义上的账本,而是一种去中心化的分布式共享记账技术,它要做的事情就是让参与各方能够在技术层面建立信任关系。

由图4-1可以看出,区块链是一种公共数据库,它记录了所有的网际交易信息,随时更新,让每个用户都可以通过合法的手段从中读取信息、写入信息。但区块链又有一套特殊的机制,防止以往的数据被篡改。区块链是一种分布式系统,它没有存储在特定的服务器或安全节点上,而是分布式地存储在网络的所有节点上,每一个节点都保留完整的信息备份。区块链是一种共识协议,基于这种协议,人们可以开发大量的应用。这些应用在每一时刻都保存着一条最长的、最具权威的、共同认可的数据记录,并遵循共同认可的机制进行无需中间权威仲裁的、直接的、点对点的信息交互。

(三) 区块链的工作流程

区块链的工作流程如图4-2所示。

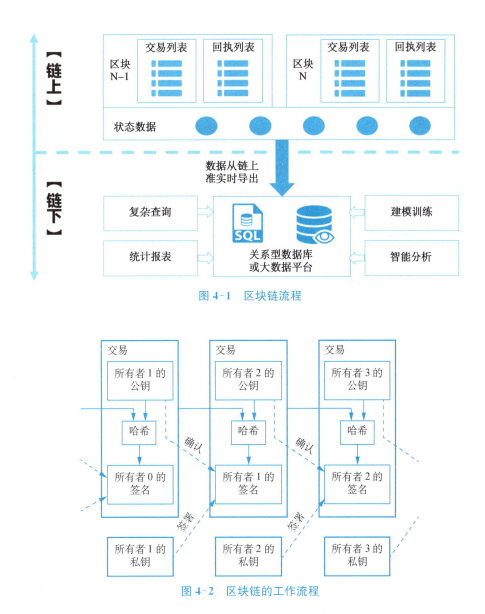

图 4-1 区块链流程

图 4-2 区块链的工作流程

发送节点对新的数据记录进行全网广播,接收节点对收到的数据记录进行检验(如记录信息是否合法),通过检验后,数据记录将被纳入一个区块。全网所有接收节点对区块执行共识算法(如工作量证明、权益证明)。区块执行共识算法后被正式纳入区块链统一存储,全网节点均表示接受该区块,而表示接受的方法,就是将该区块的随机哈希值视为最新的区块哈希值,新区块的制造将以该区块链为基础。节点始终都将最长的区块链视为正确的链,并持续以此为基础验证和延长它。如果有两个节点同时广播不同版本的新区块,其他节点接收到这两个区块的时间就会存在差别,它们将在先收到的区块的基础上进行工作,但也会保留另外一条链条,以防后者变成长的链条。要打破该僵局需要进一步运行共识算法,若其中的一条链条被证实是更长的一条,在另一条链条上工作的节点将转换阵营,开始在较长的链条上工作。以上是防止区块链分叉的过程。

二、区块链的分类

区块链主要分为三大类：公有链、联盟链和私有链。

（一）公有链

公有链（public block chain）是指全世界任何人都可以随时进入系统读取数据、发送可确认交易、参与其共识过程的区块链（共识过程是维持区块链这种分布式数据库一致性、准确性的关键技术）。公有链上的数据记录是公开的，所有人都可以访问，发出交易请求，相关数据通过验证后会被写入区块链。共识过程的参与者通过密码学方法共同维护公有链数据的安全性、透明性和不可篡改性。公有链的典型应用有比特币、以太坊等。

公有链是完全的分布式系统，具有比特币的一切特点。然而，它需要有较高的成本来维持运行，并依赖于内建的激励机制。目前，公有链中只有比特币是足够安全的，采用和比特币一样算法的瑞波币由于没有内建的激励机制，容易受到集中的货币攻击。公有链试图保存的数据越有价值，越要审视其安全性以及安全性所带来的交易成本、系统扩展性问题。

（二）联盟链

联盟链（consortium block chain）是指参与区块链的节点是事先选定的，节点间通常有良好的网络连接等合作关系，联盟链上的数据可以是公开的，也可以是内部的，是部分意义上的分布式系统，可以将其视为"部分去中心化"。例如，多家金融机构建立了某个联盟链，其中的每家金融机构都运行一个节点，而且每个区块生效都需要获得一定比例的金融机构的确认。联盟链或者允许所有金融机构都可以读取，或者只受限于共识验证参与者，或者走混合路线。例如，区块的根哈希及其应用程序接口（API）对外公开，允许外界查询和获取区块链数据和区块链状态信息等。其典型应用有超级账本（Hyperledger）、R3区块链联盟等。

联盟链可以使各个节点之间有很好的连接，而且只需要极小的成本就能维持运行，交易处理迅速，交易费用低廉，扩展性好（但是其扩展性随着节点增加又会下降），数据具有一定的隐私性。联盟链在开发者的共识下可以对协议进行修改，因此存在数据被篡改的问题。此外，联盟链缺少比特币的网络传播效应，其应用范围不会太广。

（三）私有链

私有链（private block chain）参与的节点范围有限，如特定机构用户等；对数据的访问及使用有严格的权限管理，写入权限仅在参与者手里，读取权限可以对外开放，也可以被任意程度地限制。私有链的相关应用包括数据库管理、数据库审计甚至企业管理，尽管在有些情况下希望私有链具有公共的可审计性，但在更多的情况下，其公共的可读性并不是必需的。私有链由私有用户决定，没有数据无法篡改的特性，这使得对于第三方的保障力度大大降低。目前，很多私有链通过依附在比特币等已有区块链上的方式存在，定期将系统快照数据记录到比特币等系统中。其典型应用如Eris Industries。

私有链可以带来规则的改变。需要时，运行私有链的机构可以很容易地修改区块链的规则，回滚交易。这似乎违背了区块链的本意，但是却能满足一些特殊场景的需求。由于私有链验证者是内部公开的，因此并不存在部分验证节点共谋进行51%攻击的风险。私有链交易只要被几个收信的高算力节点验证即可，而无须数万个节点确认，因此交易成本更低。但从长远来看，随着区块链技术的进步，公有链的成本将会降低1—2个数量级，与高效的私有链系统类似。此外，私有链节点之间的连接情况好，并可以迅速通过人工干预来修复故障，提升交易速度，并更好地保护数据隐私。

公有链、联盟链和私有链各有优势。公有链难以实现得很完美，联盟链、私有链则需要在现实社会中找到有迫切需求的应用场景。至于选择哪类区块链，则取决于具体需求，有时使用公有链更好，但若需要一定的私有控制，则使用联盟链或私有链更好。

三、区块链的特点

（一）去中心化

去中心化是区块链最基本的特点。区块链不再依赖于中心机构，实现了数据的分布式记录、存储和更新。

进行网络购物时，用户所支付的货款实际上是由支付宝这样的第三方支付机构进行管理和存储的；用户转账、消费时，对其在第三方支付机构中的账户余额做减法，收款时对其账户余额做加法；用户的个人信息都保存在支付宝中。这些都是中心化的，即都是围绕第三方支付机构这个中心。如果第三方支付机构的服务器损坏或被攻击，用户的记录就会丢失，使得交易无法查询，所存储的资金遭受损失，甚至造成个人信息泄露。这就是中心化的缺点。

基于区块链技术的交易模式则不同，买家和卖家可以直接进行交易，无须通过第三方支付机构，也无须担心自己的个人信息泄漏。去中心化的处理方式更加简单和便捷，当中心化的交易数据过多时，去中心化的处理方式还可以节约很多资源，使整个交易自主化、简单化，并且排除了被中心机构控制的风险。

在传统的中心化系统中，对中心机构进行攻击即可破坏整个系统；在一个去中心化的区块链中，攻击单个节点是无法控制或破坏整个网络的，即便掌握网络内超过51%的节点，也只是开始获得控制权而已。

（二）公开透明

区块链系统是公开透明的，除了交易各方的私有信息被加密外，任何人或参与节点都可以通过公开的接口查询区块链数据记录或者开发相关应用，这是区块链系统值得信任的基础。由于区块链系统使用开源的程序、开放的规则，加上高参与度，区块链数据记录和运行规则可以被全网的节点审查、追溯，具有很高的透明度。

（三）自治性

区块链系统采用基于协商一致的规范和协议（如一套公开透明的算法），使得全网的节点都能够在去信任的环境中自由、安全地交换数据，使得对"人"的信任改成了对机器的信任，任何人为的干预都不起作用。

（四）数据不可篡改

区块链系统的数据一旦经过验证并被添加至区块链，就会被永久存储，无法更改（具备特殊更改需求的私有链等系统除外）。除非能够同时控制系统中超过51%的节点，否则单个节点对数据的修改是无效的。因此，区块链的数据稳定性和可靠性极高。哈希算法的单向性是保证区块链网络实现不可篡改性的基础技术之一。

（五）匿名性

别人无法知道某个人的区块链资产有多少、向谁进行了转账，这种匿名性是不分程度的。匿名性是比特币最基本的特点，在区块链系统中只能查到转账记录，但无法查到转账地址。而且由于节点之间遵循固定的交换算法，其数据交互是无需信任的（区块链系统中的程序规则会自行判断活动是否有效），因此交易对手无须通过公开身份的方式让对方对自己产生信任，这对信用的累积非常有帮助。

（六）全球流通

区块链资产首先是基于互联网的，在有互联网的地方，区块链资产就可以进行流通。这里的互联网可以是万维网，也可以是各种局域网，所以区块链资产是全球流通的。只要有互联网，就可以进行区块链资产转账，与中心化的方式相比，区块链资产在全球流通的转账手续费非常低，例如，比特币早期的转账手续费为0.0001个比特币（BTC）。此外，与传统转账方式相比，区块链资产的转账速度非常快。

第二节　区块链的发展历程

自从2008年中本聪第一次提出区块链的概念以来，区块链的发展大致经历了三个阶段，如图4-3所示。

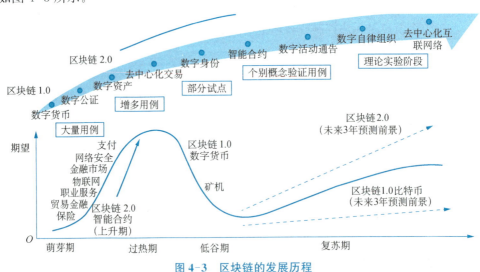

图4-3　区块链的发展历程

（一）区块链 1.0

区块链 1.0 阶段是以比特币为代表的数字货币应用阶段，其核心是数字货币，能够履行支付、流通等货币职能。区块链 1.0 主要提供去中心化的数字货币和支付平台的功能。在区块链 1.0 阶段，区块链技术诞生了，被赋予了货币职能的数字货币也被创造出来。区块链 1.0 解决了安全和信任两大问题，第一次使得价值可以在互联网中直接流通，能够在不需要可信任的中间人的情况下安全完成交易。比特币是最早出现的，也是目前为止规模最大的加密货币，它是区块链 1.0 阶段的重要应用。区块链是比特币的底层技术，随着比特币等数字货币的发展，区块链逐渐走到市场的前端。

区块链 1.0 存在较大的局限性，例如，比特币的区块大小被限制为 1MB，导致在交易频次越来越高、人们需求越来越多的情况下，转账速度变得越来越慢。这个问题可以通过扩容来解决，所以之后出现了比特币现金、比特币黄金和比特币钻石等。另外，只支持数字货币的交易和支付功能，使得比特币不能广泛用于人们的日常生活之中，给人们带来的益处有限，因此区块链的概念也难以深入人心。

（二）区块链 2.0

区块链 2.0 阶段是数字货币和智能合约相结合的阶段，其在金融领域有着场景更广泛和流程更优化的应用。区块链 2.0 与区块链 1.0 最大的不同之处在于有了智能合约。智能合约是 20 世纪 90 年代由加密货币的先驱尼克·萨博提出的理念，几乎与互联网同龄。由于缺少可信的执行环境，当时，智能合约并没有应用到实际产业中。比特币诞生后，人们认识到比特币的底层技术区块链可以为智能合约提供可信的执行环境。所谓智能合约，是指以数字化形式定义的一系列承诺，包括合约参与方可以在上面执行这些承诺的协议。智能合约一旦设立，就能够无需中介参与而自动执行，并且没有人可以阻止它的运行。也就是说，通过智能合约建立起来的合约同时具备两个功能：一个是现实产生的合同；另一个是不需要第三方的、去中心化的公正且具有超强行动力的执行者。

区块链技术通过构建分布式账本来实现智能合约。构成智能合约的代码可以作为条目的一部分添加到区块链 2.0 的应用程序中。智能合约可以避免第三方中介机构的服务，因为区块链是一种以几乎无法伪造或篡改的方式构建而成的数据库。此外，智能合约可以低成本地实现多重签名功能。

可以将基于区块链的智能合约的定义概括为：一段代码（智能合约）被部署到共享的、复制的分布式账本上，它可以维持自己的状态，控制自己的资产，以及对接收到的外界信息或资产进行响应。

区块链 2.0 的基本结构如图 4-4 所示。

去中心化应用 App	浏览器钱包 Mist	移动钱包 Light weight Clarinet	桌面钱包 Ether wall
智能合约开发环境 Remix IDE	命令行 CMD	控制台 Console	Jana Script 框架 Web3. as
智能合约语言 Solidity、Serpent		账户管理	区块链管理
智能合约虚拟机 EVM		共识机制工作量证明 (POW)权益证明 (POS)	校验 区块校验 交易校验 Merkin 交易池
密码模块	递归长度前缀编码 (RLP)		
Secp256k1	节点管理	挖矿模块 CPU miner GPU miner 矿池挖矿	事件日志数据库 bevelled
SHA3	P2P 网络		
容器支持	Whisper 协议		P2P 存储
Clientele			

图 4-4 区块链 2.0 的基本结构

(三) 区块链 3.0

随着科学技术的进步,区块链技术也在不断升级和发展,区块链 3.0 逐渐进入了人们的视野。区块链 3.0 是价值互联网的内核,能够对互联网中每一个代表价值的信息和字节进行产权确认、计量和存储,从而使得资产在区块链上可被追踪、控制和交易。区块链 3.0 是区块链技术在社会领域的应用,它将区块链技术拓展到金融领域之外,为各个行业提供去中心化解决方案,从而构建一个"可编程社会"。

区块链 3.0 的应用从金融领域扩展至整个社会领域。它主要应用于社会治理领域,包括身份认证、公证、仲裁、审计、域名、物流、医疗、邮件、签证、投票等领域,其应用范围扩大到整个社会。区块链技术可以解决安全和信任问题,提高整个系统的运转效率,有可能成为"万物互联"的一种底层协议。

区块链主要有数字货币、数据存储、数据鉴证、金融交易、资产管理和选举投票共 6 个应用场景。

1. 数字货币

以比特币为代表,其本质上是由分布式网络系统生成的数字货币,其发行过程不依赖特定的中心机构。

2. 数据存储

区块链的高冗余存储、去中心化、高安全性和隐私保护等特点,使得其特别适合存储和保护重要的隐私数据,以避免因中心机构遭受攻击或权限管理不当而造成大规模数据丢失或泄露。

3. 数据鉴证

区块链数据带有时间戳、由共识节点共同验证和记录、不可篡改和伪造，这些特点使得区块链可以广泛应用于各类数据公证和审计场景。例如，区块链可以永久地安全存储由政府机构核发的各类许可证、登记表、执照、证明、认证和记录等。

4. 金融交易

区块链与金融市场有非常高的契合度。区块链可以在去中心化系统中自发地产生信用，从而建立起无中心机构信用背书的金融市场，在很大程度上实现了"金融脱媒"；同时，利用区块链自动化智能合约和可编程的特点，极大地降低成本和提高效率。

5. 资产管理

区块链能够实现有形资产和无形资产的确权、授权和实时监控。在无形资产管理方面，它可以广泛地应用于知识产权保护、域名管理、积分管理等领域；在有形资产管理方面，它可以结合物联网技术形成"数字智能资产"，实现基于区块链的分布式授权与控制。

6. 选举投票

区块链可以低成本、高效率地实现政治选举、企业股东投票等应用。同时，区块链也支持用户个体对特定议题的投票。例如，通过记录用户对特定事件是否发生投票，可以将区块链应用于博彩、市场预测等场景；通过记录用户对特定产品的投票，可以实现大规模用户众包设计产品的"社会制造"等。

区块链 3.0 的基本结构如图 4-5 所示。

桌面客户端	移动客户端	浏览器客户端	应用程序接口（API）
接入网关			
注册	认证	授权	监控	审计
区块链 3.0 应用			
链上程序 智能合约 图灵完备性高级语言合约 容器/虚拟机	账户管理、区块校验、区块链管理、交易校验		可拔插共识机制 POW+PBFT DPOS+RAFT
分布式计算平台	分布式数据库	分布式存储	分布式网络

图 4-5 区块链 3.0 的基本结构

当前，区块链技术不断创新，区块链产业已初步形成。区块链作为一种颠覆性技术，正在引领全球新一轮技术变革和产业变革，有望成为全球技术创新和模式创新的发源地，推动信息互联网向价值互联网变迁。鉴于此，大多数国家都在加大对区块链技术的研发，并建立了区块链研究机构。有的国家甚至将区块链上升到国家战略层面，由此可以看出区块链对当今世界发展的影响力。

科技创新是我国的基本国策之一，对于区块链技术，我国政府和企业给予了极大的关注。2016年,国务院发布《"十三五"国家信息化规划》,首次将区块链纳入新技术范畴并进行了前沿布局,标志着我国开始推动区块链技术及其应用发展。自此以后,中央政府和地方政府纷纷出台了相关监管或扶持政策,为区块链技术和产业发展营造了良好的政策环境。目前,我国区块链技术持续创新,区块链产业初步形成,开始在供应链金融、征信、产品溯源、版权交易、数字身份、电子证据等领域得到快速应用,推动我国经济体系实现技术变革、组织变革和效率变革,为构建现代化经济体系作出了重要贡献。我国的区块链产业目前处于高速发展阶段,创业者和资本不断涌入,相关企业数量快速增加。区块链应用加快落地,助推传统产业高质量发展,加快产业转型升级。利用区块链技术为实体经济降成本、提效率,助推传统产业高质量发展。此外,区块链技术衍生出新业态,成为经济发展的新动能。

第三节 区块链的核心技术

说起区块链的核心技术,就不得不提到拜占庭将军问题(Byzantine failures)。拜占庭将军问题是由莱斯利·兰伯特(Leslie Lamport)提出的点对点通信中的基本问题,是指在存在消息丢失问题的不可靠信道上,试图通过消息传递的方式达到一致性是不可能的。可以将区块链原理的来源归结为拜占庭将军问题在实际中的应用:在互联网背景下,当需要与不熟悉的对手进行价值交换活动时,人们如何才能防止不会被其中的恶意破坏者欺骗、迷惑,从而作出错误的决策。将拜占庭将军问题进一步延伸到技术领域中来,可以将其内涵概括为:在缺少可信任的中心节点和可信任的通道的情况下,分布在网络中的各个节点应如何达成共识。区块链技术解决了闻名已久的拜占庭将军问题,它提供了一种无须信任单个节点就能创建共识网络的方法。

区块链技术涉及的关键点包括去中心化(decentralized)、去信任(dustless)、集体维护(collectively maintain)、可靠数据库(reliable database)、时间戳(timestamp)、非对称密码学(asymmetric cryptography)等。其本质是一种互联网协议,用以解决互联网时代的一个核心问题——信任。

设计一个去中心化的合理数据库,面临着三个难题:一是如何建立一个严谨的数据库,使得该数据库既能够存储海量信息,又能够在没有中心化结构的体系下保证数据库的完整性;二是如何记录并存储这个严谨的数据库,使得即便参与数据记录的某些节点崩溃,整个数据库系统仍然能正常运行与保持信息完备;三是如何使这个严谨且完整存储的数据库变得可信赖,使得人们可以在互联网无实名的背景下成功防范诈骗。

针对这三个难题,区块链构建了一整套完整的、连贯的数据库技术来达成目的,解决这三个难题的技术,即共识机制、分布式结构、非对称加密算法,也成为区块链最核心的三大技术。此外,为了保证区块链技术的可进化性与可扩展性,区块链系统设计者还引入了"智能合约"的概念来实现数据库的可编程性。这些技术构成了区块链的核心技术。

一、共识机制

区块链的本质是去中心化,去中心化的核心是共识机制,区块链的共识机制主要解决由谁来构造区块、如何维护区块链统一的问题。共识机制就是所有记账节点之间如何达成共识,去认定一个记录的有效性,这既是认定的手段,也是防止篡改的手段。区块链的共识机制具备"少数服从多数"以及"人人平等"的特点。其中,"少数服从多数"并不完全指节点的个数,也可以是计算能力、股权数或者其他计算机可以比较的特征量;"人人平等"是指当节点满足条件时,所有节点都有权优先提出共识结果,直接被其他节点认同后有可能成为最终共识结果。

另外,关于如何建立一个严谨数据库的问题,区块链的办法是:对数据库的结构进行创新,把数据分成不同的区块,每个区块通过特定的信息链接到上一个区块的后面,以前后顺连的方式来呈现一套完整的数据,这也是"区块链"名称的来源。

在区块链技术中,数据以电子记录的形式被永久存储起来,存放这些电子记录的文件称为"区块"。区块是按时间顺序一个一个先后生成的,每一个区块都记录了在其生成期间发生的所有价值交换活动,所有区块汇总起来就形成一个记录合集。

每一种区块链的结构设计都不可能完全相同,但总体上都分为块头(header)和块身(body)两部分:块头用于链接到前面的区块,并且为区块链数据库提供完整性的保证;块身则包含经过验证的、在区块生成过程中发生的价值交换活动的所有记录。

区块结构有两个非常重要的特点:第一,每一个区块记录的是上一个区块生成之后、该区块生成之前发生的所有价值交换活动,这个特点保证了数据库的完整性;第二,在绝大多数情况下,一旦新区块生成并被加入区块链,其数据就再也不能被删除或改变。这个特点保证了数据库的严谨性,即无法被篡改。

顾名思义,区块链就是区块以链的方式组合在一起,以这种方式形成的数据库称为区块链数据库。区块链是系统内所有节点共享的交易数据库,这些节点基于价值交换协议参与到区块链系统中来。

区块链是如何链接而成的呢?由于每一个区块的块头都包含上一个区块的哈希指针,这就使得从创世区块(第一个区块)到当前区块形成一条长链。如果不知道上一个区块的哈希指针,就没有办法生成当前区块,因此每个区块都必须按时间顺序跟随在上一个区块之后。这种每个区块都包含上一个区块引用的结构让现存的区块集合形成了一条数据长链。

人们把一段时间内生成的信息(包括数据或代码)打包成一个区块,盖上时间戳,与上一个区块衔接在一起,该区块的块头包含上一个区块的哈希指针,然后再在块身中写入新的信息,从而形成新的区块,这些区块首尾相连,最终形成了区块链。这个结构的神奇之处在于:区块(完整历史)+链(完全验证)=时间戳。

"区块+链"的结构为人们提供了一个数据库的完整历史。从第一个区块开始,到最新生成的区块为止,区块链存储了系统的全部历史数据。

区块链为人们提供了对数据库中的每一笔数据进行查找的功能。区块链上的每一条交易数据,都可以通过"区块链"的结构追本溯源,一笔一笔地进行验证。

"区块+链=时间戳"是区块链数据库的最大创新点,再加上区块链的共识机制,就可以建立一个严谨的数据库了。区块链数据库让全网的记录者都可以对每一个区块盖上一个时间戳来记账,表示这个信息是这个时间写入的,从而形成一个不可篡改、不可伪造的数据库。

二、分布式结构

有了"区块+链"的数据库之后,接下来就要考虑记录和存储的问题了。应该让谁来参与数据的记录?又应该把这些盖了时间戳的数据存储在哪里呢?在传统中心化的体系中,数据都是集中记录并存储于中央计算机上。但是区块链结构设计的精妙之处就在于,它并不是把数据记录并存储在作为中心节点的一台或几台计算机上,而是让每一个参与数据交易的节点都记录并存储所有的数据。

(一)如何让所有节点都能参与记录

关于这个问题,区块链的办法是:构建一整套协议机制,让全网的每一个节点都在参与记录的同时来验证其他节点记录的正确性。只有当全网大部分节点(甚至所有节点)都同时认为这个记录正确时,或者当所有节点的记录比对结果一致时,记录的真实性才能得到全网认可,记录才被允许写入区块。

(二)如何存储"区块+链"这个严谨的数据库

关于这个问题,区块链的办法是:构建一个分布式网络系统,使数据库中的所有数据都能实时更新并存放于所有参与记录的网络节点中。这样,即使部分网络节点损坏或遭受攻击,也不会影响整个数据库的数据记录与更新。

区块链根据系统确定的开源的、去中心化的协议,构建了一个分布式结构体系,让价值交换的信息通过分布式传播发送给全网;通过分布式记账确定信息内容;盖上时间戳后生成区块数据,再通过分布式传播发送给各个节点,实现分布式存储。

分布式记账则是实现会计责任分散化(distributed accountability)的重要手段。

从硬件的角度讲,区块链的背后是由大量信息记录存储器(如计算机等)组成的网络,这一网络是如何记录发生在网络中的所有价值交换活动的呢?区块链设计者没有为专业的会计记录者预留一个特定的位置,而是希望通过自愿原则来建立一套人人都可以参与信息记录的分布式记账体系,从而将会计责任分散化,由整个网络的所有参与者来共同记录信息。

区块链中每一笔新交易的传播都采用分布式结构,根据P2P网络传输协议,交易信息由单个节点直接发送给网络中的其他节点。区块链技术让数据库中的所有数据都能存储于网络中的所有节点中,并能实时更新。这就极大地提高了数据库的安全性。

通过分布式记账、分布式传播、分布式存储可以发现,没有人、没有组织甚至没有哪个国家能够控制这个系统,系统内的数据存储、交易验证、信息传输过程都是去中心化的。在没有中心机构的情况下,大规模的参与者达成共识,共同构建了区块链数据库。可以说,这是人类历史上第一次构建了一个真正意义上的去中心化体系。甚至可以说,区块链技术构建了一套永生不灭的系统——只要不是网络中的所有节点都在同一时间崩溃,数据库系统就可以一直运转下去。

三、非对称加密算法

什么是非对称加密?简单来说,它让人们在"加密"和"解密"的过程中分别使用两个密码,两个密码具有非对称的特点:①加密时的密码(在区块链中称为"公钥")是全网公开可见的,所有人都可以用自己的公钥来加密一段信息(信息的真实性);②解密时的密码(在区块链中称为"私钥")只有信息拥有者才知道,被加密过的信息只有拥有相应密钥的人才能够解密(信息的安全性)。非对称加密算法如图4-6所示。

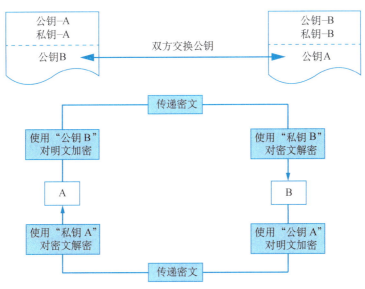

图 4-6 非对称加密算法

在区块链系统内,所有权验证机制的基础是非对称加密算法。常见的非对称加密算法有 RSA 算法、Amalgam 算法、D-H 算法、椭圆曲线加密算法(ECC)等。在非对称加密算法中,如果一个密钥对中的两个密钥满足以下两个条件,就称这个密钥对为非对称密钥对:①用其中一个密钥对信息进行加密后,只有用另一个密钥才能解密;②其中一个密钥公开后,别人根据公开的密钥无法计算出另一个密钥。其中,公开的密钥称为公钥,不公开的密钥称为私钥。在区块链系统的交易中,非对称密钥的基本使用场景有两种:①用公钥对交易信息加密,用私钥对交易信息解密。私钥持有人解密后,可以得到交易信息。②用私钥对信息进行签名,用公钥验证该签名。通过公钥验证的信息,被确认为由私钥持有人发出。

从信任的角度来看，区块链实际上是用数学方法解决信任问题的产物。过去，人们可能依靠熟人社会的"老乡"、传统互联网中的交易平台支付宝来解决信任问题。在区块链系统中，所有的规则都事先以算法的形式表述出来，人们完全不需要知道交易的对手是否是可信的，更不需要求助于中心机构来进行交易背书，而只需要信任算法就可以建立互信。区块链的背后，实质上是算法在为人们创造信用、达成共识背书。

四、智能合约

前面介绍过，智能合约是以数字化形式定义的一系列承诺，这些承诺控制着数字资产并包含合约参与方约定的权利和义务，由计算机系统自动执行。基于区块链的智能合约不仅可以发挥智能合约在成本和效率方面的优势，还可以避免恶意行为对合约正常执行的干扰。智能合约被以数字化形式写入区块链，由区块链来保障合约存储、读取、执行各个过程的透明、可跟踪与不可篡改。同时，由区块链的共识机制构建出一套状态机系统，使智能合约能够高效地运行。

也可以将智能合约理解为一种可编程的脚本。如果区块链系统只是为了适应某种特定的交易，脚本的嵌入就没有必要了，系统可以直接定义完成价值交换活动所需要满足的条件。然而，在一个去中心化的环境中，所有的协议都需要提前取得共识，这样，脚本的引入就不可或缺了。有了脚本之后，区块链就会使系统有机会去处理一些无法预见的交易模式，从而保证这一技术在未来的应用中不会过时，增加了技术的实用性。脚本本质上是众多指令的列表，这些指令记录在每一次价值交换活动中，价值交换活动的接收者（价值的持有人）如何获得这些价值，以及花费掉自己曾收到的留存价值需要满足哪些附加条件。通常，发送价值到目标地址的脚本，要求价值的持有人满足以下两个条件，才能使用自己之前收到的价值：一个公钥，以及一个签名（证明价值的持有人拥有与上述公钥相对应的私钥）。脚本的神奇之处在于，它具有可编程性：①它可以灵活地改变花费掉留存价值的条件，例如，脚本可能会同时要求有两个私钥，或几个私钥，或不要求有任何私钥等；②它可以灵活地在发送价值时附加一些价值再转移的条件，例如，脚本可以约定这一笔发送出去的价值以后只能用于支付中信证券的手续费，或支付给政府等。

第四节　区块链在金融领域的典型应用

目前区块链应用于金融、农业、医疗、教育等诸多领域。其中，金融是区块链应用较多的一个领域，从数字货币、银行、证券到保险都能看到区块链的影子。区块链金融是区块链在金融领域的应用，应用区块链可以解决金融交易中的信任和安全问题，区块链为金融业未来升级提供了一个可选的方向。通过区块链，交易双方可以在不借助第三方信用中介的情况下开展经济活动，从而降低了资产在全球范围内转移的成本。

一、银行业

区块链可以应用于传统银行业务,从支付结算到供应链金融,再到银行的风险管理等。区块链去中心化、自治性、不可篡改的特点,从根本上改变了中心化的银行系统的业务模式,优化了银行后台和基础架构,提升了银行的服务效率和客户体验,为传统银行业务向互联网金融业务转型提供了契机。因此,区块链技术的发展对于银行有着深远的影响和巨大的价值。表4-1所示为我国发展区块链技术的主要银行。

表4-1 我国发展区块链技术的主要银行

银行	区块链技术发展情况
中国平安	首家加入R3区块链联盟的中国金融企业,已落地资产交易和征信两大应用场景,将开发和运用区块链技术,打造更加高效的端对端金融资产数字化管理模式,形成以点带面的效应,再带动其他行业的发展
微众银行	与上海华瑞银行共同开发了一套针对联合贷款结算和清算业务的区块链应用系统,现主要用于"微粒贷"业务,由微众银行带头成立的区块链联盟"金链盟"也吸纳了平安银行、腾讯、华为等金融企业和互联网企业
民生银行	加入R3区块链联盟,搭建区块链服务云平台,对区块链共识算法、智能合约、交易记账、数据传输、智能钱包、去中心化应用等进行深入研究
中国邮政储蓄银行	在资产托管业务场景中,利用区块链技术实现了中间环节的缩减、交易成本的降低及风险管理水平的提高,这也标志着中国邮政储蓄银行已在银行核心系统中应用了区块链技术,解决了相互信用校验的问题
招商银行	将区块链技术应用于全球现金管理领域的跨境直联清算、全球账户统一视图及跨境资金归集三大场景
浙商银行	搭建基于区块链技术的移动数字汇票平台,为企业与个人客户提供在移动客户端签发、签收、转让、买卖、兑付数字汇票等服务

(一)运用区块链技术改善银行内重要数据的存储状况

在国家支持下建立起来的银行,长期以来掌握着大量来自银行内部和客户的隐私数据,这些数据存储的安全保障是需要重点关注的问题,而区块链技术就能很好地解决这一问题。区块链系统的高冗余存储(每一个节点都存储一份数据)、去中心化(去除中间清算体系)、高安全性及隐私保护等优势,非常适合于银行大量重要数据的存储,而且可以避免因银行系统被攻击或者权限管理不当而造成的大量重要数据丢失或泄露。与比特币交易数据的存储类似,任意数据均可以通过哈希运算生成相应的Merkle树并打包记入区块链,区块链系统内共识节点的算力和非对称加密算法可以保证其安全性,而区块链的多重签名技术可以灵活配置数据访问的权限。

(二)运用区块链技术优化客户资产管理业务,提高银行利润

随着利率市场化改革的顺利进行,商业银行的利润增长战略也就转向了中间业务发展战略,其中给银行带来丰厚利润的是资产管理业务。我国的经济发展速度始终保持在中高

速水平上,人们的收入和生活水平有了较大提高,中高收入群体所占的比例不断加大。对于客户的有形资产,通过基于区块链的分布式资产授权和控制来使实物资产实现自动化交接,提高商业银行对客户资产的管理效率;通过为资产设计唯一标识并将其部署在区块链上,可以对客户资产产生的效益进行实时监控,从而有效地防范金融风险。

(三)运用区块链技术去中心化,提高商业银行业务办理的效率

目前,传统银行办理业务以柜台办理为主,相比之下,兴起的互联网金融使客户足不出户就能实现资金的运转,大大提高了办理效率。但是,对客户进行征信还需要人工操作,区块链则能很好地解决客户征信问题。区块链技术能够实现全球动态的信任账本并能够保证信用信息的真实性,达到去中心化的效果。可以说,区块链为重构信用制度提供了技术可能,并在金融基础设施的去中心化、银行业客户信用优化等方面具有显著的优势。此外,区块链的分布式账本技术可以解决跨境汇款难点,使得跨境汇款可以即时到账,成本更低,安全性更高,也更透明。区块链的应用能够使商业银行业务办理的效率得到极大提高。

总的来说,银行在资金监管方面有天然优势,可以充分利用区块链技术形成新的场景化金融服务模式和支付结算方式,改变现有的银行功能,使区块链技术的应用价值最大化。

二、支付清算

银行支付清算领域存在清结算成本高、不同金融机构间的用户数据难以实现高效交互、用户识别成本高、安全性难以保证等问题。区块链具有数据不可篡改和可追溯的特点,可以用来构建监管部门所需要的监管工具箱。同时,基于区块链能够实现点对点的价值转移,资产数字化及重构金融基础设施架构,可以大幅提升金融资产交易后清结算的效率,降低成本。有研究认为,区块链将在金融领域尤其是支付清算领域发挥重要的作用。目前,区块链最成熟的应用是支付与转账,其能够避开繁杂的系统,省去银行间对账和审查的流程,提高资金结算速度;同时,运用虚拟货币以及借助无需清算所介入的特性,还能极大地减少交易费用。由此可见,区块链的运用将会对跨境支付、数字票据等产生颠覆性的影响。

(一)跨境支付

传统跨境清算涉及多个参与环节,一旦出现汇款信息修改、查询等需求,将产生大量的沟通成本,严重影响清算效率。此外,该业务到账周期长,费用高,交易透明度低。在跨境支付和结算业务中,区块链可以通过银行与银行间的点对点支付,省去第三方环节,具有全天候支付、实时到账等优点,从而大幅节约结算成本。区块链在跨境支付中的典型应用是 Ripple 提供的跨境支付服务。例如,Ripple 利用分布式账本技术实现实时结算,保证交易的确定性,提升金融结算效率。其跨境汇款流程如图 4-7 所示。

金融机构通过 Ripple 进行跨境支付,可以降低结算风险,消除延迟,减少结算费用,小额

汇款能够实现逐笔实时转账。在我国,招商银行实现了国内首个区块链跨境支付应用。

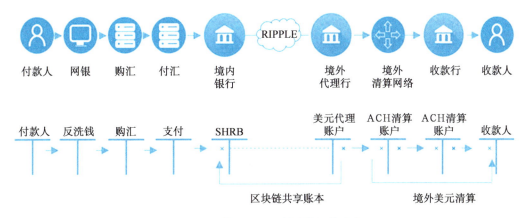

图 4-7 基于 Ripple 的跨境汇款流程

(二) 数字票据

在传统纸质票据交易中,交易双方依据票据实物的真伪达成交易。在电票交易中,通过中国人民银行电子商业汇票系统(ECDS 系统,现已移交上海票据交易所)进行信息的读取与交易,工作负荷大、信息不透明,极易引发操作风险、市场风险和道德风险。区块链可以为票据行业带来三个方面的革命性突破:一是分布式记账能提高效率,降低成本;二是数据不可伪造和更改,可以有效防止内外部人员篡改信息以及票据造假;三是票据直贴、背书、再贴现、到期承兑等数据交易记录均可追溯,信息公开透明。在基于区块链的票据系统中,不同的企业在整个网络体系中所占据的节点不同,并且通过建立一套完整的算法来完成承兑环节和验收操作,生成相应的数据区块。利用区块链,通过记录数据区块的时间戳,可以解决信任问题;通过数字密钥,可以解决信息安全问题;通过程序,可以满足企业间的票据流转、贴现、再贴现、转贴现、回购等业务的要求和限制;通过智能合约和流转的可追溯性,可以有效地避免操作风险、市场风险和道德风险。在实际的交易中,可以在交易开始时就将票据的到期日写入智能合约,到期时由持票人向承兑行自动发出托收申请。目前,在国外,R3 区块链联盟联合以太坊等共同研发了一套基于区块链的商业票据交易系统,许多著名的国际金融机构都加入试用,并进行公开测试。2017 年,浙商银行上线了基于区块链的移动数字汇票应用,深圳区块链金融服务有限公司联合多家银行共同推出了区块链金票链产品,目前该产品已经在多家商业银行落地使用。

三、供应链金融

传统意义上的供应链金融是指银行围绕核心企业,管理上下游中小企业的资金流和物流,并把单个企业的不可控风险转变为供应链企业整体的可控风险,通过立体地获取各类信息,将风险控制在最低水平的金融服务。

随着社会经济的不断进步和发展,企业之间的交流与合作也越来越频繁,构建供应链金融生态,其实就是为了使同一供应链内部各方能够相互依存。区块链具有去中心化和透明性、安全性的特点,供应链金融与区块链结合则可以提升企业合作主体之间的信任度。供应链金融的发展恰好赶上了区块链的发展,二者的结合成为目前区块链应用的热点领域之一。区块链的应用对供应链信息化提出了更高的要求。目前,行业的核心企业和一级供应商/经销商一般都具有较高的信息化水平,但供应链链条上其他层级的中小企业的信息化水平难以达到商业银行的要求。同时,当链条上不同主体采用不同类型的信息系统时,信息传递缺乏一致性、连续性,容易形成信息孤岛,难以获得有效的数据来进行风险判断及管理,也难以核实交易的真实性。可见,区块链应用的前提之一是全供应链的信息化。

具体来说,区块链在供应链金融中的应用主要包含以下内容。

(一) 基于加密数据的交易确权

区块链在资产管理领域的应用价值日益凸显。它能够实时地进行各类资产的确权、授权和交易监管。对于在网络环境中难以监管和保护的无形资产,区块链凭借时间戳技术和不可篡改的特点,成为产权保护的新方法。对于有形资产,如存证、应收账款和数字智能资产,区块链则可以在虚拟环境中实现现实世界中的资产交易。例如,对资产的授权和使用控制、产品溯源等。

(二) 构建多主体合作协调机制

供应链金融的多主体合作协调机制复杂、烦琐。在供应链金融中,最重要的就是依托核心企业的信用,服务其上下游企业,而核心企业由于不了解、不熟悉远离自己的上游多级供应商,也不与其直接发生交易,因而无法为其提供实质性担保;此外,作为传统支付工具,商业承兑汇票也难以拆分,无法传递核心企业的商业信用。可见,传统供应链金融只解决了一级供应商融资的问题,而无法解决上游多级供应商的融资问题。随着供应链金融参与节点数量的剧增,供应链金融中的融资链越来越长,从而难以在供应链中建立全局信任,信用也无法传递,最终导致金融机构处理这类交易的难度越来越大,成本越来越高,效率长期低下。

区块链有助于在供应链中构建全局信任关系并沿供应链向上下游传递信任,从而克服单节点融资的局限性,真正实现了全链互信机制。具体来说,区块链在构建多主体合作协调机制中起到了如下作用:

(1) 构建全局信任。过去供应链金融以中心化的模式运作,通常是金融机构、保理公司依托一家核心企业来为中小企业提供服务,实际上该核心企业在某种程度上就是中心机构,为其上下游企业提供征信服务。区块链则依据供应链参与节点的结构来创建分布式账本,数据无须由单一的中心机构统一维护;链上共识达成的协议具有不可篡改性,任何节点都不可能按照有利于自己的原则来操控数据。由此,区块链建立了点对点的关系,简化了供应链金融越来越复杂的业务模式,为供应链金融优化升级提供了强信任关系保证。

(2) 实现信任传递。区块链采用令牌技术拆解核心企业的信用并将其沿供应链逐级传递,使得信用可以穿过整个链条,覆盖各级供应商,解决多主体的信任关系问题。不论是第几级供应商,只要能够拿到令牌,就等同于拿到了核心企业的信用背书,能够证明其与核心企业有合作,并且能够通过令牌进行融资。

(三)解决供应链金融风险控制难题

供应链金融风险难以把控,我国尚未形成既权威又健全的企业信用征信系统,部分供应链金融业务(如保理业务)也没有建立起一套完整、规范的法律体系。供应链金融业务的多样性、灵活性和复杂性也增加了风险控制的难度,金融机构对客户进行信用风险识别、评估与防范、追究法律责任等均存在一定的困难。

区块链使多家机构共存于相互协作、相互监督的场景中,避免了传统供应链金融模式下的私下交易或串通行为。在公开透明的机制下,机构的信用情况会获得所有参与者的一致认可,连续的交易也使得无须对各类单据重复地进行真实性查验。交易行为的互相印证,将产生传统信用技术与交易模式难以产生的"信用自证"和"信用自增",即区块链具有为供应链金融增信的作用。区块链有助于形成公正、客观、可信的交易环境,降低了"不信任"所带来的交易摩擦和金融成本,有助于对票据、资产、交易、回款等一系列风险点进行有效管理。

以票据为例进行说明。近年来,我国监管部门不断完善票据市场的监管规则,监管力度不断加大,但是一票多卖、"空壳公司"签发虚假商业汇票等违法事件仍然时有发生,实践中存在很大的风险。在此背景下,以区块链为基础的数字票据对控制票据风险具有重要的意义:一是票据信息的分布式存储和传播有助于提升票据市场数据的安全性和容错性;二是不再高度依赖第三方机构进行交易背书或者担保验证,而只要信任共同的算法就可以建立互信,规避了高度中心化带来的风险;三是减少了价值交换中的摩擦,并能够在实现数据透明的前提下确保交易双方的匿名性,保护个人隐私;四是智能合约可以将票据的价值交换活动程序化,从用途、流转方向和其他各种限制条件有效控制数据票据带来的风险,并在民事合同的法律约束之外,增加了以智能化技术为支撑的信用约束。

(四)简化供应链操作流程

供应链金融操作流程烦琐、成本高。金融机构为了掌握实体供应链的真实运作情况,需要深入实体供应链的各个环节,跟踪流程、审核单证、审阅材料、交叉验证、计算与评估风险控制指标等操作造成人力成本高昂,并且使得各个环节不可避免地存在道德风险和人工操作失误。

区块链应用于供应链金融业务,能够实现操作自动化,大幅减少人工的介入,从而降低操作的人工成本,规避人工操作失误。国际评级机构穆迪将供应链金融流程的自动化总结为三个步骤:第一步,将纸质信用证转换成可以自动执行支付的智能合约;第二步,将提单等纸质文件数字化,并以元数据的形式存储它们;第三步,在每一步创建所有权记录。所有参与方(包括供应商、经销商、金融机构等)都能使用去中心化的账本分享文件,形成由基础合同、单证、支付等共同构成的结构严密、信息完整的交易记录,不同参与方使用一致的数据源,避免了重复审查和反复校验的过程,从而将人工审核的工作量减少60%—80%。区块链还为供应链金融业务的执行提供了自动化操作工具,保障了在满足条件时货物、货权、资金、债权等资产转移的自动性与强制性,以及合约规定的其他责任与义务的执行,解决了人工操作带来的效率低、成本高的问题,也减少了人工操作可能带来的失误和道德风险。

仍以票据为例。票据业务因人工介入较多,出现了许多违规事件及操作风险,操作成本也居高不下。我国现行的票据业务仍有约70%为纸质交易,操作环节均需要人工参与,即使在现有的电子票据交易中,也需要通过电子商业汇票系统的信息进行交互认证,而在电子商业汇票系统中,票据的签发、承兑、背书和转让等仍然离不开实物券形式和原始的手工交易方式。借助区块链,可以直接实现点对点的电子化价值传递,不需要特定的实物票据或者中心机构进行控制和验证,大大减少了人工的介入。

四、证券及保险

(一)证券业

证券市场的灵魂是信息,而区块链天然地具有信息透明和自证其信的特点。因此,证券市场是区块链大有作为的领域。一些国家和地区关注到这一趋势,并已将区块链应用到现有的证券业实践中。区块链在证券业中的应用主要体现在以下四个方面。

1. 证券发行与交易

在证券发行方面,现行的发行方式主要是网上定价发行。互联网技术的发展降低了证券市场的信息不对称性,提高了效率,但是网上定价发行仅仅是将发行和交易程序放到互联网场景中进行,发行的前期准备和审批流程并没有简化。发行人只有在联系券商、签订委托募集合同、完成烦琐的申请流程后,才能寻求投资人认购。在证券交易中,交易指令需要经过证券经纪人、资产托管人、中央银行和中央登记机构等中介机构的协调,才能完成交易。整个流程的效率较低,而且中介机构具有强势地位,增加了代理成本和道德风险,金融消费者的权益往往得不到保障。

利用区块链,证券发行和交易可以实现真正的点对点交易,证券经纪人等将不复存在,发行的证券将以数字形式出现。在发行方面,区块链的另一项技术——彩色币技术(colored coin)可以通过不同编码来对证券和资产进行分类;而发行和转让的限制,如180天的锁定期,也可以编码的形式添加在证券上,由计算机程序自动识别证券的种类和资格。在交易方面,利用智能合约可以直接实现买卖双方的自动配对和撮合成交,并基于计算机算法实现交易的自动化。由于每一个区块的信息都是公开且一致的,因此对交易的发生和所有权的确认不会有任何争议,而区块的时间戳具有不可篡改性,确保了全部交易过程的安全性。在整个证券的发行和交易过程中,买卖双方都是点对点交易,免去了证券经纪人的代理行为,从而大幅节省了证券的发行和交易费用。

2. 证券清算与结算

一个高效、透明的清算和结算系统是证券市场发达的重要表现。从最初的实物交付和记名更改,到后来的依托第三方计算机系统进行电子账簿划拨,传统的证券清算和结算一直依赖第三方中介机构的协助。证券的清算和结算工作需要结算机构、银行、券商和交易所之间的相互协调,成本高,效率低。一般来说,从证券所有人发出交易指令,到交易最终在登记机构得到确认,在我国通常需要"T+1"天,在美国则需要"T+3"天。与以往交易的清算与结算需要"T+1"不同,区块链交易可以实现"T+0"交易,每笔交易确认完成之后,即公告在网络上并将交易信息记录在每个区块中,不需要第三方中介机构单独进行账簿记载及清算和结算,新区块的添加一般需要10分钟。也就是说,清算和结算的完成仅仅需要10分钟的时间,提高了资产的流动性,有效地降低了资金成本及清算和结算风险。

3. 资产证券化

区块链可以有效防范资产证券化中的操作风险,提高透明度。资产证券化因其涉及原始权益人、特殊目的实体、投资人等多方利益,对托管、信息披露等的要求较高。但尽管如此,其复杂性仍会造成部分违约情况。结合资产证券化的可操作特性,可以为相关交易结构与产权变更设定交易逻辑,从根本上防范操作风险。同时,因为资产证券化涉及优先、劣后、流动性补充条款等事项,通过区块链及时更新基础资产情况并在超过相应的阈值时发出报警,有利于监督合约履行情况,保护投资人的自身权益,缓解信息不对称问题,防范金融欺诈。

4. 股东投票

区块链还可以应用于股东投票系统,其价值主要体现在三个方面:第一,区块链可以有效地降低中小股东参加股东大会的时间成本和资金成本,提高股东投票的积极性,扩大股东投票的参与度;第二,区块链能够简化股东投票的流程,区块链投票系统在设计之初就去掉了纷繁复杂的中间环节,简化了投票流程,为投票提供直接、安全的通道,可以大大地提高股东投票系统的效率;第三,区块链的加密认证可以克服网络技术的缺陷,确保投票结果的唯一性、真实性和可追溯性。

(二)保险业

保险业是继银行业之后区块链应用得最多的行业。作为保险业最初形式的互助保险,与区块链强调的"共识机制"有着天然的契合。但是,互联网保险在创新过程中遇到了很多问题,其中的主要问题就是信用和安全。区块链的加密认证技术和全网共识机制弥补了传统互联网的不足。区块链建立了完整、分布式、不可篡改的连续账本数据库,在确保安全的前提下使资金和信息高效、低成本地流通,从而解决了这两大问题。

区块链在应用于保险业的过程中,可以利用其去中心化、开放性、自治性、透明性、不可篡改性、匿名性等特点,突破传统保险业发展所遇到的瓶颈。

区块链利用去中心化这一特点,可以助力保险"脱媒",降低保险中介费用;点对点的联系可以突破时空界限以及传统互助保险的局限性,使同质风险个体在更大范围内实现互助。区块链利用开放性这一特点,可以减少信息不对称性,进而解决保险供给和需求双方存在的道德风险和逆向选择问题;借助开放性,可以提升大数据和云计算的运用水平,使保险产品的开发和定价更加精准。区块链利用自治性这一特点,可以降低人工成本,提高保险的智能程度,开发更多触发型赔付的保险产品,投保人在满足特定条件的情况下自动执行合同,启动赔付;通过自治性设计,可以减少合同纠纷,保护保险消费者的合法权益。区块链利用透明性这一特点,可以提升保险消费者的信任度,解决制约保险需求的信任问题;突破互联网保险发展对信任的刚性约束;构建保险场景,进行精准营销;减少保险公司交易信息丢失的风险。区块链利用不可篡改性这一特点,可以提高保险公司内部的风险控制能力,确保账本系统、资金和信息的安全,建立基于区块链的分布式总账系统,提高财务安全性。区块链利用匿名性这一特点,可以避免用户隐私泄露,保险合同的内容只有当事人才有权访问;智能合约和自动理赔提高了合同履约的自动化程度,省去了传统保险业中大量的人员配备,并且具有很高的精确性。

总的来说,区块链有助于加快金融产品创新,降低信息不对称性,提升现代金融业的运行效率和服务质量,维护金融稳定。随着金融业逐步迈入"区块链+"时代,基于区块链衍生的新型金融业态开始出现,区块链金融涉及的领域也逐渐扩大,区块链与金融的结合和应用进入崭新的阶段。

本章小结

本章先对区块链的相关概念作了简单的介绍,包括区块链的产生、分类及特点等;接着介绍了区块链的发展历程、发展现状及发展趋势;然后重点介绍了区块链的核心技术,这些核心技术包括共识机制、分布式结构、非对称加密算法等;最后介绍了区块链在金融领域的典型应用,这些金融领域包括银行业、支付清算、供应链金融、证券及保险等。通过学习本章内容,读者能够对区块链这一颠覆性的技术有一个基本的认知。读者如果希望对区块链知识有更深入的认识,可以自行查阅有关书籍或者文献,也可以参考本章所附的参考文献。

关键词

区块链　比特币　区块链金融应用

复习思考题

1. 什么是区块链?它是如何产生的?
2. 区块链与比特币是什么关系?
3. 区块链的特点有哪些?
4. 区块链的发展经历了哪几个阶段?
5. 区块链的核心技术是什么?简单介绍一下这些核心技术。

6. 谈一谈你对区块链在金融领域应用的看法。

7. 谈一谈你对区块链发展趋势的看法。

 扩展阅读

[1] 许荻迪. 区块链技术在供应链金融中的应用研究[J]. 西南金融,2019(2):74-82.

[2] 刘松. 区块链技术在我国支付清算领域的应用研究[J]. 金融科技时代,2018(7):60-63.

[3] 俞学劢. 区块链的4大核心技术[J]. 金卡工程,2016(10):9-14.

[4] 陈伟钢. 区块链十大发展趋势[N]. 中国城乡金融报,2018-05-25(A02).

第五章 云计算及金融应用

学习目标

1. 了解云计算产生的背景及定义。
2. 了解云计算的分类及其特点。
3. 了解云计算的发展现状。
4. 掌握云计算的核心技术。
5. 了解云计算在金融领域的典型应用。

引例

中国人寿保险股份有限公司(以下简称"中国人寿")的"稻客云"作为企业的 Paas 平台,融合了容器技术、自动化技术、服务网格技术等先进科技,集成了企业在研发、测试、运维、服务、安全等领域的 30 多项基础技术能力,为应用提供了全生命周期的技术支持。它创造性地打通了私有云与公有云的壁垒,使中国人寿的业务发展不再受限于自身设备资源及研发能力的限制,加速了应用创新成果向最终用户的快速转化。以前,保险业务从研发到上线需要不同组织单元反复沟通协调,往往花费数周到数月时间,很可能错过了业务推广的最佳时机。而现在,在"稻客云"的助力下,中国人寿线下分散的研发流程被线上化重构整合,形成一条自动化的云上研发流水线。中国人寿"国寿 E 店",就是借助"稻客云"完成了线上研发、自动构建、部署测试、生产运行等一系列工作。整个过程极大地降低了沟通成本,减少了重复性工作的投入,缩短研发周期,使应用投产的平均时长由原来的天级缩短至分钟级。目前"稻客云"每月支持系统集成 20 余万次,每月自动化交付研发成果物达千余次。中国人寿的"稻客云"打通私有云 Paas 与多公有云 Paas,实现应用在私有云 Paas 及多公有云 Paas 间的无缝混合部署、跨多云应用互联互访,在 Paas 混合云的使用方面处于业界前沿。利用"稻客云"多云能力,中国人寿可以将关键应用部署在不同的隔离环境，在保障应用稳定性的同时，充分利用公有云资源在业务高峰时进行弹性扩容，稳定支持每日达 20 余万次的用户认证，并支持出单业务的连续稳定进行。

就像天空中没有两朵一模一样的云，云计算的云也各有特色。相较而言，私有云安全性、可用性、可控性更高，公有云拥有较低的成本投入和灵活的资源可扩展性，以及丰富多样的资源规格和特殊设备。多云融合，可以充分发挥每朵云各自的优势，优化匹配业务需求和云平台的技术能力。通过"稻客云"提供的 Paas 解决方案可以便利地享有公有云的廉价 GPU 资源，有效降低企业采购及搭建维护成本；通过"稻客云"集成的公有云的智能服务能力，已被快速应用到企业的业务发展中，而不受企业自身研发能力和成本投入的限制。

第一节　云计算的概念

云计算是一种以虚拟化技术为基础，以网络为载体的超级计算模式；云计算具有按需分配、弹性配置、弹性收费等特点；大数据支持云计算分析，可以帮助用户随时随地从海量数据中获取决策信息。

一、什么是云计算

云计算有多种不同的定义。当前比较公认的是美国国家标准与技术研究院（NIST）的定义：云计算是一种通过网络按需提供的、可动态调整的计算服务。其实质是将原本运行在单个计算机或服务器的数据存储、数据处理与数据分析，转移到互联网上的大量分布式计算机资源池中，使用者可以按照需要获取相应的计算能力、存储空间和部署软件的一种计算资源的新型利用模式。

云计算定义中的"云"是一种比喻，实际上是指一个庞大的网络系统，可以包含成千上万台服务器。对于用户（云计算服务需求方）而言，云服务商（云计算服务供应方）提供的服务所代表的网络元素（服务器、存储空间、数据库、网络、软件和分析）都是看不见的，仿佛被云掩盖。因此，云计算所依托的数据中心软硬件设施就是所谓的"云"。

云计算是继 20 世纪 80 年代大型计算机到客户端服务器的大转变之后，计算资源的革命性利用模式。在这一模式中，网络用户无须了解"云"中基础设施的构成细节，不必具有相应的专业知识，也无须直接进行控制，只需通过网络连接就可以利用云计算服务。

二、云计算的工作原理及特点

(一) 云计算的工作原理

云计算的基本原理是使计算分布在大量的分布式计算机上,而非本地计算机或远程服务器中。云计算使各种计算、存储和数据服务等信息技术能力实现按需分配、弹性供应。这类似于从旧式单相供电模式转向电网集中供电模式。这意味着计算能力也可以作为一种商品进行流通,就像水、电、燃气一样,取用方便,费用低廉。云计算通过互联网进行传输,传输对象为抽象的数字信息而非有形物质,且传输的是信息服务应用。并且电脑运算比发电等更具模块性,数据存储、处理、传送可分拆成不同的服务,由不同公司提供,减少供应方的垄断。

作为一种利用互联网实现资源实时申请、快速释放的新型计算方式,云计算的目的是帮助用户高效地访问共享资源。其核心理念就是通过不断提高云计算的处理能力,减少用户终端的处理负担,最终使用户终端简化成一个单纯的输入输出设备,并能按需享受"云"的强大计算处理能力。

(二) 云计算的主要特点

云计算提供资源的服务在用户看来是弹性的、可以扩展的,并且可以随时获取,按需使用,按需付费。从研究现状来看,云计算具有以下特点:

第一,规模庞大。"云"具有相当的规模,谷歌云计算已经拥有 100 多万台服务器,亚马逊、IBM、微软和雅虎等公司的"云"均拥有几十万台服务器。"云"能赋予用户前所未有的计算能力。

第二,虚拟化。云计算的各种资源都是基于虚拟技术。例如,用户租用了云计算服务器,服务提供商并不用真正为用户提供实体服务器,只需要从云中建立虚拟服务器给用户即可。这个过程对用户是透明的。

第三,动态伸缩。"云"的规模可以根据应用和用户规模增长的需要而动态伸缩。

第四,可靠性高。"云"使用了数据多副本容错、计算节点同构可互换等措施来保障服务的高可靠性,使用云计算比使用本地计算机更加可靠。

第五,通用性强。云计算不针对特定的应用,在"云"的支撑下可以构造出千变万化的应用,同一片"云"可以同时支撑不同的应用运行。

第六,按需服务。"云"是一个庞大的资源池,用户按需购买,像水、电和燃气那样计费。

第七,费用低廉。云计算数据中心设施可以建在电力资源丰富、气温较低的地区,从而大幅度降低能源成本,具有前所未有的性价比。

第二节 云计算的发展历程

一、发电厂的启示

19 世纪末期,欧美刚刚跨入电力革命时代,大多数工厂都是通过自己的发电设备驱动机器来照明,主要原因是传输距离不能超过太大的范围,否则电能在传输过程中损耗太高,得不偿失。如果那时候有人说可以不用自己发电,使用统一大型电网将公共电厂的电输送到机器设备,别人一定会以为他在痴人说梦。

然而,随着技术的发展,远距离供电成为可能,到了20世纪初,绝大多数工厂改用由公共电网发出的电来驱动机器。不仅如此,电力的价格还出现了下降,那些买不起发电机的普通百姓也用上了电,由此掀起了使用家用电器的热潮。那些靠生产小型发电设备发了大财的设备生产厂家,也包括一度靠小型中央电厂、区域电网和照明设备垄断市场的电力巨头,后来纷纷倒闭。电力从一个分散的资源变成了一项公共基础设施。

大约从十年前开始,IT领域开始重演供电系统曾经发生过的故事。互联网提供的云计算服务正在逐渐代替由个人和企业运行的本地计算机软件和系统,将原来本地的"发电机"变成在"公共电网"上的服务。其实,早在计算机诞生不久时,就有人设想从大规模公用"发电厂"中"生产"计算机运算能力,并通过网络传输到各地。毋庸置疑,这种中央"发电厂"式的数据中心比分散的私人计算机"发电机"更有效率。

1961年,网络互联领域专家约翰·麦卡锡曾预言:"未来电脑运算有可能成为一项公共事业,就像电话系统已成为一项公共事业一样。"这样的设想正在一步步被实现,越来越多的公司不再花大价钱购买本地服务器和软件,而是选择通过云端来进行信息处理和数据存储,如同当年工厂接入公共电网并放弃购买和维护自有发电设备一样。

近年来,人们使用电脑的方式已经发生了巨大的转变,虽然大部分人在单位工作和在家里休闲仍然依赖个人电脑,但人们利用个人电脑的方式已经与以往非常不同。人们不再依赖电脑硬盘中的数据和软件,而是更多利用公共互联网传来的数据和软件。以前我们看电影需要购买DVD或者从网上下载,现在我们通常都是直接在线播放。人们的电脑正在变成一种轻终端。可以说,整个互联网和所有联网的电脑组成了一台巨大的电脑。

二、云计算的雏形

云计算是继20世纪80年代大型计算机到客户端-服务器的大转变之后的又一种剧变。云计算的出现并非偶然,在计算机技术发展的历史上,出现过很多云计算的早期雏形。

1963年,DARPA(美国国防高级研究计划局)向麻省理工学院提供了约200万美元的津贴,启动了著名的MAC项目,要求麻省理工学院开发"多人可同时使用的电脑系统"技术。当时,麻省理工学院就构想了"计算机公共事业",即让计算机像电力一样供应。

1965年,IBM推出了分时共享系统,该系统允许多个远程用户分时共享同一台高性能计算设备,这就是其最早的虚拟机技术。随后,发布了用于创建灵活大型主机的虚拟机技术,根据用户动态的需求来调配资源,使昂贵的大型机资源尽可能得到充分利用。

1969年,阿帕网加利福尼亚大学洛杉矶分校(UCLA)第一节点与斯坦福研究院(SRI)第二节点连通,实现了分组交换网络的远程通信,标志着互联网的正式诞生。

1983 年，Sun Ecosystems 公司提出了网络就是计算机的概念。

1995 年，软件巨头 Oracle 推出了互联网电脑（Network Computer），没有硬盘，软件在网络上运行，无须下载软件，所有数据和程序存储在远端服务器的数据库中，价格也比当时的 PC 电脑便宜三分之二。但由于当时网络基础设施不普及、网速慢、在线应用远未普及等原因，最后以失败收场。不过，这也预示了云计算革命即将到来。

1999 年 3 月，Salesforce 公司成立，它通过出租在线软件的方式为用户服务。它销售的是一项简单的商业服务——客户关系管理 CRM。同年 9 月，LoudCloud 公司成立，提供 IT 基础设施资源出租管理服务，包括网络服务器、通信设备、网络存储服务等，一切均以月为单位计费，将基础设施变成了服务。

三、云计算的兴起

虽然云计算的设想从计算机诞生的年代就有了，但云计算真正蓬勃发展起来却存在偶然性。国际电商巨头亚马逊为了处理庞大的商品和用户资料，建立了复杂的数据中心。但是网络销售有旺季和淡季，这就白白浪费了数据中心的资源。为此，亚马逊就想到了出租闲置的计算资源。2006 年，亚马逊推出 EC2（Elastic Compute Cloud）云服务，这一年也被称为云计算发展元年。

亚马逊公司利用虚拟化技术将"硬件即服务"这种商业模式推向新的发展阶段，使得硬件资源可以像水、电一样方便地提供给公众使用，这也标志着公众能够感知到的云计算时代由此开始。此后，云计算的发展可以分为以下三个阶段。

（一）概念探索期（2006—2010 年）

纵观云计算的技术重点，大规模计算资源的虚拟化和软件栈的服务化是主要的使用技术。在这期间，云计算所依赖的硬件资源虚拟化及其管理技术获得繁荣发展，推动人们对"云"的认识不断深入。不少重要的云计算技术以开源模式发布，开源逐渐成为云基础设施的重要选择。

此时，人们对云计算的本质认识还比较模糊，厂商、学者都给出了各自的定义和说法，但都是从自身业务的角度来看待云计算的，有各自的特点和不足，还处在一个初期探索阶段。

（二）技术落地期（2011—2015 年）

这个时期出现了大量围绕"云"进行的技术实践和验证，云计算的定义也终于尘埃落定：2011 年，NIST 发布的云计算白皮书对云计算进行了较为权威的定义，基本上终结了众说纷"云"的状况。

云计算发展出 3 种服务模式：基础设施即服务（IaaS）、平台即服务（PaaS）和软件即服务（SaaS）。技术成熟推动了私有云的发展，越来越多的大中型企业将自身机房改造为 IaaS 云平台，混合云也成为新的热点。云服务和管理的关键技术与系统走向成熟后，Open Stack 和 Cloud Stack 等开源计算平台得到广泛应用。以 Open Flow 为代表的软件定义网络使得计算、存储和网络等全硬件栈资源可以通过软件定义，支持云平台资源，实现规模化的高效管理,大面积虚拟机部署由此得以实现。

云计算技术的成熟带动了其产业的发展,并在全球范围内形成了千亿美元规模的市场,众多互联网公司进入市场想要分一杯羹。国际市场上演了"三国争雄"的好戏:亚马逊的AWS一骑绝尘,2015年AWS云计算的销售额为79亿美元;微软迎头赶上,Azure拿下11亿美元销售额;谷歌拿下5亿美元的市场份额。在丰厚的利润引诱下,IBM、惠普、戴尔等厂商也纷纷加入这场大战。

国内企业也不甘落后。互联网巨头阿里巴巴首先布局,早在2009年便成立了阿里云;随后,腾讯、百度、网易等互联网巨头和三大电信服务商也纷纷加入云大战。2014年,阿里云在中国公有云市场的份额排名第一,市场占有率达到29.7%,超过亚马逊、微软和IBM在中国市场份额的总和。2012—2015年,我国云计算市场规模从482亿元上升至1 315.8亿元,保持了高速增长的态势,年均复合增长率高达61.5%。

(三) 应用繁荣期(2016年至今)

伴随着云平台技术的成熟和市场的拓展,云计算进入了繁荣发展时期。智能手机的普及给云服务带来了新的需求,服务重心开始从以提供云设施为主转为支撑云应用为主。为此,越来越多的创业公司采用平台即服务(PaaS)模式应对复杂多变的手机端需求。以Docker为代表的容器虚拟化技术顺应趋势开始崭露头角,为云服务提供了轻量化、易移植、易扩展的解决方案。同时,软件即服务(SaaS)也成了香饽饽,几乎每一个传统的安装在电脑上的商业软件,都在互联网上提供此类服务。把软件服务搭建在云端,让客户从互联网上选择想要运行的软件及想要存储的数据。

凭借先发优势,亚马逊在云计算市场赚取了丰厚的利润,仅2018年第二季度,AWS的营业收入达61.1亿美元,运营利润达16亿美元,而其"主业"电商零售额近470亿美元,净利润仅约13亿美元,俨然成了一家"伪"零售企业。

我国政府和相关部门推出的一系列利好政策,促进了云计算产业的迅速发展。云计算产业已经走过培育与成长阶段,进入成熟发展期。以阿里为代表的BAT(百度、阿里巴巴和腾讯)全面发力,华为等传统IT厂商快速转型,优刻得(UCloud)、青云等新生势力崭露头角。

第三节 云计算的架构

作为一种新型计算服务模式,云计算的架构主要包括云平台、云计算服务模式、云部署类型等内容。

一、云平台

云平台是指基于硬件的服务,提供计算、网络和存储能力。云平台基础设施的能力具备高度弹性,可以根据需要进行动态扩展和配置。

云平台由物理机器、虚拟机、服务等级协议资源分配器及用户等要素构成。平台架构可分为四层:资源层、虚拟化层、管理层和服务层。

(1) 资源层。包括服务器、网络、存储和其他功能,以支持虚拟化层功能。

(2) 虚拟化层。包括硬件虚拟化和应用虚拟化,作用是为管理层或者用户准备所需计算和存储等资源。

(3) 管理层。主要功能是提供资源管理与负载均衡。资源管理包括:①SLA 监控:对各个层次运行的虚拟机、服务和应用等进行性能方面的监控,以使它们都能在满足预先设定的服务级别协议(service level agreement,SLA)的情况下运行;②计费管理:对每个用户所消耗的资源等进行统计,来准确地向用户收取费用;③安全管理:对数据、应用和账号等信息资源采取全面的保护,使其免受犯罪分子和恶意程序的侵害;④运维管理:主要是使运维操作尽可能地专业和自动化,从而降低云计算中心的运维成本。负载均衡管理的目的是通过将流量分发给一个应用或者服务的多个实例来应对突发情况。

(4) 服务层。作用是为平台服务,主要包括账户管理、服务目录、部署服务与生成用户报告等功能。

云平台可以分为三类:以数据存储为主的存储型云平台;以数据处理为主的计算型云平台;计算和数据存储处理兼顾的综合云计算平台。目前,国际上代表性的云平台有亚马逊云计算 AWS(Amazon Web Services)的弹性计算云 EC2 和简单存储服务 S3、IBM 蓝云(Blue Cloud)等。国内云平台包括数据挖掘、海量数据存储和弹性计算等,主要用于移动业务支撑、信息管理和互联网应用,代表性的三大平台为 BAT(百度、阿里巴巴、腾讯)的百度云、阿里云和腾讯云。

二、云计算服务模式

云平台的功能是提供云计算服务。云计算有三种服务形式:基础设施即服务 IaaS(Infrastructure as a Service)、平台即服务 PaaS(Platform as a Service)和软件即服务 SaaS(Software as a Service)。三者互为构建基础,也称云计算堆栈或架构(如图 5-1 所示)。

为了方便理解,我们以餐饮场景作类比,如果想要吃到美味的饺子,有以下多种途径。

(一) 买成品回家做——基础设施即服务(IaaS)

如果自己在家做饺子,得准备很多东西,和面、调馅儿、擀皮儿、包饺子等,而且可能做出来的并不好吃。还有一个选择,就是从商场直接买成品速冻水饺,回家直接下锅就好。和自己做不同的是,你需要一个成品水饺供应商,这就叫基础设施即服务(IaaS)。

基础设施即服务是通过互联网配置和管理的即时计算基础结构。

云计算"基础设施"是承载在数据中心上的,以高速网络(目前主要是以太网)连接各种物理资源(服务器、存储设备、网络设备等)和虚拟资源(虚拟机、虚拟存储空间等)。

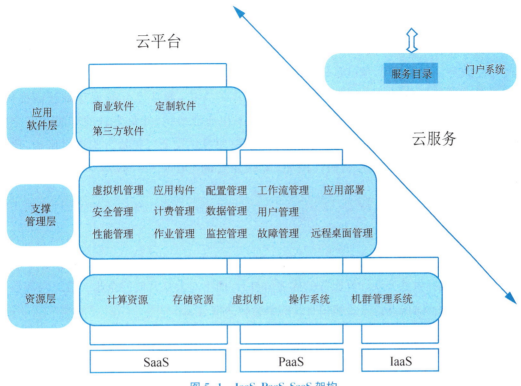

图 5-1　IaaS、PaaS、SaaS 架构

基础结构由云计算服务提供商管理，用户无须购买和管理自己的实体服务器和其他数据中心基础结构，只需通过互联网就可以租用到完善的计算机基础设施层（计算、存储和网络带宽等资源）。在使用时，用户以即用即付的方式从服务提供商处租用，如服务器和虚拟机（VM）、存储空间、网络和操作系统。每项资源作为单独服务组件提供，用户只需购买、安装、配置和管理自己的软件（操作系统、中间件和应用程序），根据需要租用特定资源，只为所用内容付费，从而减少开支和简化操作。用户不用理会云系统底层的基础架构，可以在上面运行软件、存储数据和发布程序。

十年前，如果想让公司的业务在网络上运行，需要自己建设机房、购买服务器，并将应用部署上去。现在有了基础设施即服务，可以将硬件外包给相关公司。这些公司会提供场外服务器、存储和网络硬件，节省建设和维护成本。

（二）叫外卖——平台即服务（PaaS）

打个电话或动动手指，热腾腾的水饺就送到家门口了，你需要做的只是打开包装盒，把水饺放到餐桌上，就可以享用美食了。你需要的是水饺外卖服务，这叫平台即服务（PaaS）。

平台即服务是比基础设施即服务更高一级的云计算服务模式。假设公司的网站后台需要使用数据库存储产品和用户信息，如果基于基础设施即服务平台，需要在云端操作系统上自己实施安装网页服务程序、数据库软件等各种操作。平台即服务模式的优势还在于丰富多样的后台解决方案，软件的开发和运行都可以在提供的平台上进行，不仅节约了硬件成本,还节省了部署上的时间支出,让精力更集中于自己的产品。

(三) 堂食——软件即服务(SaaS)

堂食意味着你可以直接在水饺店吃,连餐桌、筷子都无须准备,吃完也不用自己打扫,完全是享受服务。拿来就用,这就是软件即服务(SaaS)。

软件即服务是通过互联网交付软件应用程序的方法,通常以订购为基础按需提供。使用 SaaS 时,云提供商托管并管理软件应用程序和基础结构,并负责软件升级和安全修补等维护工作。用户通过互联网连接到应用程序;服务供应商以租赁方式提供服务,比较常见的模式是提供一组账号密码。例如,微软知名的 Office 在线版本 365 就是典型的 SaaS。

三、云部署类型

云部署是指云计算资源的部署方法,可分为公有云、私有云、混合云。以即用即付(pay-as-you-go)方式提供给公众计算服务的称为公有云,而不对公众开放的企业或组织内部数据中心的资源称为私有云,公有云和私有云的组合称为混合云。

(一) 公有云

公有云是由第三方提供商提供的云服务。公有云由云提供商完全承载和管理,用户无须购买硬件、软件或支持基础架构,只需为其使用的资源付费即可,云提供商为用户提供价格合理的计算资源(如服务器和存储空间)和快速访问等云服务。在公有云中,所有硬件、软件和其他支持性基础结构均为云提供商所拥有和管理。用户使用网页浏览器访问这些服务和管理自己的账户。公有云并不表示用户数据可供任何人查看,云服务供应商通常会对用户实施使用访问控制机制。

公有云的主要优点是:用户无须支付硬件带宽费用,投入成本低;免费使用或者按照使用服务付费,减少资源浪费;满足需求的扩展性;作为解决方案,既有弹性,又具备成本效益。公有云的主要缺点是:存在一定的数据安全隐患。目前,国内知名的公有云有阿里云、百度云、腾讯云、网易云等。

(二) 私有云

私有云是指专供一个企业或组织使用的云计算资源,由单个公司拥有和运营,该公司控制各个业务线和授权组自定义,以及使用各种虚拟化资源和自助服务方式。

私有云的主要优点是:数据与程序皆在组织内管理,不会受到网络带宽、安全疑虑、法规限制的影响;保障虚拟化私有网络的安全;充分利用现有硬件资源和软件资源。私有云的主要缺点是:投入成本较高。用户更能掌控云基础架构、改善安全与弹性,因为用户与网络都受到特殊限制。

公有云和私有云的对比如表 5-1 所示。

表 5-1　公有云和私有云的对比

	公有云	私有云
建设成本	很低	很高
专业维护人员	无	有
安全性	较低	很高
网络环境	互联网	内部网络
资源分配	共有	独占
实施所有者	服务商	自己
受众	中小企业、创业企业	大型企业、政府单位

（三）混合云

混合云是一种以私有云作为基础，同时结合了公有云的服务策略。在混合云的配置中，公有云和私有云是相互独立的元素，基础架构彼此独立运营；但通过加密连接进行通信，二者之间可以共享数据和应用程序。

互操作性是混合云的基础。混合云包含多个接触点，由共享核心软件服务组成，允许工作负载、资源、平台和应用在各个环境间迁移。

通常，企业选择公有云来访问计算实例、存储资源或其他服务，如大数据分析集群或无服务器计算功能。但是，企业无法直接控制公有云的体系结构，因此，对于混合云部署，企业必须构建其私有云，以实现与所需公共云的兼容性。在混合云模式中，用户通常将非企业关键信息外包，并在公有云上处理，但同时掌控企业关键服务及数据。

混合云的主要优点是：通过允许数据和应用程序在私有云和公有云之间移动，为企业提供更大的灵活性和更多的部署选项；帮助企业降低信息技术成本，提高设备利用效率；提高数据安全性；可根据业务重要程度有选择性地安排工作负载是在公有云还是在私有云执行。混合云的主要缺点是：投入的硬件和软件资源成本较高。

由于混合云可以兼顾私有云和公有云两者的优点，因此混合云的使用有扩大的趋势。

第四节　云计算技术

云计算的关键技术是抽象、调配和对物理资源与虚拟资源的管理。虚拟资源管理包括资源虚拟化和对虚拟资源的管理。物理资源主要指不适合或不能虚拟化的资源，包括人们能够看到的机架、机框、板卡、插槽、端口等。

一、虚拟化技术

使用云计算厂商的服务器之所以比自己买服务器便宜，关键就在于虚拟化。云计算厂商并不是真的把一台实体服务器分给客户使用,而是在实体机上通过虚拟化技术,虚拟出多个服务器给多个用户使用,这些用户之间互不干扰,甚至不知道别人的存在。这种在一台服务器上虚拟出多个互相隔离的服务器,降低用户成本、提高资源利用效率的技术,就是虚拟化。

虚拟化是一种资源管理技术,是将计算机的各种实体资源(如服务器、网络、内存及存储等)予以抽象、转换后呈现出来,打破实体结构间不可切割的障碍,使用户可以用比原本的组态更好的方式来应用这些资源。这些资源的新虚拟部分不受现有资源的架设方式、地域或物理组态的限制。

虚拟化技术包括系统虚拟化与虚拟化资源管理两部分内容。

(一) 系统虚拟化

系统虚拟化有两种形式:一是将一台性能强大的服务器虚拟成多个独立的小服务器,服务不同的用户;二是将多个服务器虚拟成一个强大的服务器,完成特定的功能。虚拟化是将位于下层的软件模块封装或抽象,提供一个物理或软件的接口,使得上层软件可以直接运行在这个虚拟环境中,和运行在原来的环境中一样,目的是把物理计算机系统虚拟化为虚拟计算机系统(以下简称虚拟机),以增强系统的弹性和灵活性。

每个虚拟机(VM)都拥有自己的虚拟硬件(CPU、内存、磁盘空间、网络适配器等)来提供一个独立的虚拟机运行环境。每个虚拟机中的操作系统可以完全不同,并且它们的执行环境是完全独立的。

根据对象的不同,虚拟化可分为数据虚拟化、桌面虚拟化、服务器虚拟化、操作系统虚拟化、网络功能虚拟化(NFV)等不同类型。

1. 数据虚拟化

数据虚拟化是指将分散来源的数据整合为单个来源。实现数据虚拟化后,企业或组织可将数据视为一个动态供应源,进而获得相应的处理能力,可以汇总多个来源的数据,轻松容纳新的数据源,并按用户所需转换数据。数据虚拟化工具处于多个数据源的前端,可将它们化零为整,作为统一的数据源,以符合业务需求的形式,在正确的时间向任意应用或用户提供所需数据。

2. 桌面虚拟化

人们常把桌面虚拟化与操作系统虚拟化混淆。实际上,后者允许用户在单台机器上部署多个操作系统,桌面虚拟化则允许中央管理员(或自动化管理工具)一次向数百台物理机部署模拟桌面环境。不同于需要在每台机器上进行物理安装、配置和更新的传统桌面环境,桌面虚拟化可让管理员在所有虚拟桌面上执行大规模的配置、更新和安全检查。

3. 服务器虚拟化

服务器虚拟化指将服务器物理资源抽象成逻辑资源,让一台服务器变成几台甚至上百台相互隔离的虚拟服务器,不再受限于物理上的界限,而是让CPU、内存、磁盘、I/O等硬件变成可以动态管理的"资源池",从而提高资源的利用率。服务器是用于处理大量特定任务的计算机,这样可让其他计算机(如便携式计算机和台式机)能够执行其他各种任务。将服务器虚拟化,可以让它们执行更多特定功能,并按需要进行分区,以便使用各个组件来运行多种功能。

4. 操作系统虚拟化

操作系统虚拟化在内核中进行,内核是操作系统的中央任务管理器。这是并行运行 Linux 和 Windows 环境的实用方式。此外,企业还可将虚拟操作系统应用于多台计算机,以实现以下功能:降低批量硬件成本,因为计算机不需要具备很强的开箱即用能力;提高安全性,因为所有虚拟实例都被监控和隔离;节省花费在 IT 服务(如软件更新)上的时间。

5. 网络功能虚拟化(NFV)

NFV 通过使用虚拟化技术将基于软件实现的网络功能与底层硬件解耦,并提供丰富的网络功能与部件,包括路由、内容分发网络、网络地址转换、虚拟专用网络(VPN)、负载均衡、入侵检测防御系统(DPS)及防火墙等。多种网络功能可以合并到同一硬件或服务器上。NFV 能够使网络操作人员或用户在通用硬件或融合服务平台(CSP)上按需发放或执行网络功能,提供网络功能的自动化和快速服务部署,大幅度降低网络运营支出。NFV 可以隔离网络的关键功能(如目录服务、文件共享和 IP 配置),并将它们分到各个不同的环境中。一旦软件功能从原先赖以存在的物理计算机上独立出来,特定功能便可以组合成为新的网络,并分配给环境。虚拟化网络可以减少物理组件(如交换机、路由器、服务器、线缆和集线器)的数量,而这些往往是创建多个独立网络所必需的资源,因此这种虚拟化方式在电信行业中使用得尤其广泛。

(二) 虚拟化资源管理

虚拟化资源是云计算最重要的组成部分之一。虚拟化资源可分为虚拟化计算资源和存储资源,两者相互独立,通过虚拟化网络资源连接起来。

虚拟化资源管理是将资源从资源提供方分配到资源用户的过程。其目的是根据用户需求实现虚拟资源(虚拟机、虚拟存储空间等)的自动化生成、分配、回收和迁移,用于支持用户对资源的弹性需求。虚拟化资源管理水平直接影响云计算的可用性、可靠性和安全性。

虚拟化资源管理技术与传统 IT 管理软件的主要区别是实现了虚拟资源的"热迁移",即在物理主机发生故障或需要进行维护操作时,将运行在其上的虚拟机迁移至其他物理主机,同时保证用户业务不被中断。

二、分布式数据存储技术

数据是一切服务的基础,如何安全、高效、快捷地存取数据,是云计算的关键。分布式数据存储技术是云计算的基石,提供上层系统所需的数据存储。所谓分布式数据存储,是指文件系统管理的物理存储资源不一定直接连接在本地节点上,而是通过计算机网络与节点相连。一个典型的网络可能包括多个供多用户访问的服务器。另外,对等特性允许一些系统扮演客户机和服务器的双重角色。例如,用户可以"发表"一个允许其他客户机访问的目录,在访问时这个目录对客户机来说就像使用本地驱动器一样。

云计算系统由大量服务器组成,同时为大量用户服务。因此,需要采用分布式存储的方式存储数据,并用冗余存储的方式(集群计算、数据冗余和分布式存储)来保证数据的可靠性。云计算系统中广泛使用的数据存储系统是谷歌的 GFS 和 Hadoop 团队开发的 HDFS。

三、资源与能耗管理技术

(一) 资源管理技术

云计算平台是由几百、几千甚至几万台设备构成的一个有机体,包含计算机、存储设备、网络设备等各种硬件。要让如此多的设备高效协作,就要用到资源管理技术。云计算系统的资源管理技术能够使大量服务器协同工作,方便地进行业务部署和开通,快速发现和消除系统故障,通过自动化、智能化手段实现大规模系统的可靠运营。

(二) 能耗管理技术

云计算具有资源集中、计算力强劲的优点,相比于把计算能力分散在大量单台计算机上的方式,能源消耗较小。但云计算中心要依托规模庞大的数据中心,一个拥有 50 000 个计算节点的数据中心,每年的耗电量会超过 1 亿千瓦时。因此,能耗问题得到了工业界和学术界的广泛关注。

四、云安全保护技术

云环境面临着资源隔离、安全事件管理和数据保护方面的严峻挑战(包括虚拟机隔离、安全虚拟机迁移、虚拟网络隔离及安全事件和访问监控),对于安全保护提出了全新的要求。另外,由于多个业务部门都需要访问云资源,因此了解安全数据流和遵守特定业务安全策略变得至关重要。

云计算安全涉及很多层面,包括网络安全、服务器安全、软件安全、系统安全等。在云环境中,工作负载通常与物理硬件相分离并通过资源池结构进行交付,云计算的安全性必须适应这种环境。同时,安全特性必须保护网络边缘的物理边界。因此,云安全需要把传统安全技术提高到一个新的水平。

现在,不管是软件安全厂商还是硬件安全厂商,都在积极研发云计算安全产品和方案。包括传统杀毒软件商、软硬防火墙厂商、IDS/IPS 厂商在内的各个层面的安全供应商都已加入云安全领域。

第五节 云计算在金融领域的应用

作为金融科技的重要技术之一,云计算的主要功能是为传统机构解决信息存储和运营问题,提供计算服务,帮助用户从海量数据中获得决策信息。金融机构应用云计算的首要目的是缩短应用部署时间、节约成本和保证业务不中断。

云计算通过资源整合、共享和重新分配,带动产业转型,创造新的业务模式,并重塑了很多产业。金融行业天生具有数据依赖强和信息化程度高的特点,因此,金融云的诞生也是顺理成章的事情。不过,金融行业有其特殊性,就是对系统稳定性、业务连续性和安全保障性的要求极高,因此,对云计算方面有更多的特殊要求。

一、云计算在金融领域的应用价值

云应用是云计算技术在应用层的体现,是直接面对客户解决实际问题的产品。云应用所具有的跨平台性、易用性、轻量性等技术特征可以提供银行级的安全防护,将传统的由本地木马或病毒所导致的隐私泄露、系统崩溃等风险降到最低。

(一)加速金融行业分布式架构转型

云计算能够帮助金融机构弹性扩容,大幅缩短应用部署时间、实现故障自动检测定位以及业务升级不中断,从而更好地适应数字金融的服务模式。金融业经过多年发展已经形成了一套基本成熟的集中式架构运维系统,数字化转型的快速深入,对其运维系统的高效敏捷运行提出了严峻挑战。与之相比,云计算的特点是在低成本、标准化的开放硬件和开源软件的基础上,通过分布式处理架构实现系统处理能力的无限扩展。在分布式架构实现中,云计算以其资源池化、应用开发分布式架构的特点,满足信息化系统自动扩容、底层硬件兼容、业务快速部署的需求;通过数据多副本容错、计算节点同构可互换等措施,满足系统高性能、高可用和数据容灾备份等方面的要求,有效保障运维系统的可靠性。

(二)有效降低金融机构 IT 成本

除稳定性目标外,金融业系统运营的目标便是最大化地减少物理成本和费用,提高线上业务收入。云计算可以帮助金融机构构建"云金融信息处理系统",减少金融机构在诸如服务器等硬件设备上的资金投入,使效益最大化。在 IT 性能相同的情况下,云计算架构的性价比远高于以大型机和小型机作为基础设施的传统金融架构。

(三)提高运输自动化程度

云计算操作系统一般设有监控模块,通过统一的平台管理金融企业内部服务器、存储和网络设备。通过设备集中管控,可以显著提升企业对 IT 设备的管理能力,有助于实现精细化管理。此外,通过标签技术可以精准定位出现故障的物理设备。通过现场设备更换可以快速实现故障排除。在传统集中式架构下,若设备发生故障,需要联系厂家进行维修,缺乏自主维护能力。

(四) 数据连通与信息共享

云计算采用分布式中间件或分布式数据库,实现了联机交易处理的一致性等事务管理要求,可以帮助金融机构通过统一平台,承载或管理内部所有的信息系统,消除信息孤岛。此外,信息系统的连通可以将保存在各系统的数据集中到一起,形成"数据仓库",从而实现内部数据的集中化管理。

在传统架构下,不同金融机构的网络接口标准大相径庭。通过构建云系统,可以统一接口类型,最大限度简化诸如跨行业务办理等技术处理的难度,同时也可减少全行业硬件系统构建的重复投资;通过构建云系统,还可以使其扩展、推广到多种金融服务领域,诸如证券、保险及信托公司均可以作为云金融信息处理系统的组成部分,在整个金融系统内分享各自的信息资源。

(五) 资源优化

云计算具备资源高效聚合与分享、多方协同的特点,它能够整合金融产业链各方参与者所拥有的面向最终客户的各类服务资源,包括产品、网点服务、客户账户信息等,为客户提供更加全面、整合、实时的服务信息与相应的金融服务。

得益于云计算这种创新的计算资源使用方式,以及基于互联网标准的连接方式,金融企业可以利用云计算,将依赖计算资源进行运作的业务,以一种更便捷、灵活的方式聚合,并按需分享,实现更高效、紧密的多方协同。基于云计算技术的云业务模式,可以通过资源聚合、共享和重新分配,实现资源的按需索取。

二、金融云的技术架构

(一) 技术架构

《云计算技术金融应用规范 技术架构》(JR/T 0166—2020)规定了金融领域云计算平台的技术架构要求,涵盖云计算的服务类别、部署模式、参与方、架构特性和架构体系等。

标准规定金融领域云计算部署模式主要包括私有云、公有云及由其组成的混合云等。金融机构应秉持安全优先、对用户负责的原则,根据信息系统所承载业务的重要性和数据的敏感性、发生安全事件时的危害程度等,充分评估可能存在的风险隐患,谨慎选用与业务系统相适应的部署模式。金融机构应承担的安全责任不因使用云计算服务而免除或减轻。

云服务的参与方包括云服务使用者、云服务提供者和云服务合作者。云服务提供者为云服务使用者提供包括 IaaS、PaaS、SaaS 等类别的云服务,并负责云计算平台的建设、运营和管理;云服务使用者基于云服务提供者提供的云服务构建、运行、维护自身的应用系统,或直接使用可作为应用系统的云服务;云服务合作者为云服务提供者、云服务使用者提供支撑或协助。云服务审计者是一种特殊的云服务合作者,应对云服务提供者、云服务使用者、其他云服务合作者进行独立审计。

此外,标准还规定了金融领域云计算架构应具有以下特性:

第一，高弹性。云计算平台应具备资源弹性伸缩能力。在业务高峰期，云计算平台资源能够快速扩容以支持大流量、高并发的金融交易场景；在业务低谷期，云计算平台资源能够合理收缩，避免资源过度配置。

第二，开放性。云计算平台应采用开放的架构体系，不与某个特定的云服务提供者绑定。在云服务使用者中止或变更服务时，云计算平台应支持应用和数据在不同云计算平台间、用户信息系统与云计算平台间进行快速边界迁移。

第三，互通性。云计算平台应支持通用、规范的通信接口，同一云计算平台内或不同云计算平台间的云服务应该能够按需进行安全便捷的信息交互。

第四，高可用性。云计算平台应具备软件、主机、存储、网络节点、数据中心等层面的高可用保障能力，能够从严重故障或错误中快速恢复，保障应用系统的连续正常运行，满足金融领域业务的连续性要求。

第五，数据安全性。云计算平台应在架构层面保障端到端的数据安全，对用户数据进行全生命周期的严格保护，保证数据在产生、使用、传输和存储等过程中的完整性、可用性和保密性，避免数据的损坏、丢失和泄露。

(二) 安全技术要求

云计算平台作为承载金融领域信息系统的基础平台，其安全要求应不低于所承载业务系统的安全要求。云计算平台本质上仍是一种信息系统，应满足国家和金融行业信息系统安全相关要求。

《云计算技术金融应用规范 安全技术要求》(JR/T 0167—2020)规定了金融领域云计算技术应用的安全技术要求，涵盖基础硬件安全、资源抽象与控制安全、应用安全、数据安全、安全管理功能、安全技术管理要求、可选组件安全等。

云计算技术按需使用信息技术和数据资源，降低信息化成本，提高资源利用效率，但同时也带来了服务外包的可能性，增加了数据泄露、服务滥用等方面的新风险。云服务使用者应结合信息系统的业务重要性和数据敏感性，充分评估应用云计算技术的科学性、安全性和可靠性，在确保系统业务连续性、数据和资金安全的前提下，谨慎选用云计算技术部署业务系统，选择与业务相适应的部署和服务模式，确保使用云计算技术的金融业务系统安全可控。

云计算安全框架由基础硬件安全、资源抽象与控制安全、应用安全、数据安全、安全管理功能及可选组件安全组成。云服务提供者和使用者共同实现安全保障。在 IaaS、PaaS、SaaS 等不同服务类别下，云服务提供者和使用者的安全分工有所区别。金融机构是金融服务的最终提供者，其承担的安全责任不应因使用云计算服务而免除或减轻。

(三) 容灾

近年来，云计算技术在金融领域的应用逐渐深入，深刻影响和变革了金融机构的技术架构、服务模式和业务流程，但也给灾难恢复带来了新的挑战。由于多租户、虚拟化、资源池等技术特性，云计算平台在灾难恢复的营销评估、关键指标、技术要求、组织管理等方面与传统架构存在诸多差异,应重点关注并妥善应对。

《云计算技术金融应用规范 容灾》(JR/T 0168—2020)规定了金融领域云计算平台的容灾要求,包括云计算平台容灾能力分级、灾难恢复预案与演练、组织管理、监控管理、监督管理等内容。

1. 云计算平台容灾能力分级

根据应用于金融领域的云计算平台发生故障瘫痪的影响范围、危害程度,将其容灾能力等级划分为6级。考虑应用于金融领域云计算平台的重要性和发生故障或瘫痪的影响程度,应用于金融领域的云计算平台至少应达到容灾能力3级要求。

2. 灾难恢复预案与演练

灾难恢复预案应包括应急和系统灾难恢复两部分。在云计算环境下,灾难恢复演练主要是为了验证灾难恢复预案的完整性和有效性,提高预案的执行能力,确保云服务各参与方在灾难发生时的有效协同以及业务系统的快速恢复。

3. 组织管理

在灾难发生后,云服务各参与方应依据灾难的实际影响,按照预先制定的灾难恢复预案,密切配合,有序开展灾难恢复工作。

4. 监控管理

云计算环境的灾难恢复应具备的监控能力,包括但不限于:应实时监控生产中心和灾备中心的业务应用可用性和性能状态;应能够有效监控灾备切换过程;应能够监控灾备同步状态;应具备告警功能。另外,云计算平台应对灾难恢复系统的日常生产维护工作进行监控。

5. 监督管理

一是审计。审计包括内部审计和外部审计,内部审计由云服务提供者或云服务使用者的内部人员或部门承担,外部审计由具有国家相应监管部门认定资质的中介机构组织实施。二是通知通报。具体包括应通知各云服务参与方的情况及应报告监管机构的情况。

三、金融云的功能与作用

金融云促进金融创新发展,能有效解决我国金融信息化建设中发展的不平衡问题。金融云通过提供科技支撑,使中小微金融机构更加专注于金融业务的创新发展,实现集约化、规模化与专业化发展,促进金融业务与信息科技的合作共赢。同时,虚拟化、可扩展性、可靠性和经济性使金融云能提供更强的计算能力和服务能力,为金融创新提供技术和信息支持,降低中小型金融机构的金融服务门槛,推动普惠金融发展。

云计算虚拟化技术带来了物理资源的重复使用和能耗节约等优势,推动了这一技术的快速应用。同时,随着国家安全战略在金融行业的实施,传统金融机构不断探索分布式架构和开源技术的应用,减少或摆脱了对于被国外控制的技术和产品的依赖。新兴互联网企业为应对具备突发性、高并发等特点的互联网业务，率先向分布式架构转型，探索应用分布式云架构和开源技术，实现快速扩展、高冗余、自主可控。例如，阿里、腾讯等根据自身业务发展经验，开始构建金融公有云，尝试为中小金融机构提供金融云服务。

四、金融云的应用类型

云计算主要分为三种部署形式，分别为公有云、私有云及混合云。公有云由第三方公司自有和管理的硬件开发而成。公有云部署通常用于提供基于 Web 的电子邮件、网上办公应用、存储以及测试和开发环境。私有云来自用户专用和管理的系统。混合云由两个以上的公有云和私有云环境组合而成。在实际使用层面，不同类型的金融机构有不同的云计算技术应用类型。

中大型金融机构倾向于使用混合云，在私有云上运行核心业务系统，存储重要敏感数据。这些机构通过购买硬件产品以及虚拟化管理解决方案、容器解决方案、数据库软件、运维管理系统等方式搭建私有云平台。在生产过程中，实施外包驻场运维、自主运维或外包运维。在公有云上，运行面向互联网的营销管理类系统和渠道类系统。

小型金融机构倾向于将全部系统放在公有云上，通过金融机构间在基础设施领域的资源合作共享，在金融行业内形成公共基础设施、公共接口、公共应用等一批公共云服务。小型金融机构一般购买云主机、云存储、云数据库、容器 PaaS 服务、金融 SaaS 应用等服务。

根据中国信息通信研究院的调查，金融机构更倾向于采用自建私有云模式。在国内已经使用云计算技术的 161 家金融机构中，69.57% 的金融机构采用自建私有云模式搭建云平台，19.25% 的金融机构采购由专业云服务商提供的行业云服务，同时，11.18% 的金融机构使用公有云。

企业上云，安全性和可持续性仍是金融行业的首要关注。在开源问题上，大部分企业赞成开源和闭源共同存在，或者是协同发展。七成金融机构计划在未来的信息化建设中采用开源与闭源技术相结合的应用方式。

五、金融云计算的发展趋势与存在的主要问题

从未来趋势看，随着大数据技术的完善、大数据和人工智能的融合，云计算在全领域发挥的作用将越来越大，在应用广度和深度上还有巨大的拓展空间。

（一）金融云计算应用发展趋势

1. 国际上云计算在金融行业的发展趋势

国际新兴金融科技公司以云计算为依托，结合了大数据技术以及人工智能技术。这些技术不仅改变了金融机构的 IT 架构，也使得其能够随时随地访问客户，为客户提供方便的服务，从而改变了金融行业的服务模式和行业格局。金融科技公司对云计算的使用，目前多

在于支持非关键业务,比如提升网点营业厅的生产力、人力资源、客户分析或者客户关系平台,并没有在核心系统,比如说在支付、零售银行以及资金管理核心业务系统中使用云计算。就发展趋势看,云计算在国外金融领域的应用将向核心业务拓展。

在云类型使用上,调查显示,近30%的企业目前使用私有云,但到2020年,使用私有云的企业已下降至19%,这说明企业越来越看重公有云。这是超大规模云计算增长的基础。有22%的企业正在部署超大规模的云计算。

2. 国内云计算在金融行业的发展趋势

首先,政策环境支持云计算在金融业的应用。国家层面高度重视金融行业的云发展,随着国家"互联网+"政策的落地,金融行业"互联网+"的步伐也不断加快,同时,原银保监会和中国人民银行颁布了相关的指导意见和工作目标。国务院颁布了《关于积极推进"互联网+"行动的指导意见》,明确指出"互联网+普惠金融"是推进方向,鼓励金融机构利用云计算、移动互联网、大数据等技术手段加快金融产品和服务创新。

其次,传统金融机构与互联网金融机构云建设积极推进。在政策环境支持、业务及运行维护系统高效敏捷运行需要、业务模式更新与增效减负的成本节约等因素激励下,金融机构开始高度关注分布式云计算架构下IT的发展与应用部署,积极拥抱云计算,纷纷加强机构上云规划与落地措施。随着云计算技术的进一步成熟与监管规则的细化和明晰,国内金融云计算的发展有望居于全球领先地位。

(二) 金融云计算应用存在的主要问题

金融行业应用云计算的主要问题体现在两个方面。一是相关监管合规要求不明确。传统金融机构IT系统无法适应现有云计算架构,原有监管要求同样约束了现在的云计算系统,有一些监管要求数据隔离,而云计算架构不能完全满足原来的监管要求,相关监管机构应当调整对云计算架构的监管要求。二是试错风险比较高。金融行业对IT系统稳定性有着相当高的要求,对事故是零容忍,一旦系统宕机,则会导致重大社会影响,因此金融机构对系统迁移比较谨慎,不会一步就将原有系统迁移到云上。另外,云计算在金融行业的应用处于起步阶段,其中很多问题需要云计算服务商探索解决。

此外,就具体的金融企业应用而言,融合式架构管理是一个重要问题,现在金融行业使用云计算需要从外围系统到核心系统逐步迁移,对于原来广泛依赖于传统集中式IT架构的金融机构而言,在未来很长的一段时间内将处于集中式与分布式两种架构并存的时期。对于金融机构来说,最大的挑战就是如何管理好融合式架构,应进行相应的研究,做好分布式架构的规划和实施。

再者,金融行业使用云计算现在多用于开发环境,关键系统并没有迁移到云上,这会大大降低云计算的效率。因此,研究金融行业使用云计算的可行性,应鼓励金融行业逐步将核心系统迁移到云上。

最后,金融云计算产品和服务有待建立专门的评估方法。现在市面上云计算产品和服务各式各样，没有针对金融行业的专门评估，计算产品和服务的评估标准缺失，导致金融机构难以选择。因此，需要明确建立评估标准，推进第三方评估，规避IT系统转型技术风险。

本章小结

云计算是一种通过网络按需提供的、可动态调整的计算服务。云计算的基本原理是使计算分布在大量的分布式计算机上，而非本地计算机或远程服务器中。

云计算的主要特点有：规模庞大、虚拟化、动态伸缩、可靠性高、通用性强、按需服务、费用低廉。云计算有三种服务形式：基础设施即服务 IaaS(Infrastructure as a Service)、平台即服务 PaaS(Platform as a Service)和软件即服务 SaaS(Software as a Service)。云部署是指云计算资源的部署方法，可分为公有云、私有云、混合云。云计算的核心技术是虚拟化技术，支持云计算基础的是计算机系统技术，包括分布式数据存储、数据与平台管理技术、云安全保护等关键技术。金融机构应用云计算的首要目的是缩短应用部署时间、节约成本和保证业务不中断。云计算在金融领域有着重要的运用价值。金融领域云计算平台的技术架构要求，涵盖云计算的服务类别、部署模式、参与方、架构特性和架构体系等。

关键词

云计算　云平台　基础设施及服务(IaaS)　平台即服务(PaaS)　软件即服务(SaaS)
公有云　私有云　混合云　虚拟化　虚拟机　分布式数据存储技术　云安全保护技术

复习思考题

1. 什么是云计算？
2. 云计算的基本原理是什么？
3. 云计算的特点有哪些？
4. 云计算的3种服务模式是什么？分别是什么意思？
5. 云部署有哪几种类型？分别是什么意思？
6. 金融机构运用云计算的目的是什么？
7. 云计算运用在金融领域有哪些重要的价值？
8. 金融云的技术架构要求有哪些？
9. 金融行业使用云计算的模式有哪些？分别适用于什么金融机构？

 扩展阅读

中华人民共和国国务院.国务院关于促进云计算创新发展培育信息产业新业态的意见：国发〔2015〕5号[A/OL].(2015-01-30)[2024-04-22]. https://www.gov.cn/zhengce/zhengceku/2015-01/30/content_9440.htm.

第六章 人工智能及金融应用

 学习目标

1. 理解人工智能的内涵和发展历程。
2. 掌握人工智能常用的问题求解算法。
3. 了解人工智能的发展趋势。
4. 理解人工智能在金融领域中的应用条件。
5. 理解人工智能在金融领域中的应用价值。
6. 了解人工智能在金融领域中的应用趋势和潜在风险。

 引例

2023年3月,全球商业、金融信息和新闻资讯提供商彭博推出 BloombergGPT,这是一款专为金融行业从头打造的500亿参数大语言模型,可以快速分析金融数据,帮助进行风险评估、情感分析、问答等。BloombergGPT 训练语料包括3 450亿的公共数据集和3 630亿的金融数据集。该模型已在彭博内部落地,被用于生成查询语言、提供标题建议、金融问答。

2023年6月3日,中科闻歌发布安全可靠的企业级专属大模型——雅意大模型,并推出了金融、媒体、宣传等领域的大模型应用。金融大模型能够提供宏观政策解读、金融事件追踪、企业财报智能解析。半年后,中科闻歌推出雅意2.0大模型,参数规模为300亿,支持128k上下文窗口输入,相当于20万字文本,具备图文交互的多模态能力,支持10余种主流语言以及10余种智能插件调用。在中文知识问答能力的评测方面,雅意2.0在AGIEval、CMMLU数据集评测中排名第一;在零样本中文信息抽取能力方面,雅意2.0实现了中文第一,英文全面对标ChatGPT。雅意金融大模型2.0支持多模态财报问答、一键合同关键条款解析入库、协议履约监控预警、报告审核合规比稿等功能,目前已经在国内大型商业银行、投资银行、券商等金融机构应用。

第一节　人工智能的内涵

近年来，人们对神经网络、深度学习等的研究加快了人工智能的发展。2016年，AlphaGo成功挑战李世石和柯洁，进一步将人工智能推向了研究热点，也推动了人工智能在各个领域的应用。人工智能从简单模拟人类智能的阶段，发展成为研究人类智能活动规律，构建具有一定智能的人工系统或硬件，使其能够进行需要人的智力才能进行的工作，并对人类智能进行拓展的边缘学科。

一、人工智能的基本概念及其发展历程

（一）人工智能的基本概念

人工智能首次提出是在20世纪50年代，很快就被认为是21世纪三大尖端技术（基因工程、纳米科学、人工智能）之一。经过长达半个多世纪的发展，人工智能在理论和实践上得到不断完善，人工智能的定义也在不断地演变。

通常认为，人工智能是计算机科学技术的一个分支，是利用计算机模拟人类智力的活动，像人类一样拥有思考和识别的能力。目前，在人工智能领域的研究方向主要包括机器人、语言识别、图像识别、自然语言处理和专家系统等。

（二）人工智能的发展历程

在公元前900多年，我国就有关于歌舞机器人传说的记载；公元前850年，古希腊就有制造机器人帮助人们劳动的神话传说。追溯历史，一些伟大的科学家和思想家为人工智能的产生作出了巨大的贡献。例如，古希腊伟大的哲学家、思想家亚里士多德为形式逻辑奠定了基础；12世纪末13世纪初，西班牙神学家和逻辑学家罗密欧·路易试图制造一个能解决各种问题的通用逻辑机；英国科学家、哲学家培根系统地提出了归纳法；17世纪，法国物理学家、数学家帕斯卡制成了世界上第一台会演算的机械加法器；18世纪，德国数学家、哲学家莱布尼兹发明了能进行四则运算的手摇计算器并提出了关于数理逻辑的思想（把形式逻辑符号化）；19世纪，英国数学家和力学家巴贝奇提出了差分机和分析机的设计思想。

1936年，英国数学家图灵在论文《理想计算机》中提出了图灵机模型，该模型的提出推动了计算机的快速发展；1950年，图灵提出机器能够思维的论述（图灵实验）。1946年，美国科学家莫西莱和爱科特等人共同发明了世界上第一台电子数字计算机ENIAC，随后，冯·诺伊曼等人进一步发展计算机，使AI实现成为可能。在计算机相关领域中，美国数学家维纳（N. Wiener）创立的控制法、美国数学家香农创立的信息论，促进了人工智能学科的诞生。1956年，美国数学家、计算机科学家麦卡锡在达特茅斯（Dartmouth）会议上正式提出了"人工智能"，将数学逻辑应用到人工智能的早期形成中。麦卡锡被誉为"人工智能之父"，1956年也被认为是人工智能正式诞生的时间。

人工智能自被提出后,经历了半个多世纪的发展,其发展大致分为以下三个时期。

1. 孕育期(1956—1974 年)

1956 年之后,人类在推理方面进行了系列研究,并出现了 LISP 语言,开始了微世界的研究,并研制出第一款神经网络感知机,发展了非线性多层自适应网络。很多学者认为:"二十年内,机器将能完成人能做到的一切。"直到 1969 年,人们发现计算能力的突破无法使机器完成大规模数据处理和复杂任务,作为主要流派的连接主义与符号主义进入消沉时期,人工智能进入第一次低潮。

2. 发展期(1975—1992 年)

1975 年,保罗·J. 沃博斯提出反向传播算法(back propagation,简称"BP 算法"),该算法有效解决了之前的异或问题,可以对多层网络进行实际训练。与此同时,随着计算机集成电路技术的快速发展,计算能力增强、成本降低。1982 年,英国科学家霍普尔德发明了具有全新学习能力的 Hopfield 神经网络算法,杰弗里·辛顿(深度学习发明人)和大卫·鲁梅哈特发明了可以训练的反向传播神经网络。1988 年,美国科学家朱迪亚·皮尔(贝叶斯网络算法发明人)将概率论方法引入人工智能推理。人工智能 DARPA 重新得到认可,获得巨额拨款。但是,神经网络和概率统计方法与专家系统并未整合,这让专家系统并未具备自学习能力,而且维护专家系统的规则越来越复杂。人工智能进入第二次低潮。

3. 高速发展期(1993 年至今)

在摩尔定律的作用下,计算机的性能不断取得突破,云计算、大数据、机器学习、自然语言和机器视觉迅速发展,人工智能进入高速发展期。1993 年,弗诺·文奇(最早的人工智能威胁论提出者)首次提出了人工智能的"奇点理论",认为未来某一天人工智能会超越人类,并称之为"即将到来的技术奇点"。1997 年,IBM 公司的电脑"深蓝"战胜国际象棋世界冠军卡斯帕罗夫,人工智能首次战胜人类。2011 年,IBM 开发的人工智能程序"沃森"(Watson)参加智力问答节目并战胜了两位人类冠军,促使人工智能程序被 IBM 广泛应用于医疗诊断领域。2016 年,Google DeepMind 开发的 AlphaGo 战胜世界围棋冠军。

随着一些大规模并行处理器如中央处理器(central processing unit,CPU)的使用,人工智能的发展更为迅速。GPU 的使用解决了以 CPU 为核心的冯·诺依曼计算机架构的"瓶颈"问题。冯·诺依曼计算机系统采用的是处理器从存储器中不断取指、解码、执行的方式,内存的读写速度跟不上 CPU 时钟频率,被称为内存受限型系统。为应对此问题,通过给 CPU 设立多级缓存,降低存储系统的压力。但是,随着缓存容量的增大,使用更大缓存所带来的收益增速会迅速下降。图形处理器(graphic processing unit,GPU)的并行处理一开始是为了应对视频游戏的 3D 图形处理,目前 GPU 在计算时内部有很多流式多处理器形成众多的核进行并行计算,提供数十倍乃至于上百倍于 CPU 的性能,更好地满足了人工智能对计算的需求。此外,量子计算发展将人工智能实现目标的计算由 $O(a^n)$ 降为 $O[n\log(a)]$,更快推动了人工智能的商业应用。人工智能像人类一样,通过视觉、声音等各种设备对外界进行感知、学习、试验和知识积累,该过程需要大量的知识和数据来培训人工智能,其数据处理和决策均依靠计算机提供高性能的计算。过去,由于互联网没有广泛使用、各类传感器缺乏、处理器速度慢、数据量小等原因,人工智能难以满足人们的需求;现在,快速的处理器、输入设备、网络和大量的数据集,以及在这些数据上发展的云计算、深度学习、物联网技术等投入商业使用,人工智能的应用场景增多,人工智能得到快速升级,由"智能感知"向"智能思考"与"智能决策"持续演进,已能像人类一样处理更复杂的问题。

二、人工智能的核心能力及其类型

(一) 人工智能的核心能力

人工智能的目标是让机器完成一些需要人类智能完成的复杂工作,帮助人类进行更高效的决策,即人工智能是作为辅助工具为人类服务,实现人类自身的能力的延伸。为实现此目标,人工智能需要具有如下能力:

(1) 感知能力。通过视觉、听觉、触觉等感官活动,接受并理解文字、图像、声音、语言等各种外界的"自然信息"。

(2) 计算能力。通过人脑的生理与心理活动,将信息抽象为知识,并运用知识对事物进行理解、分析、判断、推理和决策。

(3) 自我学习能力。通过教育、训练和学习,更新和丰富知识,提高自身各方面的能力。

(4) 自我适应能力。对干扰、刺激等能灵活地作出反应。

为了使机器具有上述四种能力,一方面可从心理学、生理学等角度揭示人类智能的原理,模仿大脑的神经元的计算模型,该方法理论上可行,实际上人类大脑有上百亿神经元,模拟很困难;另一方面是从计算机科学模拟人脑功能的角度进行,在效果上达到和人们智能行为活动过程相类似的结果。

(二) 人工智能的类型

根据人工智能的能力,可将其分为弱人工智能、强人工智能和超人工智能。

(1) 弱人工智能(artificial narrow intelligence, ANI/weak artificial intelligence, weak AI),是指擅长于单个方面的人工智能。比如扫地机器人只会扫地、AlphaGo只会下围棋,即使它们拥有金融市场的数据,也无法做投资理财分析。根据其定义,目前所提及的人工智能均为弱人工智能。

(2) 强人工智能(artificial general intelligence, AGI/strong artificial intelligence, strong AI),是指具有人类认知和感知级别的人工智能,真正像人一样,能完成人们所做的各种事务。强人工智能不是弱人工智能的简单叠加,而是像人一样,是各种智能的融合,因此,强人工智能只是一种设想,现有条件无法实现。美国教育心理学家琳达·高德弗里森教授把智能定义为"一种宽泛的心理能力,能够进行思考、计划、解决问题、抽象思维、理解复杂理念、快速学习和从经验中学习等操作"。人工智能在完成这些操作时和人类一样。

(3) 超人工智能(artificial super intelligence, ASI),被牛津大学哲学家、知名人工智能

思想家尼克·博斯特罗姆定义为"在几乎所有领域都比最聪明的人类大脑聪明很多,包括科学创新、通识和社交技能"。超人工智能凭借计算机超强的计算能力和逻辑推理能力,可以说是各方面都比人类强得多,AlphaGo 在围棋方面战胜世界围棋冠军说明人工智能可以强于人类,也在此之后出现了人工智能威胁论。

但是,人工智能仍然是通过人类赋予机器相应能力并对人脑简单模拟,而人脑的工作机制尚不明确,完全是黑箱。因此,对人工智能的现有能力不宜过分夸大,即使 AlphaGo 战胜世界围棋冠军,它也是凭借超强的计算能力对棋局进行分析和决策,而无法完全模仿人类的思维活动以及人类在围棋比赛中的更广泛的心理和其他行为。

尽管人类在计算能力方面被人工智能远远抛在后面,但当前的人工智能系统仍然远不具有人类拥有的看似一般的智能,人类级别的人工智能,即"强人工智能"(或"通用人工智能")目前更不存在。据调查,强人工智能在 2040—2050 年研发出来的可能性也仅有 50%,预计在实现强人工智能大约 30 年后,才有望实现所谓的"超人工智能"。弱人工智能仍然能力有限,尽管可以在某一方面超过人类,但无法像人类一样在智能方面全面协调发展:AlphaGo 擅长下围棋,但不能开车;尽管在多年后,AlphaGo 可能既能下围棋,也能做饭或完成更多任务,但想让机器真正通过图灵测试,具备真正意义上的人类智能,还需要很长时间。

三、人工智能研究学派

让机器具有像人一样的智能,涉及多个学科的知识,因此,人工智能的认识和发展有多个视角,主要有符号主义、连接主义和行为主义三大学派。

(一) 符号主义

符号主义(symbolism)是一种基于逻辑推理的智能模拟方法,又称为逻辑主义(logicism)、心理学派(psychlogism)或计算机学派(computerism),其原理主要为物理符号系统假设和有限合理性原理。

符号主义认为人工智能源于数理逻辑,主要模拟人类智能活动进行机器证明,发展了启发式算法→专家系统→知识工程理论与技术,对于人工智能走向工程应用和实现理论联系实际具有特别重要的意义。该学派的代表人物有纽厄尔、西蒙和尼尔逊等。

(二) 连接主义

连接主义(connectionism)又称为仿生学派(bionicsism)或生理学派(physiologism),是一种基于神经网络及网络间的连接机制与学习算法的智能模拟方法。其原理主要为神经网络和神经网络间的连接机制和学习算法。这一学派认为,人工智能源于仿生学,特别是人脑模型的研究。

连接主义学派从神经生理学和认知科学的研究成果出发,把人的智能归结为人脑的高层活动的结果,强调智能活动是由大量简单的单元通过复杂的相互连接后并行运行的结果,人工神经网络就是其代表性技术。

(三) 行为主义

行为主义又称为进化主义(evolutionism)或控制论学派(cyberneticsism),是一种基于"感知-行动"的行为智能模拟方法。控制论把神经系统的工作原理与信息理论、控制理论、逻辑以及计算机联系起来。早期主要是模拟人在控制过程中的智能行为和作用,包括对自寻优、自适应、自校正、自镇定、自组织和自学习等控制论系统的研究,并进行"控制论动物"的研制。在20世纪80年代诞生了智能控制和智能机器人系统,布鲁克斯的六足行走机器人被看作新一代的"控制论动物",它是一个基于感知-动作模式模拟昆虫行为的控制系统。

人工智能研究进程中的这三种假设和研究范式推动了人工智能的发展。从人工智能三大学派的历史发展来看,符号主义认为认知过程在本体上就是一种符号处理过程,人类思维过程总可以用某种符号来进行描述,其研究是以静态、顺序、串行的数字计算模型来处理智能,寻求知识的符号表征和计算,它的特点是自上而下;连接主义模拟发生在人类神经系统中的认知过程,提供一种完全不同于符号处理模型的认知神经研究范式,主张认知是相互连接的神经元的相互作用;行为主义则认为智能是系统与环境的交互行为,是对外界复杂环境的一种适应。

四、人工智能、专家系统与机器学习

人工智能提出后,人们致力于寻找通用问题求解方法来模拟复杂的思维过程,但是单个程序能处理的问题越多,它处理一般问题的能力越差。20世纪70年代,人们开始关注到一个程序求解问题的能力来自它所具有的知识,而不仅仅是它所采用的形式化方法和推理策略,即:要使一个程序具有智能,首先要给它提供许多特定领域的知识,再采用一系列推理和搜索技术对问题进行求解,以此让程序实现人工智能,该程序集则被命名为"专家系统"。专家系统是基于知识的系统,它在某个特定的领域中运用该领域专家多年积累的经验和专业知识,求解只有专家才能解决的困难问题。专家系统的奠基人、斯坦福大学的费根鲍姆教授把专家系统定义为:"专家系统是一种智能的计算机程序,它运用知识和推理来解决只有专家才能解决的复杂问题。"简言之,专家系统=知识+推理。

举一个最简单的专家系统的例子,其任务是需要识别一些动物,为简化问题,动物仅选定四种类型进行识别。专家系统的数据集存放推理过程的数据,知识库为动物识别的推理规则,解释程序负责执行(见表6-1)。

表6-1 识别动物的专家系统的知识库

规则号	规则内容
R1	if 有毛发 then 哺乳动物
R2	if 吃肉 then 食肉动物
R3	if 有犬齿 and 有爪 and 眼向前方 then 食肉动物

(续表)

规则号	规则内容
R4	if 哺乳动物 and 有蹄 then 有蹄类
R5	if 哺乳动物 and 反刍动物 then 有蹄类
R6	if 哺乳动物 and 食肉动物 and 黄褐色 and 暗斑点 then 豹子
R7	if 哺乳动物 and 食肉动物 and 黄褐色 and 黑条纹 then 老虎
R8	if 有蹄类 and 长脖子 and 长腿 and 暗斑点 then 长颈鹿
R9	if 有蹄类 and 黑条纹 then 斑马

根据上述规则,专家系统接收动物信息,根据动物外在信息对动物进行简单的判别,在此基础上再逐步增加动物外在特征信息,继续进行判别,直到完成任务为止。

机器学习(machine learning,ML)是人工智能的子领域,也是人工智能的核心,主要完成直接编程无法完成的功能。它通过感知和数据分析,使机器具有智能,完成相应任务,即机器学习通过利用数据,训练出模型,再使用模型进行决策。

专家系统、机器学习均是人工智能的重要内容之一,它们之间的关系如图6-1所示。

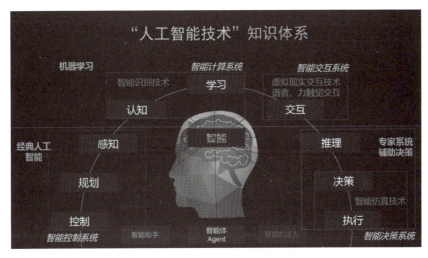

图6-1 人工智能、专家系统与机器学习的关系

图6-1中,专家系统、多代理系统(multi-agent)、推荐系统和机器学习均为人工智能在发展过程中的重要分支,人工智能通过机器学习实现智能化的决策,其主要的学习方法有监督学习、无监督学习等。

第二节 人工智能的工作和学习机制

人工智能的工作原理是:计算机通过传感器(或人工输入的方式)来收集关于某个情景

的事实、信息、数据,将此信息与已存储的信息进行比较,以确定它的含义;计算机根据收集的事实、信息、数据计算各种可能的动作,然后预测哪种动作的效果最好;计算机只解决程序允许解决的问题。当前被称为"人工智能"的工作和学习机制,主要包括人工神经网络、机器学习和深度学习三个方面的内容。神经网络有两种,一种是生物神经网络,另一种是人工神经网络。生物神经网络一般指生物的大脑神经元、细胞、触点等组成的网络,用于产生生物的意识,帮助生物进行思考和行动。人工神经网络(artificial neural networks,ANNs)简称神经网络(neural networks,NNs),或称连接模型(connection model),是一种模仿动物神经网络行为特征,进行分布式并行信息处理的数学模型。人工神经网络是人工智能研究中对人脑神经元网络进行抽象后建立的信息计算模型。

机器学习是人工智能的核心内容之一,它涵盖了很多算法,深度学习是机器学习的一个分支。深度学习(deep learning,DL)是一种利用深度神经网络来解决特征表达的学习过程。深度神经网络是一种包含多个隐含层的神经网络结构。为了提高深层神经网络的训练效果,人们对神经元的连接方法以及激活函数等方面作出了调整。其目的在于建立、模拟人脑进行学习的神经网络,模仿人脑的机制来解释数据,如文本、图像、声音。

一、人工神经网络

人工智能的问题不仅仅是计算的问题,一些复杂的问题需要使用人工神经网络对问题进行求解,举例如下。

在足球比赛中,X队和Y队两支球队势均力敌,Y队为了赢得比赛,准备了一个装配有高速大容量计算机的机器人——门将W,面对飞速而来的足球,以每秒百亿次的运算速度,对由视觉传感器获得的足球方位、速度等数据进行计算,但在W作出正确反应前,足球早已破门而入。与此相反,X队的守门员Q却能较好地完成任务。Y队教练怒斥W的高性能计算机怎么还比不上一个四肢发达的Q,让W失业了。

模糊数学的创始人查德教授的研究显示:在两辆汽车中间空位上停一辆汽车,让一台计算机来指挥完成,则首先要建立问题的数学模型,以便编制计算机程序,求出问题的数值解,其理论计算的步骤是:设W代表汽车C上一个固定的参考点位置,然后开始一系列复杂的问题定义,在各种约束条件下,该模型的计算非常复杂,而且没有精确解存在。但是,若该问题由司机来完成,则根据不精确的观察和不精确的操作很快就能完成任务。

在足球比赛的案例中,尽管计算机运行速度快、存储量大且计算精度高,在数值计算、符号逻辑推理方面有优势,但是面对连续的、模糊的和随机的信息处理问题如模式识别、图像处理、决策判断等,"智能"水平就显得很低。在汽车的车位案例中,建立在图灵算法基础上的冯·诺依曼计算机把对任何性质的问题求解都当作一个计算过程,以求得问题的精确解,而信息的处理完全依赖CPU完成,其计算无法进一步满足信息处理量迅猛增长的需要,也很难适应大量的复杂计算以及知识处理和模糊识别等高层次的智能处理。人们开始从信息处理体系的角度重新评价冯·诺依曼计算机,并开展人工神经网络的研究。

(一) 人工神经网络的概念

人工神经网络简称神经网络,它从信息处理角度对人脑神经元网络进行抽象,建立某种简单模型,按不同的连接方式组成不同的网络。

神经网络是人工智能的一个重要分支,通过神经网络模仿动物神经网络行为特征,实施分布式并行信息处理。神经网络可以阐明"智能"的生成路径,它的研究加快了人工智能的发展。

早期的人工智能沿用了计算机数字计算的优势,通过算法执行知识库中的 IF-THEN 规则完成任务,建立专家系统,实现人工智能。神经网络标志着人工智能的一种新思路,它试图模仿大脑的神经元之间传递、处理信息的模式,由大量的节点(或称神经元)之间相互连接构成,每个节点代表一种特定的输出函数,称为激活函数(activation function)。每两个节点间的连接都代表一个对于通过该连接信号的加权值,称之为权重,这相当于人工神经网络的记忆。网络的输出是对自然界某种算法或者函数的逼近,该输出因网络的连接方式、权重值和激励函数的不同而不同。因此,神经网络能够适应环境、总结规律,完成某种运算、识别或过程控制。

神经网络是一种大规模的并行分布式处理器,天然具有存储并使用经验知识的能力。它从两个方面模拟大脑:通过学习来获取知识;内部神经元的连接强度,即突触权重,用于储存所获取的知识。

与传统的计算机系统相比,神经网络具有如下特点。

1. 并行性

传统的计算方法是基于串行处理的思想发展起来的,计算和存储是完全独立的两个部分。计算速度取决于存储器和运算器之间的连接通道,大大限制了它的运算能力。神经网络中的神经元之间存在大量的相互连接,信息输入之后可以很快地传递到各个神经元进行并行处理,在价值传递的过程中同时完成网络的计算和存储,将输入输出的映射关系以神经元间连接强度(权值)的方式存储下来,运算效率非常高。

2. 自学习、自组织性

神经网络系统具有很强的自学习能力,系统对学习到的模型、对没有训练过的样本、对未知数据有较好的预测能力和控制能力,它在学习过程中不断地完善自己,发展知识以至于超过设计者原有的知识水平。神经网络是通过对人脑的基本单元——神经元的建模和连接,探索模拟人脑神经系统功能的模型,并研制的一种具有学习、联想、记忆和模式识别等智能信息处理功能的人工系统。在实践中,人工神经网络对于存在一些噪声的样本具备很强的预测能力。

3. 联想记忆功能

在神经网络的训练过程中,输入端给出要记忆的模式,通过学习并合理地调节网络中的权系数,网络能记住所有的输入信息。在执行时,若网络的输入端输入被噪声污染的信息或是不完整、不准确的片段,经过网络的处理后,在输出端可得到恢复后的完整而准确的信息。

4. 很强的鲁棒性和容错性

在神经网络中,信息的存储是分布在整个网络中相互连接的权值上的,这就使得它比传统计算机具有较高的抗毁性,少数几个神经元损坏或几处断接只会稍许降低系统的性能,而不至于破坏整个网络系统,因而具有很强的鲁棒性和容错性。

5. 模拟人类大脑的形象思维

人类大脑的思维分为抽象(逻辑)思维、形象(直观)思维和灵感(顿悟)思维三种基本方式。抽象思维是指根据逻辑规则进行推理的过程:计算机编程先将信息转化成概念,并用符号表示,然后根据符号运算按串行模式进行逻辑推理,这一过程可以写成串行的指令,让计算机执行。形象思维是将分布式存储的信息综合起来,形成综合性的特征认识,具体内容为:一是信息通过神经元上的兴奋模式分布存储在网络上;二是信息处理通过神经元之间同时相互作用的动态过程来完成;三是从环境中学习,把学习的结果分布存储于网络的突触连接中,通过学习训练将网络分布式存储的信息综合起来,生成学习结果。

(二)神经网络的基本结构

神经网络由一层层相互连接、类似神经元的节点组成,节点本身执行相对简单的数学运算。一个经典的神经网络由三层组成:输入层、输出层和中间层(隐含层)。对具体的某一个问题,输入层和输出层的神经元个数是固定的,通过数据训练,神经网络主要调整中间层层数、神经元个数和链接权重,在输出层上达到最优解。经典的神经网络的模型如图6-2所示。

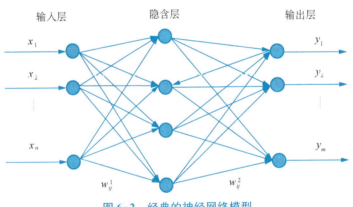

图6-2 经典的神经网络模型

图6-2表示的是一个任务有 n 个输入,m 个输出,拓扑(连接方式)与箭头代表着预测过程中数据的流向,圆圈(代表"神经元")不是关键,关键是连接线(代表"神经元"之间的连接)上的权重 w_{ij},需要通过学习(训练)进行优化。神经网络现已广泛用于模式识别、翻译语言、逻辑推理或图像修复等,它们通过一组编码程序完成,根据问题求解难度,运行这些程序的神经网络具有数百万个节点和数十亿个连接,所谓"智能"就源于这些大量简单元素之间的交互反应。

神经网络中的层数可以增加,增加更多的层次可以更深入表示信息特征,以便拥有更强的函数模拟能力。网络的层数增加，表示后一层对于前一层的抽象更深入，后一层神经元学习到的是前一层神经元值的更抽象的表示。在图形识别中，其神经网络各层的作用可以理解为：第一个隐含层学习到的是"边缘"的特征，第二个隐含层学习到的是由"边缘"组成的"形状"的特征，第三个隐含层学习到的是由"形状"组成的"图案"的特征，第四个隐含层学习到的是由"图案"组成的"目标"的特征。通过抽取更抽象的特征来对事物进行区分，从而获得更好的区分与分类能力。

神经元是神经网络的基本单元，它有两个功能：计算与存储。计算是指神经元对其输入的计算；存储是指神经元会暂存计算结果，并传递到下一层，其作用机制模仿生物学上神经元的信息传播机制。根据生物学的知识，神经元有两种状态：兴奋和抑制。一般情况下，大多数神经元处于抑制状态，但是一旦某个神经元受到刺激，导致它的电位超过阈值（临界值），那么这个神经元就会被激活，处于兴奋状态，进而向其他神经元传播化学物质（信息）。

神经元的输入由 x_1, x_2, $\cdots$, x_n 代表，输出由 y_1, y_2, $\cdots$, y_m 代表。权重值 w^1, w^2 表示输入对输出的重要性，输出 0 或 1 取决于各分配权重之和大于还是小于某个阈值。跟权重值一样，阈值是一个实数，也是神经元的一个参数。

如果神经元的输出大于激活阈值，则神经元活跃，否则会抑制。激活阈值通过激活函数来获得。激活函数就是在人工神经网络的神经元上运行的函数，常采用 S 函数，将变量映射到 0 和 1 之间。

机器学习是通过神经网络训练进行的。神经网络的训练算法就是让权重的值调整到最佳，使得整个网络的预测效果最好。在设定的激励机制下，相继给网络输入一些样本模式，并按照一定的规则（学习算法）调整网络各层的权值矩阵，待网络各层权值都收敛到一定值，学习过程结束，此后就可以用生成的神经网络来对真实数据作分类。

在训练模型过程中，已知的属性称为特征，未知的属性称为目标。神经网络的本质就是通过参数与激活函数来拟合特征与目标之间的真实函数关系。

以一元线性回归为例，对于给定的系列数据(x,y)，如图 6-3 所示。

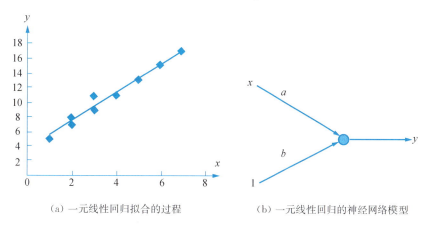

(a) 一元线性回归拟合的过程　　(b) 一元线性回归的神经网络模型

图 6-3　一元线性回归

图 6-3 中，(a)图在给定的系列数据(x,y)中建立一元线性回归模型，算出参数 a 和 b，形成模型 $y=ax+b$，其过程是设置初始 a_0 和 b_0，不断进行数值逼近，使 $\sum_{k=1}^{n}(y_{pred}-y)^2$ 无穷接近最小值；(b)图采用神经网络，该神经网络仅一个神经元，输入为$[x,1]$，机器学习计算 a 和 b，使输出 y 的预测值无限接近实际值。

(三) 神经元模型

神经元是神经网络操作的基本信息处理单位，神经元模型有三种基本元素：突触或链接链集、加法器、激活函数（如图 6-4 所示）。

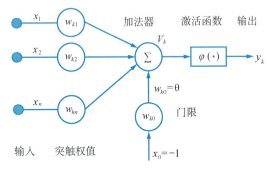

图 6-4 人工神经元模型

1. 突触或者链接链集

突触或者链接链集，每一个都由其权值或者强度作为特征。例如，对于编号为 k 的神经元，其突触 j 上的输入信号 x_j，突触权值 w_{kj}，则突触对神经元的贡献为 $x_j \times w_{kj}$，w_{kj} 的 k 值是当前神经元的编号，j 为神经元 k 的突触序号。人工神经元的突触阈值只有一个范围，可以取正值也可以取负值。

2. 加法器

加法器用于求输入信号神经元的相应突触加权和，是一个线性组合器。

3. 激活函数

激活函数用来限制神经元输出振幅。由于通过激活函数可将输出信号压制（限制）到允许范围之内的一定值，故激活函数也称为压制函数。通常，一个神经元输出的正常幅度范围可写成单位区间$[0,1]$或者另一种区间$[-1,1]$。

人工神经元的输入$(x_1,x_2,\cdots,x_n)$类似于生物神经元的树突，输入经过不同的权值$(w_{k1},w_{k2},\cdots,w_{kn})$，加上门限，经过激活函数得到输出，最后将输出传输到下一层神经元进行处理。输出由输出函数 y_k 表达。单神经元输出函数如式(6-1)所示：

$$y_k = \varphi(v_k)\varphi(\sum_{i=1}^{n}x_i \times w_i - \theta_i) = \varphi(\sum_{i=0}^{n}x_i \times w_i) \tag{6-1}$$

激活函数为整个网络引入了非线性特征，这也是神经网络比回归等算法拟合能力更强的原因。常用的激活函数包括 S(sigmoid)函数(式 6-2)与双曲正切函数(tanh)(式 6-3)。

$$\mathrm{sinoid}(x) = \frac{1}{1+\mathrm{e}^x} \tag{6-2}$$

$$\tanh(x) = \frac{\sinh x}{\cosh x} = \frac{\mathrm{e}^x - \mathrm{e}^{-x}}{\mathrm{e}^x - \mathrm{e}^{-x}} \tag{6-3}$$

S 函数的值域是(0,1),双曲正切函数的值域是(-1,1)。

图 6-5 中的神经元设置了门限值或外部偏置(bias),门限值是人工神经元的外部参数,作用是调节激活函数的网络输入。

上文中的 $\varphi(*)$ 为激活函数。如果不用激励函数(其实相当于激励函数是 $f(x)=x$,此时,每一层节点的输入都是上层输出的线性函数),很容易验证,神经网络的层数不影响输出输入的线性组合,与没有隐藏层效果相当,是最原始的感知机(perceptron),网络的逼近能力就相当有限。

引入非线性函数作为激励函数,深层神经网络表达能力将更加强大(不再是输入的线性组合,而是几乎可以逼近任意函数)。

(四) 神经网络的学习准则与算法原理

1. 神经网络的学习准则

人工神经网络首先要以一定的学习准则进行机器学习,然后才能工作。现以人工神经网络对"A""B"两个手写字母的识别为例进行说明,规定当"A"输入网络时,应该输出"1",而当输入为"B"时,输出为"0"。

神经网络学习的准则是:如果网络作出错误的判断,则通过网络学习,应使得网络减小下次犯同样错误的可能性。首先,给网络的各连接权值赋予(0,1)区间内的随机值,将"A"所对应的图像模式输入网络,网络将输入模式加权求和,并与门限比较,再进行非线性运算,得到网络的输出。在此情况下,网络输出为"1"非线性特征,与线性特征相对,用于描述非线性系统的特征。线性系统是状态变量和输出变量对于所有可能的输入变量和初始状态都满足叠加原理的系统。而一个系统,如果其输出不与其输入成正比,则它是非线性的。从数学上看,非线性特征是指叠加原理不再成立。叠加原理是指描述系统的方程的两个解之和仍为其解。叠加原理可以通过两种方式失效:其一,方程本身是非线性的;其二,方程本身虽然是线性的,但边界是未知的或运动的。"1"和"0"的概率各为 50%,也就是说是完全随机的。这时如果输出为"1"(结果正确),则使连接权值增大,以便使网络再次遇到"A"模式输入时,仍然能作出正确的判断。如果输出为"0"(结果错误),则把网络连接权值朝着减小综合输入加权值的方向调整,其目的在于使网络下次遇到"A"模式输入时,减小犯同样错误的可能性。如此操作调整,当轮番输入若干个手写字母"A""B"后,网络按以上学习方法进行若干次学习,其判断的正确率将大大提高。这说明网络对这两个模式的学习已经获得了成功,它已将这两个模式分布地记忆在网络的各个连接权值上。当网络再次遇到其中任何一个模式时,都能够作出迅速、准确的判断和识别。一般来说,网络中所含的神经元个数越多,则它能记忆、识别的模式也就越多。

2. 神经网络的算法原理

(1) 通过机器学习对模型训练。对神经网络学习的目的是使模型参数尽可能逼近真实模型。具体做法是:首先给模型所有权重、门限等参数赋上随机值作为初始值,然后使用初始值来预测训练数据中的样本,得到样本的预测目标为 y_p,真实目标为 y,它们的差值定义为损失(loss),计算公式如下:

$$loss = (y_p - y)^2 = f(w, \theta) \tag{6-4}$$

损失(loss)是预测值和真实值之间的方差(方差的使用主要是使损失值大于0),模型训练目标达到 $\min(\sum loss)$,对确定的输入而言,损失是网络参数的函数,称为损失函数(loss function)。

(2) 优化问题。为使损失函数的值最小,需要优化参数。优化参数的方法有许多。一种是用损失函数对参数求导,寻找极值,但由于局部极值的问题,求导后计算导数等于0的运算量很大;另一种是采用梯度下降算法进行数值逼近,不断重复,直到梯度接近零时为止,此时所有参数恰好使损失函数达到最低值。

(3) 反向传播算法。反向传播算法主要由两个环节(激励传播、权重更新)反复循环迭代,直到网络对输入的响应达到预定目标范围为止。

BP 网络的学习过程是一种误差修正型学习算法,由正向传播和反向传播组成。在正向传播过程中,输入信号从输入层通过作用函数后,逐层向隐含层、输出层传播,每一层神经元状态只影响下一层神经元状态。输出层获得数据后和期望进行比较,如果不在期望值范围内,则计算损失函数,转入反向传播,代入损失值,将连接信号沿原来的连接通路返回,从后往前修改各层神经元的连接权值,再进行计算,如此反复,使得输出信号误差最小。当输出达到期望值时,网络学习结束(如图 6-5 所示)。

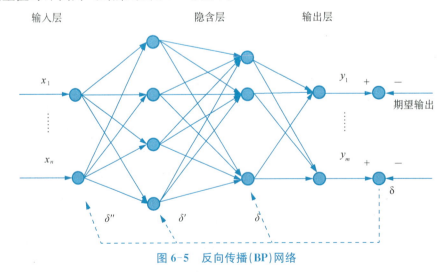

图 6-5 反向传播(BP)网络

反向传播算法采用了数学的链式法则,主要应对神经网络中采用梯度调整权值的计算复杂性问题。反向传播算法从后往前,逐层计算每一层的梯度,直到完成所有参数的梯度计算。

(4) 泛化问题。优化问题只是网络训练的一个部分,机器学习不同于优化是因为它不仅要求数据在训练集上求得一个较小的误差,而且在测试集上性能要好。例如,神经网络从一堆数据中训练出鸟的模型,在测试的大量数据中,也能对鸟进行准确识别,这样,该神经网络才能用于真实场景的智能化识别。

提升模型在测试集上的预测效果称作泛化(generalization),相关方法称作正则化(regularization)。神经网络中常用的泛化技术有权重衰减等。在深度学习中,泛化技术更为重要,因为深度学习中神经网络的层数多、参数多,其网络能力强,很容易出现过拟合现象,即训练集使用过多的变量使模型表现很好,在测试集上却效果很差。随着神经网络层数的增加,优化函数越来越容易陷入局部最优解。为了避免过拟合,需要在模型的拟合能力和复杂度之间进行权衡。拟合能力强的模型一般复杂度会比较高,容易导致过拟合;相反,如果限制模型的复杂度,则会降低其拟合能力,可能会导致欠拟合。因此,机器学习中重要的是在模型精确度和复杂度之间取得较好的平衡。

为了解决深层神经网络的训练问题,一种有效的手段是采取无监督逐层训练(unsupervised layer-wise training),其基本思想是:每次训练一层隐节点,训练时将上一层隐节点的输出作为输入,而本层隐节点的输出作为下一层隐节点的输入,这称为"预训练"(pre-training)。通过无监督的学习,获得最佳的隐含层数。

二、机器学习

(一) 机器学习的概念

机器学习是从已知的观测数据中学习(或"猜测")数据隐藏的规律,利用这些学习来的规律,在给定一定输入的情况下对未来进行预测。

机器学习是人工智能的一个分支,是实现人工智能的必要手段,它让计算机通过机器学习,不断改进算法的性能,实现决策优化。前面关于神经网络的训练过程是一种机器学习的过程,通过机器学习,计算机可以处理更为复杂的问题。机器学习的先驱亚瑟·塞缪尔在1959年曾经指出,机器学习是"一种能够让计算机在无须进行有针对性的编程情况下,自行获得学习能力的学科领域"。

人工智能发展的过程中,先后经历了以"推理"为重点,到以"知识"为重点,再到以"学习"为重点。在"推理"时期,计算机主要依靠逻辑推理实现智能,如早期的专家系统依靠推理规则来识别动物(如表 8-1 所示,如果动物有毛发则为哺乳动物;如果动物吃肉则为食肉动物;如果既是哺乳动物又是食肉动物,而且还是黄褐色且有暗斑点,则该动物为豹子)。人工智能的发展,使人们发现人类之所以能够判断、决策,除了推理能力之外,还需要知识,人工智能随之进入了"知识期",主要发展知识工程。面对无穷尽的知识,人工智能开始进入"学习"时期,让机器自己学习,到20世纪80年代,机器学习真正成为一个独立的学科领域,它是一门多领域交叉学科,涉及概率论、统计学、逼近论、凸分析、算法复杂度理论等。

机器学习理论主要是设计和分析一些让计算机可以自动"学习"的算法,它关注可以实现的、行之有效的学习算法。

(二) 机器学习的模式

根据机器学习使用的数据集进行分类,机器学习模式有:监督学习、无监督学习、半监督学习和强化学习。由于半监督学习的原理包含了监督学习和无监督学习,因此,实际讨论的机器学习模式是三种:监督学习、无监督学习和强化学习。

1. 监督学习

监督学习(supervised learning)也称为监督训练或有教师学习。监督学习是从标记的训练数据来推断决策模型的机器学习。在监督学习中,训练数据包括一套训练示例,每个示例都是由一个输入对象(通常为矢量)和一个期望的输出值(也称为监督信号)组成,包含给定数据特征(feature)和标签(label),通过学习特征和标签之间的关系,判断出新数据的标签——分类。监督学习要提供给机器特定输入的正确答案,例如:这是一幅汽车的图像,正确答案是"汽车"。通过监督学习,如果有一幅新的图像,计算机能识别出该图像是否为汽车。

监督学习的数据集为(x,y),常用的一些监督学习技术有线性回归(回归)、局部线性回归(回归)、logistic回归(分类)和深度神经网络。

监督学习通常需要大量的有标签数据集,一般需要由人工进行标注,成本很高。无监督学习(unsupervised learning)和半监督学习(semi-supervised learning)的方法得到发展,降低了对标签的依赖。

2. 无监督学习

无监督学习是指根据类别未知(没有被标记)的训练样本解决模式识别中的问题。即让机器自己摸索,人类不给予任何总结的经验,不对任何数据进行标注。例如,在一些恐龙和鲨鱼的图片中,可以通过观察出每个物种的共性和两个物种间的区别,对这两种动物进行分类,并且将新的图片归入恐龙或鲨鱼类中。

无监督学习的数据集为(x),典型的无监督学习问题有主成分分析、K均值聚类、随机森林、特征学习、生成对抗网络等。

3. 强化学习

强化学习(reinforcement learning)又称激励学习、评价学习,涉及机器应该如何行动以获得最大化奖励的问题。强化学习让机器执行动作进行尝试,通过获得奖励识别其有效的动作,即通过反馈来修改行动的模型,称为策略——评估(actor-critic)模型。随着策略(actor)所作的决策被评估(critic)所修正,决策得到逐步的改善。

强化学习的基本原理是：如果代理的某个行为策略导致环境正的奖赏（强化信号），那么代理以后产生这个行为策略的趋势便会加强。代理的目标是在每个离散状态发现最优策略以使期望的折扣奖赏之和最大（见图 6-6）。

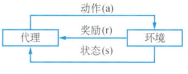

图 6-6　强化学习的过程

强化学习把学习看作试探评价过程，代理选择一个动作用于环境，环境接受该动作后状态发生变化，同时产生一个强化信号（奖或惩）反馈给代理，代理根据强化信号和环境当前状态再选择下一个动作，选择的原则是使受到正强化（奖）的概率增大。选择的动作不仅影响立即强化值，而且影响环境下一时刻的状态及最终的强化值。强化学习没有学习数据集，和监督学习的不同之处在于，强化学习问题不需要给出"正确"策略作为监督信息，只需要给出策略的（延迟）回报，并通过调整策略来取得最大化的期望回报。在象棋或围棋比赛中，无法采用监督学习：一是许多"正确"的棋盘难以获得，无法标记；二是很难判断过程中哪一个步骤"正确"，正确的决策只能通过最终结果评定。但是，可以根据当前的棋盘评估其预期，从最后的结果（奖励）来倒推每一步棋的好坏，从而学习出"最佳"的下棋策略，这就是强化学习。

强化学习广泛应用在很多领域，比如电子游戏、棋类游戏、迷宫类游戏、控制系统、推荐等。

三、深度学习

（一）深度学习的基本概念

深度学习是机器学习的一种，源于人工神经网络的研究。深度学习是指从数据中学习一个具有"深度模型"的问题，该深度模型具有多个隐含层，是多层人工神经网络的组合，它通过组合低层特征形成更加抽象的高层表示属性类别或特征，以发现数据的分布式特征表示。

所谓"深度"，是指原始数据进行非线性特征转换的次数。如果把一个机器学习系统看作一个有向图结构，深度也可以看作从输入节点到输出节点所经过的最长路径的长度。早期的人工神经网络只有两层，深度学习的网络远多于两层，适合复杂问题的求解。尽管神经网络模型为深度学习的主要模型，但是神经网络和深度学习不同。深度学习可以采用神经网络模型，也可以采用其他模型；同样，神经网络可以采用深度学习方法，也可以采用其他机器学习方法。

通过深度学习，计算机能够自己生成模型提供相应的判断，达到某种人工智能结果的实现。例如，在图像修复中，通过深度神经网络学习图像特征，然后可以运用所得的深度神经网络进行图像的修复。

（二）深度学习的特点

传统机器学习是浅层学习，网络层不含隐含层或只有极少的隐含层，如 BP 神经网络的学习。浅层学习的一个重要特点是不涉及特征学习，其特征主要靠人工经验或特征转换方法来抽取。网络的深度学习代表着机器学习的高级阶段，其深度学习网络具有多个隐含层，通过这种深层非线性网络结构,实现复杂函数逼近。深度学习的重要特点是特征学习,其目的是通过建立模拟人脑进行分析学习的神经网络,模仿人脑的机制来解释数据,如图像、声音和文本。

在机器学习中,提高"智能"的方式有三种。一是为了提高机器学习系统的准确率,需要将输入信息转换为有效的特征。数据的原始特征往往不能直接用来预测,这些原始特征可能存在以下几种情况:特征比较单一,需要进行(非线性的)组合才能发挥其作用;特征之间冗余度比较高;并不是所有的特征都对预测有用;很多特征通常是易变的;特征中往往存在一些噪声。二是为了提高一种表示方法的表示能力,其关键是构建具有一定深度的多层次特征表示。一个深层结构的优点是可以增加特征的重用性,从而指数级地增加表示能力。从底层特征开始,通过多层非线性转换,把原始数据变成更高层次、更抽象的表示。三是为了提高机器学习算法的能力,需要抽取有效、稳定的特征。传统的特征提取是通过人工方式进行的,需要大量的人工和专家知识。因此,通过深度学习,让机器自动地学习出有效的特征,减少预测模型复杂性,提高模型的计算速度和泛化能力,避免过拟合等。深度学习的数据处理过程如图 6-7 所示。

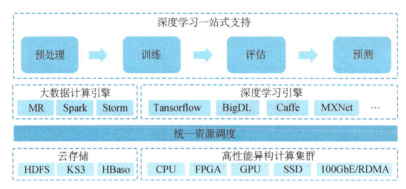

图 6-7 深度学习的数据处理过程

传统机器学习的特征抽取一般和预测模型相分离,深度学习将特征学习和预测学习有机地统一到一个模型中,建立一个端到端的学习算法,可以有效地避免它们之间准则的不一致性。在深度学习中,原始数据通过多步的特征转换和预测函数得到最终的输出结果,其关键问题是贡献度分配问题,即一个系统中不同的组件对最终系统输出结果的贡献或影响。例如,在象棋或围棋比赛中,很难判断比赛的结果是由哪一步或几步决定的,而判断每一步棋的贡献就是所谓的贡献度分配问题,该问题属于强化学习,需要通过整个模型的最终监督信息(奖励)得到,并且有一定的延时性。

(三)深度学习的模型

深度学习下发展了许多深度学习模型,如卷积神经网络(convolutional neural network,CNN)、深度置信网络(deep belief nets,DBN)、生成对抗网络(generative adversarial network,GAN)以及循环神经网络(recurrent neural network,RNN)等。同其他机器学

习方法一样,深度学习也分为监督学习和无监督学习。卷积神经网络更多采用监督学习,常用于机器视觉;而深度置信网络更多采用无监督学习,常用于手写文字识别和语音识别。

1. 卷积神经网络

卷积神经网络是一类包含卷积计算且具有深度结构的前馈神经网络,具有表征学习能力,是为识别二维形状而专门设计的多层感知器,这种网络结构对于平移、比例缩放、倾斜和其他形式的变形具有高度不变性。

卷积神经网络除了包含输入层和输出层外,还含有较多隐含层(5层以上),其隐含层包含卷积层(convolutional layer)、汇聚层(pooling layer)和全连接层(fully connected layers)。其中,卷积层和汇聚层为卷积神经网络特有。卷积层中的卷积核包含权重系数,而汇聚层不包含权重系数。在卷积神经网络中,每一层有数百至数千个神经元。

以 LeNet-5 为例,隐含层各类模块构建的常用顺序为:输入—卷积层—汇聚层—全连接层—输出。卷积网络的结构如图 6-8 所示。

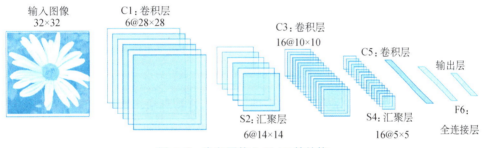

图 6-8 卷积网络 LeNet-5 的结构

LeNet-5 共有 7 层,除了输入层之外,每层都包含可训练参数;每个层有多个特征图,每个特征图通过一种卷积滤波器提取输入的一种特征;每个特征图有多个神经元。

深度学习需要对卷积神经网络进行大量样本数据库的训练,如果用于图像识别,则需要标记图像,然后卷积神经网络学会将每个图像与其相应的标签相互关联起来,并将以前从未见过的图像及其相应的标签配对,形成一个识别系统,梳理各种各样的图像,并且识别照片中的元素。卷积神经网络在语音识别和文本识别中也非常有用,在自动驾驶汽车和最新一代医学图像分析系统中也是关键组成部分。

2. 深度置信网络

深度置信网络是一种包含多层隐单元的概率生成模型。与传统的判别模型的神经网络相对,生成模型是建立一个观察数据和标签之间的联合分布,对 P(观察 1 标记)和 P(标记 I 观察)都进行了评估(P 为相应分布下的概率),而判别模型仅仅评估了后者。一个典型的深度置信网络如图 6-9 所示。

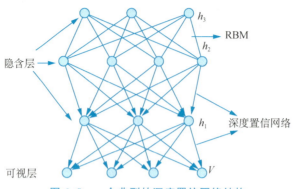

图 6-9 一个典型的深度置信网络结构

深度置信网络由多个限制玻尔兹曼机(restricted boltzmann machines，RBM)层组成，这些网络被"限制"为一个可视层(visible layer)和一个隐含层(hidden layer)，层间存在连接，但层内的单元间不存在连接。隐层单元被训练去捕捉在可视层表现出来的高阶数据的相关性。顶部的两层是一个无向图，可以看作一个受限玻尔兹曼机，用来产生 $p(h(L-1))$ 的概率分布。除了最顶上两层外，每一层变量 $h(I+1)$ 依赖于其上面 h，即

$$p(v, h^1, h^2, \cdots, h^l) = p(vh^l)p(h^l l n^2), \ p(h^{i-2} \mid h^{i-1})P(h^{i-1}, h^i),$$
$$\text{其中 } 1 = \{0, \cdots, I-2\}$$

深度置信网络的核心部分为逐层贪心训练算法，这种算法可以优化深度置信网络的权重，有效使用未标注的数据，对过拟合问题和欠拟合问题可以通过产生式预训练方法得到有效解决。

四、人工智能技术发展趋势及其挑战

(一) 人工智能技术发展趋势

2016 年，AlphaGo 战胜人类最厉害的围棋选手，使人类社会出现第三次人工智能浪潮。其主要趋势有：

第一，进入"人工智能+"时代。AI 作为一项前沿技术，未来将与各行业融合创新，出现新机械、新制造、新农业、新经济、新金融等，人工智能在制造、农业、物流、金融、商务、家居等行业进一步应用，可以全面提升产业发展的智能化水平。

第二，向更强的人工智能发展。"弱人工智能"只专注于完成某个特别设定的任务，AlphaGo 除了下围棋之外，对其他事务无法处理，更无法真正理解信息。未来，"弱人工智能"将向"强人工智能"发展，AI 系统将包括学习、语言、认知、推理、创造和计划，能与人类开展交互式学习，能处理一些复杂任务中前所未见的细节。AI 继续向"超人工智能"方向发展，模拟人类的智慧，具备自主思维意识，能够像人类一样独立地进行思维。

第三，人工智能的理论和技术均得到发展。在人工智能理论方面，深度学习等人工智能

的理论和方法的研究将更深入，人工智能交互界面、接口技术等软件开发和软件体系结构都将得到更进一步发展，人工智能芯片的出现促进人工智能软硬件技术进一步整合。

（二）人工智能未来的挑战

作为第四次工业革命的代表，人工智能的应用充满创新，也让人类面临诸多挑战。具体表现为：

第一，人工智能带来的数字鸿沟问题进一步扩大。作为新兴技术，各国人工智能的发展和应用水平并不均衡，人工智能的应用将促进劳动力市场分化，从而促进生产力要素的其他资源在全球范围内的流动，技术不发达国家的财富进一步向发达国家流动。作为一项引领未来的战略技术，发达国家纷纷在人工智能新一轮国际竞争中争取掌握主导权，围绕人工智能出台规划和政策，对人工智能核心技术、顶尖人才、标准规范等进行部署，加快促进人工智能技术和产业发展；主要科技企业不断加大资金和人力投入，占领人工智能前沿阵地；渴望成为全球人工智能产业中心的城市或国家必须勇于投入全球竞争，延揽人才，吸引投资。

第二，人工智能带来的法律空白问题进一步增多。技术创新和应用的不确定性、相关制度的不完整、技术垄断制定的不平等制度等，都需要加快司法制度的建设。以技术设计缺陷引发产品的责任归属问题为例，2016年，联合国教科文组织与世界科学知识与技术伦理委员会联合发布报告指出，由于机器人一般被视为通常意义上的科技产品，机器人以及机器人技术造成的伤害，很大一部分可由民法中产品责任的相关法律进行调整。从这个角度看，机器人造成的伤害很大一部分被归责于机器人制造者和零售商的"过失""产品警告的缺失""没有尽到合理的注意义务"。当未来的人工智能出现自主意识和决策能力后，例如自动驾驶汽车作出独立智能决策导致损害发生，应当如何确定侵权主体，由谁来承担侵权责任？甚至未来会出现以下问题：机器人具备自主意识后是否会成为民事主体？何为生命？"人"的定义是否会发生变化？"人"与"非人"的界限到底在哪里？在此意义上，"人机关系"具备了丰富的内容层次，这些都值得进一步去完善立法。

第三，人工智能发展带来的信息安全和隐私保护问题更复杂。人工智能时代，用户使用各种应用产品时，本身就是主动的隐私泄密者，任何技术手段的"匿名"或"去身份化"可能都会因为大数据的分析而重新获得"身份"。

智能产品的产业链上有开发商、平台提供商、操作系统和终端制造商、其他第三方等多个参与主体，这些主体均具备访问、上传、共享、修改、交易以及利用用户提供的数据的能力。基于商业利益的考虑，这些公司保护用户个人隐私的意愿并不强烈。

第四，人工智能对传统社会伦理造成巨大冲击。如果不够谨慎地处理人工智能所带来的伦理问题，将会对未来社会造成严重的伤害。人工智能与人类社会的距离越来越近，伦理问题不断凸显并愈发尖锐，世界上的主要国家以及相关国际组织对伦理问题高度关注。研究者需要研究出新的算法确保人工智能作出的决策与现有的法律、社会伦理一致，但是伦理的问题因各国文化、宗教和信仰等的不同而存在差别。

五、我国人工智能发展概况

国内人工智能发展已具备一定的技术和产业基础,在芯片、数据、平台、应用等领域集聚了一批人工智能企业,在部分方向取得阶段性成果并向市场化发展。人工智能应用层进入门槛相对较低,我国的人工智能侧重于应用层的产业布局,据艾瑞咨询统计,2019年,国内77%的人工智能企业分布在应用层。从企业布局角度看,我国46%的人工智能企业分布在语音识别领域,22%的企业分布在计算机视觉领域。从世界各国人工智能应用的角度看,2018年6月,我国的人工智能企业数以1 011家位于全球第二,主要分布在北京和上海,仅次于美国的人工智能企业数2 028家;我国在智能机器人、无人机等方面的应用水平同美国相当,远高于其他国家。

人类社会已经开始全面迈入人工智能时代。在未来数十年间,人工智能有可能从根本上改变人类的社会经济形态。我国应充分利用这一极其重大的技术进步,充分发挥技术的优势并防范技术创新的风险,应用人工智能提高生产力以保持经济较快增长。

第三节 人工智能在金融领域的应用

近年来,人工智能在金融行业的应用不断深化,目前已经形成了智能信贷审批、风控与反欺诈、智能投顾、无人银行、智能客服等诸多创新应用,其应用领域还在不断地试验和拓展。

一、服务智能应用

服务智能应用即人工智能服务(简称"智能客服")。到2025年,将有95%的客服由人工智能完成。在金融领域,智能客服可以全流程、全维度定制,从前端需求初步筛选(如贷款、办卡需求排查),到中期需求(如贷后管理),再到后端催收等环节,均可以介入。

(一) 服务智能(智能客服)的应用价值、基本功能与特征

智能客服是一个用语音或文字同客户进行对话交流的计算机系统,也常称为"对话机器人"。智能客服可以较低的成本代替人完成那些烦琐、单一的工作,并为客户提供更为周到、耐心、高效的服务,在降低成本的同时,提升用户体验。辅助人工客服,帮助人工客服更加科学地服务顾客和帮助客服管理层更高效地管理客服团队,是智能客服关键价值所在。当前,智能客服主要应用于前台服务。在此过程中,智能服务的优势在于用户可以随时随地获得智能客服提供的服务,金融服务过程的信息保存完整,服务及时。

智能客服系统整合了邮件、语音、电话、网页、API接口等渠道,为用户提供个性化的服务。不同的智能客服系统提供的功能不尽相同,基本的功能包括:用户通过各种渠道提交的用户请求的识别,包括语音识别、文本识别、图像识别等;常见的银行服务、证券服务和保险服务,包括用户信息管理、账户查询、用户自助的资金转入、转出和贷款服务、证券交易委托、

保险申报或理赔等;系统自动完成的内部信息决策和信息推送服务、用户金融信息决策和推送服务等。

智能客服的基本特征为:智能客服的服务是全天候的优质服务,可以重复;智能客服在和人交互的过程中,通过服务对象历史数据或实时交互了解用户特征,提供个性化服务;人机交互,智能客服实现了和自然交互的功能(包括语音、肢体语言等),通过自然语音处理和语义处理,听懂客户的需求并使用客户的语言来进行服务;智能客服在服务过程中能进行学习优化,提高智能服务水平。

(二)服务智能的案例

1. 交通银行的"娇娇"

2015年,交通银行推出了智慧大堂服务机器人"娇娇",其应用使交通银行成为国内第一个大规模应用智慧型服务机器人的全国性股份制银行。

"娇娇"的系统使用人工智能技术,融合多种智能服务能力,整合了语音识别(ASR)、语音合成(TTS)和自然语言理解(NLU)技术甚至图像、人脸和声纹等多项顶尖人工智能技术,成为国内第一款真正"能听会说、能思考、会判断"的智慧型服务机器人。

"娇娇"既拥有悦耳动听、优美自然的声音,又能迅速辨别客户的问题并给出准确的答案。"娇娇"的"上岗",在办理正常的金融业务方面分担了大堂经理的很多工作,起到了分流客户、节省客户办理时间的作用;此外,"娇娇"还会讲笑话、跳舞。

2. 平安保险的"小慧"

保险业的智能客服应用也非常广泛。2017年,国内保险业首个人工智能语音客服"小慧"上岗,主要进行车险结案回访服务。"小慧"聚合了保险客服应用场景、服务话术和专业知识库、人工智能语音转文字、语义理解和语音合成等多项技术,由保险客服专家、IT专家和人工智能技术专家共同训练开发而成。"小慧"主要用于车险结案回访,在此场景中能与客户进行积极的语音互动、快速应答,语气和内容高度拟人,具有服务品质稳定、自主学习、能听会说和成本优化等特点。相比现有的智能机器人只能进行简单问题的固定应答,"小慧"在金融保险行业的人工智能开发和应用程度较高,服务更智能。

二、认知智能应用

智能机器人在金融服务中通过人脸识别用户身份,或通过语音识别用户问题,为用户提供金融服务。在金融领域中,风险控制是重要内容之一,主要应用人工智能的机器学习或深度学习模型,实施信贷风控、反欺诈、反洗钱、交易监控、保险理赔等,是人工智能的认知智能应用。

(一)认知智能(智能风控)的应用价值、基本功能与特征

智能风控有多种称谓,如大数据风控、决策引擎、风险计量引擎、风险模型实验室等。其实质是通过大数据平台的计算分析能力、机器学习或深度学习模型在金融领域不同场合的

应用,提升风险管理能力,是以数据与算力驱动的风险管控与运营优化。

对于金融机构而言,智能风控沿用金融的底层业务逻辑,能够获取更多维度的外部数据,如客户行为、电商消费、运营商数据、地理位置、购物习惯等形成的大数据,虽然这些数据与传统金融数据(如央行征信、交易流水、资产状况、财务报表等)相比,与客户违约本质上没有必然关系,但增加了更多风险因子和变量,可以从更多层面刻画客户风险视图,可以提升风险定价、违约等计算效果,更有效地实施数据驱动的精准风险管理。

智能风控根据履约记录、社交行为、行为偏好、身份信息和设备安全等多方面行为"弱特征"进行用户风险评估,是对传统金融风险控制采用"数据+模型+规则"的"强特征"风险评分的补充。但是,进入移动互联网时代后,用户弱特征形成的海量数据通过更多的数据维度来刻画客户特征,从而更准确地量化客户违约概率,实现对客户的合理授信,自动完成信贷审批,智能风控的优势愈加凸显。

不同的应用下智能风控功能不同,银行业的智能风控普遍是依托于大数据平台的计算能力以及大数据金融风险计量模型,为用户提供智能化、自动化的风控决策支持。银行业的智能风控从商业银行全行角度接入,包括客户信息、对公信贷、个贷、信用卡、外部数据(工商、税务、司法等),将智能风控组件集成在电子银行、互联网金融等业务部门的后端平台中,作为线上秒贷平台、反欺诈、反洗钱等系统的独立的规则或决策单元。

智能风控是在使用全面的金融数据基础上,通过机器学习算法构建模型,结合金融和金融相关的用户消费数据,采用深度学习对诸如时序、文本、影像等互联网行为和运营商非结构化数据实现深层特征加工提取,提升模型效果。在授信申请、违约损失计算、逾期预测、反欺诈等业务目标确定后,通过内外部数据的整合、预处理(如采样、主成分分析、缺失值填充、归一化)、特征统计等方法,再选择合适的算法进行分析,最终得到用户的金融风险评价。

(二) 认知智能的案例

重庆富民银行于 2016 年 8 月成立,是民营银行常态化设立后全国第一家,也是中西部地区唯一一家获准批筹的民营银行。该行引进了誉存科技独立研发智能风控 SAAS 产品——星象,将通过星象平台的模块化小工具,获得企业信息查询、关联信息挖掘、风险监控预警及内部管理等各项服务,整体实现信贷业务的全流程大数据风控管理,提升银行的风险管控能力。

信贷风控是一项综合性、系列化的工作,贯穿于整个信贷业务流程,自贷前信用分析、贷时审查控制、贷后监控管理直至贷款安全收回。但是,传统信贷中金融机构普遍重视贷前准入环节,企业若有足够的抵押或者第三方征信机构的加持,其他环节的核查就会相应变得宽松。

誉存科技(Social Credits)是一个金融大数据服务商,星象是誉存科技的产品之一,是一款基于复杂网络(complex network)、异常检测(anomaly detection)、行为模型(behavior modeling)等人工智能算法模型,利用机器学习、大数据处理技术,并结合信贷业务特点,为金融机构量身打造的大数据风控产品。

星象的算法层集成了基于复杂网络理论的风险传导模型、基于时间序列分析的风险传导模型、基于知识图谱的企业风险评估模型、基于计算机视觉的图像识别、基于场景和大数据的企业授信模型和基于自然语言学习的文本分析等,这些算法普遍具有自学习能力,具有认知智能。

星象不同于一般风控策略,覆盖信贷业务流程的贷前、贷中、贷后全生命周期。星象在贷前快速构建企业多维画像,做企业反欺诈稽核;在贷中对企业各项经营指标进行分析,评估企业成长、盈利、偿债能力;在贷后实时追踪企业动态,根据用户自定义风控规则进行系统预警。

三、决策智能应用

决策智能以无监督学习为主,预测人脑无法想象的尚未发生的情景。目前,决策智能在金融领域的应用还处于初期尝试阶段,主要在智能投顾中进行应用。

(一) 决策智能(智能投顾)的应用价值、基本功能与特征

智能投顾又称机器人投顾(Robo-advisor),是根据投资者的风险偏好、预期收益等投资风格,基于马科维茨的资产配置理论模型,运用一系列智能算法(大数据+人工智能),为用户提供投资参考,并追踪市场,低成本地实现专家级动态资产配置的服务。智能投顾的核心是将理财顾问的"经验判断"模式升级为"算法判断"模式,通过降低成本与资金门槛覆盖更多长尾用户群体。

智能投顾的业务流程主要包括三大核心环节:客户画像(风险偏好识别)、资本市场预期模型(投资标的选择)、投资组合构建及动态优化。智能投顾的演进与计算机技术的发展高度相关。在智能投顾1.0时代,传统投资顾问可能使用计算机进行数据的处理分析,但投资组合本质上还是由人工管理,机器在整个决策过程中只起到相当弱的辅助作用;在智能投顾2.0时代,部分投顾业务被放到了互联网平台上,有效实现其服务范围向中等净值人群的扩张,但这一阶段的资产配置建议依然主要依靠人力,差异仅在于市场渗透手段的提升;在智能投顾3.0时代,大数据、云计算、人工智能等出现,投顾服务开始走向智能化。

1. 智能投顾的价值

传统投资顾问以投资顾问的专业素养和从业经验为基础,结合投资者的资产状况、风险偏好、预期收益等,为投资者提供专业投资建议,主要由人工进行。智能投顾依据现代资产组合理论,结合个人投资者的风险偏好和理财目标,利用算法和友好的互联网界面,为客户提供财富管理和在线投资建议服务。因此,智能投顾的优势具体为:技术增效、降低门槛、降低道德风险。

2. 智能投顾的功能

智能投顾系统的功能有信息收集、投资者分析、大类资产配置、投资组合分析与选择、交易执行、资产再平衡。对应金融投资的不同业务功能,智能投顾有三种类型的智能系统:大

类资产配置型智能投顾、投研型智能投顾、智能量化交易系统,其具体的功能如表6-2所示。

表6-2 不同智能投顾系统的功能

项目	客户分析	资产配置	投资分析	策略形成	交易执行	分析反馈
大类资产配置型智能投顾	具备	具备	不具备	不具备	具备	具备
投研型智能投顾	不具备	具备	具备	不具备	不具备	不具备
智能量化交易系统	不具备	不具备	具备	具备	具备	具备

大类资产配置型智能投顾主要根据投资者的实际状况(如收入状况、年龄、投资目的、心理风险承受能力等因素)来评估用户实际风险偏好,为其提供量身定制的资产投资组合建议。智能投顾的投资标的主要为各类ETF基金,属于资产配置型的被动投资。投研型智能投顾(智能投研)的目标是实现数据到投资理念的一步自动完成。智能量化交易系统(量化投资)是通过对历史数据进行分析,借助一系列数学方法进行归类和判断,帮助用户进行投资决策。

3. 智能投顾的特征

智能投顾可以对数据进行24小时不间断的处理、分析,其基于大数据建模分析,对投资趋势、方向形成预判,基于行情数据、用户情绪数据以及场外数据等多个维度,进行大数据的收集、建模以及分析。智能投顾可以提供几十个模板,根据客户风险偏好评级,使用不同的模板进行决策。

(二)决策智能(智能投顾)案例

北京知象科技有限公司(简称"知象科技")2015年4月创立于北京五道口,是一家结合计算和智能,致力于通过工业化方式改变中国量化资管行业格局,进而改变世界金融市场格局的金融科技创业公司。2015年5月,知象科技完成天使轮融资,以2.8亿元人民币的估值成功融资2800万元人民币。知象科技的产品涉及分布式系统、海量数据(结构化、非结构化和时间序列数据等)获取/处理、存储、分析和访问,将量化策略的开发生产平台运行于金融云计算服务之上,帮助资产管理者实现量化资产管理,以量化基金为主要客户实现智能投顾。

四、人工智能在金融行业应用的发展趋势与挑战

人工智能技术的发展趋势和面临的挑战引导其在金融行业的应用,人工智能的快速发展加速了金融生态变革。从未来趋势看,随着人工智能技术的完善,人工智能在金融领域的应用广度和深度上还有巨大的拓展空间,金融智能化是必然趋势,但这也使得金融监管变得更加复杂。

(一)人工智能在金融行业应用的发展趋势

1. 人工智能技术向金融的渗透转向人工智能与金融的融合

智能金融(新金融)是以人工智能为代表的新技术与金融服务深度融合的产物,它依托

无处不在的数据信息和不断增强的计算模型,提前洞察并实时满足客户各类金融需求,真正做到以客户为中心,重塑金融价值链和金融生态。

全球金融业将人工智能技术应用作为金融服务和金融管理的重要内容,新金融融入各国的顶层设计。全球的科技产业不断发展人工智能,强化人工智能技术向金融的渗透,金融科技和科技金融发展迅速。世界各国纷纷加大了对基础研发的投资,推进人工智能的研发和产业利用。

在金融领域的应用方面,根据金融稳定理事会的报告,国际金融业对人工智能的应用主要集中在以下四个方面:一是面向资本运营,集中于资产配置、投研顾问、量化交易等;二是面向市场分析,集中于趋势预测、风险监控、压力测试;三是面向客户营销,集中于身份识别、信用评估和虚拟助手;四是面向金融监管,集中于识别异常交易和风险主体。

在商业模式创新方面,智能技术将不仅仅在"效率"上发挥价值,而且将通过与产业链的深度结合,在"效能"上有所作为。在金融领域,移动互联网时代更多体现的是"渠道"迁移;人工智能时代则使得技术在金融的核心——风险定价上发挥更大的想象力。智能金融时代,技术将真正成为核心驱动力,技术驱动商业创新的影响力及范围会进一步扩大。"技术+"将在一定程度上颠覆原有商业创新逻辑,使技术和产业链全面深入结合,金融在应用层面上得到全面创新。

在产品服务方面,基于海量的客户信息数据、精细的产品模型和实时反馈的决策引擎,每一个客户的个性数据将被全面捕获并一一反映到产品配置参考和定价中。所有产品不再是为了"某些"客户提前设计,而是针对"某个"客户实时设计,实现产品服务的终极个性化。

2. 我国智能金融将进入快速发展阶段

首先,我国政策环境支持人工智能在金融业的应用。中国政府自2015年起便将人工智能纳入国家战略发展规划,为人工智能的发展提供充分的资金支持和政策鼓励。作为人工智能落地的最佳场景之一,政府正大力鼓励金融领域的技术创新,迈向普惠金融的目标。2017年7月,国务院明确指出要大力发展智能金融。国家的方针政策在给行业发展提供坚实的政策导向的同时,也给金融行业发出积极信号。

其次,我国数字金融的环境已初步形成。我国移动金融的发展和法定数字货币的应用,将进一步提高金融的数字化程度,由于金融与数据的高度相关性,其已成为最先与人工智能相融合的行业之一。目前,我国智能金融已经全面覆盖客服、风控、营销、投顾和授信等各大金融业务的核心流程,衍生出互联网金融、网上征信、第三方支付等一系列新兴金融业务领域,人工智能技术更多赋能中国金融。

最后,与欧美国家相比,我国智能金融发展迅速。目前,中国移动支付的市场规模和渗透率已达到世界领先水平;中国居民消费理念和消费方式发生较大转变;国内传统金融机构和互联网巨头相继布局智能金融,各大银行纷纷推出智能投顾,我国发展智能金融的环境得到进一步改善。

总之，随着金融和科技的全面融合，金融科技和科技金融将得到更快的发展，智能金融下，金融业态快速升级，金融将以更安全、便捷的方式为用户提供实时的个性化服务，基于智能监控等技术和装备的金融风险智能预警与防控系统也将全面建成。

(二) 人工智能在金融行业应用的主要问题

人工智能在金融行业的应用将对金融市场、金融机构以及金融服务供给与监管产生重大影响。人工智能在为金融行业带来变革并催生金融创新的同时，也必使金融生态面临全方位的挑战，这些问题既包括传统金融业与科技本身固有的风险，也涵盖金融与科技融合过程中新生的问题，包括技术与安全、监管与合规、道德与责任、金融理论冲击等方面。

1. 技术与安全

人工智能技术还处于发展阶段，其间存在技术风险。其技术风险表现在人工智能还处于弱人工智能阶段，对于何时能达到甚至是否能达到强人工智能以及在此过程中技术创新的不确定性问题引发的技术风险，在人工智能应用到金融的过程中，将会传导给金融，从而加剧金融创新的不确定性风险问题。人工智能的技术不成熟引发的安全问题，包括数据的私密性保护与数据共享、算法不可解释性、技术强依赖性等技术局限性问题。技术一旦被人为恶意地使用，其金融风险将被无限放大和进行传递。

2. 监管与合规

智能金融需要系统的法律规范保障。随着技术的快速发展和应用，法律法规相对滞后，在现有的法律和监管体系下，很难界定人工智能由于故障或行为而引发的社会责任问题。现实操作中，人工智能是建立在大量的程序基础上的，而这些程序是人类脑力劳动的结果，系统的鲁棒性问题引发的金融风险很难判定是人类主观还是客观作用的结果，人工智能自身的学习、决策机制的产生等行为无法追溯。如果一个证券系统存在一些漏洞，就可能引发个别股票价格的异动。对于这样的违规行为，现有监管法规将难以界定责任主体。

3. 道德与责任

人工智能应用缺乏道德规范约束，资本的逐利本性会导致金融消费者权益受到侵害。企业具有天生的资本逐利性，在利用用户数据追求自身利益最大化时，往往忽视道德观念，从而损害用户群体的权益。例如，金融机构可能基于用户行为数据分析，对客户进行价格歧视；利用人工智能有针对性地向用户投放理财、投资风险产品，从中获取利益。

4. 金融理论冲击

传统金融理论的基础是理性人假设，但人类理性与机器人理性并不在同一量级，AlphaGo击败人类围棋冠军已经宣告了人工智能在算力和数理逻辑上的绝对性压倒优势。伴随认知智能与决策智能技术的进一步发展，量子计算的算力将天文级倍数于人类智力，人类理性与之相比将极为有限。智能金融的下一步发展将基于全数据与无限理性，这将导致现有的金融理论无法解释日益复杂的金融行为。例如，现在人工智能与互联网社交网络的融合发展,已经对法玛定理提出了新的挑战,有可能出现超级法玛定理,即金融科技大数据的自动分析在市场信息充分、透明的情况下,投资者掌握的信息均等化,市场效率特别高,股票市场接近充分有效市场假说的时候,会出现超级法玛。在计算速度无限快的情况下,人工智能的算法能够分析市场上所有的相关信息,而且永远比人类分析师提前知道真实的股票价格,从而战胜人类投资者。类似的还有人工智能炒股挑战马科维茨投资组合理论,与AlphaGo模仿人类棋手一样,它可以模仿市场前100个基金经理的策略,然后优化成自己的策略,在与人类的股市博弈中胜出。此外,人工智能技术也对期权定价理论提出了挑战。人工智能算法可以根据互联网市场上众多使用者的信息,预估公众的风险偏好,用这个公众的风险偏好替代期权定价模式中的国债利率,会给出投资者最优的价格。如此一来,期权定价模式理论中的无风险套利的基准理论就可以用人工智能算出的社会风险偏好来替代。

总之,人工智能在金融领域加快应用是未来的发展方向。监管机构既要正视这种趋势,积极发展人工智能,又必须重视人工智能应用带给金融的风险,开展前瞻性研究和战略性部署,推动智能金融可持续发展。

 本章小结

人工智能是在智能的基础上进行定义的。智能来源于思维活动,智能取决于可运用的知识,智能可由逐步进化来实现。在智能的基础上,人工智能则一般认为是指机器拥有像人类一样的智能。人工智能涉及哲学和认知科学、数学、神经生理学、心理学、信息论、控制论、不确定性论等,远非计算机科学所能概括。理论上,人工智能属于自然科学和社会科学的交叉领域。实践上,人工智能是计算机科学的一个分支,它试图通过程序让机器能以与人类智能相似的方式完成既定的任务。因此,人工智能有多种视角的分类,且有多个学派。随着人工智能的研究不断深入,人工智能与专家系统、机器学习不同,但相互之间又有联系。

人工智能的工作原理是:计算机通过传感器(或人工输入的方式)来收集关于某个情景的事实、信息、数据,将此信息与已存储的信息进行比较,以确定它的含义;计算机根据收集的事实、信息、数据计算各种可能的动作,然后预测哪种动作的效果最好;计算机只解决程序允许解决的问题。当前的"人工智能"的工作和学习机制,主要包括人工神经网络、机器学习和深度学习三个方面的内容:人工神经网络是机器获得人工智能的基本模型,使机器像神经网络一样进行信息决策;机器学习则是人工智能的途径和方法,通过程序的执行使机器更"智能";深度学习可以采用人工神经网络、机器学习等。

金融是货币资金融通的总称。为使货币资金融通,通过计算机进行金融服务,其资金流动信息的采集有利于降低信息不对称性,从而减少金融风险,实现金融精准的服务。人工智能可以应用于银行、证券、保险等垂直领域,为金融行业的各参与主体、各业务环节赋能。长

期以来,金融一直是信息技术创新应用最为活跃的领域,不仅具有人工智能应用的先天条件,也能充分体现人工智能的价值。在功能层次上,人工智能在金融领域的应用可分成服务智能、认知智能和决策智能三个维度,其在金融行业中均有具体的应用案例。

 关键词

人工智能　神经网络　机器学习　专家系统　神经元　卷积神经网络(CNN)　深度置信网络(DBN)

 **复习思考题**

1. 什么是人工智能?应从哪些方面来理解人工智能的概念?
2. 人工智能的发展历程大致经历了哪几个时期?
3. 人工智能的核心能力有哪些?其类型有哪些?
4. 什么是弱人工智能(ANI)、强人工智能(AGI)与超人工智能(ASI)?
5. 什么是人工神经网络、机器学习与深度学习?
6. 人工智能在金融行业中的应用维度有哪些?分别举出代表性案例。
7. 人工智能在金融行业中的应用,其机遇和挑战分别有哪些?

 扩展阅读

徐克虎,等. 智能计算方法及其应用[M]. 北京:国防工业出版社,2019.

第七章 物联网及金融应用

 学习目标

1. 了解物联网的定义、背景与发展历程。
2. 了解物联网的特点及其他网络之间的关系。
3. 了解物联网的基本架构和关键技术。
4. 掌握物联网带来的金融变革。

 引例

智慧城市（smart city）是指利用各种信息技术或创新理念，集成城市的各个组成系统和服务，以提升资源运用的效率，优化城市管理和服务，以及改善市民的生活质量。智慧城市把新一代信息技术充分运用到城市的各行各业之中，构建基于知识社会下创新（创新2.0）的城市信息化高级形态，实现信息化、工业化与城镇化深度融合，有助于缓解"大城市病"，提高城镇化质量，实现精细化和动态管理。智慧城市的重点在于技术系统与人文环境的关系。智慧城市的理念就是城市的信息化环境建设，新一代信息技术的应用使人类能以更加精细和动态的方式管理生产和生活的状态，通过把传感器和摄像头嵌入和装备到全球每个角落的供电系统、供水系统、交通系统、建筑物和油气管道等生产生活系统中，使其形成的物联网与互联网相联，实现人类社会与物理信息系统的集成。从这一建设进程来看，目前智慧城市的认识、理解和建设重点是城市的信息环境。不过，城市是人类活动的一个重要载体和平台，这个载体和平台不仅仅承载着人类活动，关系到人类活动的效率，还包括各种类型的城市资产，其中最重要的就是城市的数字资产。

从经济学角度来说，数字资产是社会、企业及个人所拥有或控制的，以数据形态存在的，在日常活动中生产、经营、持有或待售的可变资产以及不变资产。数字资产属于网络财产，但同时也是极其重要的历史、文化资产，它是城市信息环境的内容资产。智慧城市

> 除了为人民服务，最根本的就是为内容服务，内容是技术系统的重要价值体现，这才是真正的智慧城市。在人们所处的现代信息社会，不仅人类的财富可以被数字化，比如数字货币，人类的历史和文化财富也可以被数字化，图书馆中的图书资料可以被数字化，文化和艺术表现形式也在数字化的过程中。这些都是宝贵的城市数字资产，关系到千秋万代。
>
> 或许我们可以这样预料，未来的智慧城市将会更多地以城市的数字资产为闪光点和价值点，在文化、旅游和城市价值领域大放异彩，智慧城市展示的重点将是丰富的城市数字资产，而不仅仅是对大众而言单调乏味的各类技术系统。唯有如此，智慧城市才会具有信息时代的生命力，表现出真正的价值和远景。

第一节 物联网的定义、背景与发展历程

一、物联网的定义

物联网的概念是于 1999 年提出的。物联网的英文名称为 IoT（Internet of Things），顾名思义，物联网就是"物物相连的互联网"。它有两层意思：第一，物联网的核心和基础仍然是互联网，是在互联网基础上延伸和扩展的网络；第二，其用户端延伸和扩展到了任何物品与物品之间，进行信息交换和通信。

严格而言，物联网的定义是：通过射频识别（RFID）、红外感应器、全球定位系统、激光扫描器等信息传感设备，按约定的协议，把任何物品与互联网连接起来，进行信息交换和通信，以实现智能化识别、定位、跟踪、监控和管理的一种网络。2005 年，国际电信联盟（ITU）在"The Internet of Things"报告中对物联网概念进行了扩展，提出了任何时刻、任何地点、任意物体之间的互联，无所不在的网络和无所不在的计算的发展愿景，指出物联网是在任何时间、环境，任何物品、人、企业、商业采用任何通信方式（包括汇聚、连接、收集、计算等），以满足所提供的任何服务的要求。按照 ITU 给出的这个定义，物联网主要解决物品到物品（Thing to Thing，T2T）、人到物品（Human to Thing，H2T）、人到人（Human to Human，H2H）之间的互联。与传统互联网最大的区别是，H2T 是指人利用通用装置与物品之间的连接，H2H 是指人与人之间不依赖于个人计算机而进行的互联。

物联网是连接物品的网络，有些学者在讨论物联网时，常常提到 M2M 的概念。可以将 M2M 解释为人到人（Man to Man）、人到机器（Man to Machine）、机器到机器（Machine to Machine）。实际上，关于 M2M 所有的解释在现有的互联网中都可以实现：人到人的交互可以通过互联网进行，也可以通过其他装置（如第三代移动电话）间接地实现；人到机器的交互一直是人体工程学和人机界面领域研究的主要课题；机器与机器之间的交互已经由互联网

提供了最为成功的案例。也就是说,物联网是指将物体通过传感设备、通信手段实现全面互联的网络,既包括物与物之间的互联互通,也包括人与物之间的互联互通。物联网是应用信息通信技术的最新产物,可实现智能化的实时管理和控制,从而提高资源利用率和生产率。物联网已成为国际新一轮信息技术竞争的关键点和制高点。

互联网加物联网形成"智慧地球",是当前世界性的热门课题。被称为下一个万亿级通信业务的物联网,已被世界各国作为应对国际金融危机、振兴经济的重点领域。物联网涉及的技术非常广泛,包括 RFID、传感器网络、无线数据通信等一系列高新技术,是继计算机、互联网与移动通信网之后的又一次信息产业浪潮,终极目标是构造一个覆盖世界上万事万物的"Internet of Things"。在这个网络中,物品能够在无需人干预的情况下通过传感器网络彼此感知和识别,利用无线数据通信进行"交流",实现信息的互联与共享。抓住这一机遇,将为我国信息产业和"中国制造"赢得未来巨大而广阔的发展空间。

二、物联网诞生背景与发展历程

比尔·盖茨 1995 年已提及物联网概念,只是当时受限于宽带无线网络、硬件及传感设备等设备与网络系统的发展水平,并未引起大家的重视。物联网与泛在网 UN(Ubiquitous Network)及传感网等概念相关联,泛在网则起源更早。泛在(Ubiquitous)及普适(Pervasive)概念的引入源于 20 世纪 90 年代,1991 年由美国加州 Xerox(施乐)公司 Palo Alto 研究中心首席科学家 Mark Weiser 博士首先提出。传感器网络的构想最早由美国军方提出,起源于 1978 年美国国防部高级研究计划局资助卡耐基-梅隆大学进行分布式传感器网络的研究项目,由于当时缺乏互联网技术、多种有效接入手段,特别是缺乏移动接入及智能计算等条件,该传感网概念仅局限于由节点组成的自组织网络。1999 年,在美国召开的移动计算和网络国际会议上提出了传感网是下一个世纪人类面临的又一个发展机遇。

物联网概念便是在此基础上最早由美国麻省理工学院 Auto-ID Center 于 1999 年提出。当时,Auto-ID Center 的研究人员只是想通过条码、智能卡、RFID 等实现物体的识别与管理,提高工业自动化系统的自动化程度,降低故障率。后来,这一概念被人们迅速接受,演化成"物物相连的互联网"。2005 年,国际电信联盟(ITU)发布"ITU Internet Report 2005:The Internet Of Things",正式提出了"物联网"这一术语。

第二节 物联网的特点及其与其他网络之间的关系

一、物联网的特点

物联网有以下六个方面的技术特征。

1. 用户、物体数字化与虚拟化

物联网是一个将人、物、互联网实现无缝互联的网络化信息系统,并能向用户提供新型IT服务。物体的数字化、虚拟化使物理实体成为彼此可寻址、可识别、可交互、可协同的智能物,并且利用RFID、传感器、二维码等随时随地获取物体的信息。

2. 泛在互联

物联网以互联网为基础,将数字化、智能化的物体介入其中,实现自组织互联,能够将物体的信息实时准确地传递出去,是互联网的延伸与扩展。

3. 利用IT技术实现信息感知与交互

物联网是下一代互联网,它通过嵌入物体的各种数字化标识、感应设备(如RFID标签、传感器、响应器等),使物体具有可识别、可感知、交互和响应的能力,并通过与互联网的集成实现物物相连,构成一个协同的网络信息系统。在网络互联基础上,实现信息的感知、采集以及在此基础之上的响应、控制。

4. 智能信息处理与服务

支持信息处理,为用户提供基于物物互联的新型信息化服务。物联网利用数据融合及处理、云计算、模糊识别等各种智能计算技术,对海量的数据和信息进行分析、融合和处理,对物体实施智能化的控制,并向用户提供信息服务。

5. 自动控制

利用模糊识别等智能控制技术对物体实施智能化控制和利用,最终形成物理、数字、虚拟世界和社会共生互动的智能社会。

6. 产业化

物联网是一个具有巨大市场潜力的信息技术产业,其产业链包含芯片/传感器/RFID标签制造商、设备提供商、软件企业、系统集成商、网络提供商、系统集成商、运营及服务商、最终用户。物联网将为产业链的各个环节带来巨大商机。

二、物联网与其他网络之间的关系

物联网是一种关于人与物、物与物广泛互联,实现人与客观世界进行信息交互的信息网络;传感网是利用传感器作为节点,以专门的无线通信协议实现物品之间连接的自组织网络;泛在网是面向泛在应用的各种异构网络的集合,强调跨网之间的互联互通和数据融合/聚类与应用;互联网是指通过TCP/IP协议将异种计算机网络连接起来实现资源共享的网络技术,实现的是人与人之间的通信。物联网涵盖了物品之间通过感知设施连接起来的传感网,不论传感器是否接入互联网,都属于物联网的范畴;传感网可以不接入互联网,但当需要时,随时可接入互联网;互联网(包括下一代互联网)、移动通信网等可作为物联网的核心承载网。

尽管从某种意义上看,可以认为物联网就是互联网从人向物的延伸,但物联网和互联网还是有本质区别的。

我们想要通过互联网了解一个东西，必须有人去收集这个东西的相关信息，数字化后再放置到互联网络(服务器)上供人们浏览其信息，人在其中要做很多的工作，且难以动态了解其变化。

物联网是物体自己"说话"，通过在物体上植入各种微型感应芯片、借助无线通信网络，与现在的互联网络相互连接，让其"开口"。不仅人可以和物体"对话"，物体和物体之间也能"交流"。

所以说，互联网是连接虚拟世界的网络，物联网是连接物理的、真实的世界的网络。物联网未来与互联网充分互联、无缝整合，并与通信网一起，组成一个更加庞大、复杂的网络，将实现物理世界与人类社会系统的全面互联互通。

第三节　物联网的基本架构和关键技术

一、物联网的基本架构

物联网在逻辑上可以分为认知层、网络层、管理层和应用层。与传统的信息系统构架相比，它多了一个认知层。

认知层(或者叫感知层)是由遍布在我们周边的各类传感器、条形码、摄像头、RFID、传感网(由大量各类传感器节点组成的自组织网络)、视频检测识别、IrDA、GPS、M2M 终端、传感器网关等组成的传感器网络。它的作用是实现对物体的感知、识别、检测及数据采集，以及反应和控制等。这些作用改变了传统信息系统内部运算能力强但是对外部感知能力弱的状况，因此认知层是物联网的基础，也是物联网与传统信息系统的最大区别所在。

网络层是由各种有线及无线节点、固定与移动网关组成的通信网络与互联网的融合体，主要作用是把认知层的数据接入网络以供上层使用。它的核心是互联网(包括下一代互联网)，各种无线网络则提供随时随地的网络接入服务。使用的技术包括互联网、移动通信网络(2G/3G/4G/5G)、Wi-Fi 等无线宽带网络和蓝牙等无线低速网络等。

管理层(或者叫支撑层)的作用是在高性能计算机和海量存储技术的支撑下，将大规模数据高效可靠地组织起来，为上层服务层提供智能支撑平台。它包括能储存大量数据的数据中心、以搜索引擎为代表的网络信息查询技术、智能处理系统和保护信息与隐私的安全系统、数据库技术、中间件技术等。

应用层将物联网技术与各类行业应用相结合，通过物联网的"物物互联"实现无所不在的智能化应用，如智能物流、智能电网、智能交通、环境监测等。

二、物联网关键技术

物联网技术涵盖了从信息获取、传输、存储、处理直至应用的全过程，在材料、器件、软件、网络、系统各个方面都要有所创新才能促进其发展。国际电信联盟的报告提出,物联网主要需要4项关键性应用技术:①标签物品的RFID技术;②感知事物的传感网络技术(Sensor Technologies);③思考事物的智能技术(Smart Technologies);④微缩事物的纳米技术(Nanotechnology)。显然,这是侧重了物联网的末梢网络。欧盟将物联网研究划分为10个层面:①感知:ID发布机制与识别;②物联网宏观架构;③通信(OSI参考模型的物理层与数据链路层);④组网(OSI参考模型的网络层);⑤软件平台、中间件(OSI参考模型的网络层以上各层);⑥硬件;⑦情报提炼;⑧搜索引擎;⑨能源管理;⑩安全。

物联网中非常重要的技术是RFID(Radio Frequency Identification)电子标签技术,这也是认知层的核心技术。以简单RFID系统为基础,结合已有的网络技术、数据库技术、中间件技术等,构筑一个由大量联网的阅读器和无数移动的标签组成的、比互联网更为庞大的物联网,成为RFID技术发展的趋势。

在物联网终端迅猛发展的同时,其对网络的要求也越来越高。随着5G网络的逐步完善,越来越多的基于无线宽带的应用开始兴起,从无线视频监控、公共交通5G到Wi-Fi、4G无线ATM到无线办公,越来越多的应用开始脱离"线制",采用5G宽带方案。图7-1所示为物联网关键技术。

图7-1 物联网关键技术

如图7-1所示,物联网的关键技术很多,而且新技术正不断涌现。我们将介绍其中几种重要的相关技术:节点感知技术、节点组网及通信网络技术、物联网的软件平台,以及物联网中的数据处理技术。其他的相关技术将在其他章节介绍。

(一) 节点感知技术

节点感知技术是实现物联网的基础,它包括用于对物质世界进行感知识别的电子标签技术、新型传感器、智能化传感网节点技术等。

1. 电子标签技术、物联网的EPC体系结构

在感知技术中,电子标签用于对采集点信息进行标准化标识,通过射频识别读写器、二维码识读器等实现物联网应用的数据采集和设备控制。射频识别是一种非接触式的自动识别技术,属于近程通信,与之相关的技术还有蓝牙技术等。RFID通过射频信号自动识别目标对象并获取相关数据，识别过程无需人工干预，可工作于各种恶劣环境。RFID 技术可识别高速运动物体并可同时识别多个标签，操作快捷方便。RFID 技术与互联网、通信等技术相结合，可实现全球范围内的物品跟踪与信息共享。

随着全球经济一体化和信息网络化进程的加快，为满足对单个物品的标识和高效识别，美国麻省理工学院的自动识别实验室（Auto-ID）在美国统一代码协会（UCC）的支持下，提出要在计算机互联网的基础上，利用 RFID、无线通信技术，构造一个覆盖世界万物的系统；同时还提出了电子产品代码（Electronic Product Code，EPC）的概念，即每个对象都将被赋予一个唯一的 EPC，并由采用射频识别技术的信息系统管理彼此联系，数据传输和数据储存由 EPC 网络来处理。随后，国际物品编码协会（EAN）和美国统一代码协会于 2003 年 9 月联合成立了非营利性组织 EPC Global，将 EPC 纳入全球统一标识系统，实现了全球统一标识系统中的 GTIN 编码体系与 EPC 概念的完美结合。

EPC Global 对于物联网的描述是：一个物联网主要由 EPC 编码体系、射频识别系统、信息网络系统三部分组成。

物联网实现的是全球物品的信息实时共享。显然，首先要做的是实现全球物品的统一编码，即对在地球上任何地方生产出来的任何一件物品，都要给它打上电子标签。这种电子标签携带有一个电子产品代码，并且全球唯一。电子标签代表了该物品的基本识别信息，例如："A 公司于 B 时间在 C 地点生产的 D 类产品的第 E 件"。目前，欧美支持的 EPC 编码和日本支持的 UID（Ubiquitous Identification）编码是两种常见的电子产品编码体系。

EPC 射频识别系统包括 EPC 标签和读写器。EPC 标签是编号（每件商品唯一的号码，即牌照）的载体，当 EPC 标签贴在物品上或内嵌在物品中时，该物品与 EPC 标签中的产品电子代码就建立起了一对一的映射关系。EPC 标签从本质上来说是一个电子标签，通过 RFID 读写器可以对 EPC 标签内存信息进行读取。这个内存信息通常就是产品电子代码。产品电子代码经读写器报送给物联网中间件，经处理后存储在分布式数据库中。用户查询物品信息时，只要在网络浏览器的地址栏中输入物品名称、生产商、供货商等数据，就可以实时获悉物品在供应链中的状况。目前，与此相关的标准已制定，包括电子标签的封装标准、电子标签和读写器间数据交互标准等。

EPC 信息网络系统包括 EPC 中间件、发现服务和 EPC 信息服务三部分。

EPC 中间件通常指一个通用平台和接口，是连接 RFID 读写器和信息系统的纽带。它主要用于实现 RFID 读写器和后端应用系统之间的信息交互、捕获实时信息和事件，或向上传送给后端应用数据库软件系统以及 ERP 系统等，或向下传送给 RFID 读写器。

EPC 信息发现服务（Discovery Service）包括对象名解析服务（Object Name Service，ONS）以及配套服务，基于电子产品代码，获取 EPC 数据访问通道信息。

EPC 信息服务（EPC Information Service，EPC IS）即 EPC 系统的软件支持系统，用以实现最终用户在物联网环境下交互 EPC 信息。

2. 新型传感器

传感器是节点感知物质世界的"感觉器官",用来感知信息采集点的环境参数。传感器可以感知热、力、光、电、声、位移等信号,为物联网系统的处理、传输、分析和反馈提供最原始的数据信息。

随着电子技术的不断进步,传统的传感器正逐步实现微型化、智能化、信息化、网络化;同时,也正经历着一个传统传感器(Dumb Sensor)→智能传感器(Smart Sensor)→嵌入式Web传感器(Embedded Web Sensor)不断丰富发展的过程。应用新理论、新技术,采用新工艺、新结构、新材料,研发各类新型传感器,提升传感器的功能与性能,降低成本,是实现物联网的基础。目前,市场上已经有大量门类齐全且技术成熟的传感器产品可供选择使用。

3. 智能化传感网节点技术

所谓智能化传感网节点,是指一个微型化的嵌入式系统。在感知物质世界及其变化的过程中,需要检测的对象很多,如温度、压力、湿度、应变等,因此需要微型化、低功耗的传感网节点来构成传感网的基础层支持平台。需要针对低功耗传感网节点设备的低成本、低功耗、小型化、高可靠性等要求,研制低速、中高速传感网节点核心芯片,以及集射频、基带、协议、处理于一体,具备通信、处理、组网和感知能力的低功耗片上系统;针对物联网的行业应用,研制系列节点产品。这不但需要采用MEMS加工技术,设计符合物联网要求的微型传感器,使之可识别、配接多种敏感元件,并适用于各种检测方法;另外,传感网节点还应具有强抗干扰力,以适应恶劣工作环境的需求。重要的是,如何利用传感网节点具有的局域信号处理功能,在传感网节点附近局部完成一定的信号处理,使原来由中央处理器实现的串行处理、集中决策的系统,成为一种并行的分布式信息处理系统。这还需要开发基于专用操作系统的节点级系统软件。

(二) 节点组网及通信网络技术

根据对物联网所赋予的含义,其工作范围可以分成两大块:一块是体积小、能量低、存储容量小、运算能力弱的智能小物体的互联,即传感网;另一块是没有约束机制的智能终端互联,如智能家电、视频监控等。目前,对于智能小物体网络层的通信技术有两项:一项是基于ZigBee联盟开发的ZigBee协议,实现传感器节点或者其他智能物体的互联;另一项是IPSO联盟倡导的通过IP实现传感网节点或者其他智能物体的互联。在物联网的机器到机器、人到机器和机器到人的数据传输中,有多种组网及其通信网络技术可供选择,目前主要有有线(如DSL、PON等)、无线(包括CDMA)、通用分组无线业务(General Packet Radio Service,GPRS)等通信技术,均已相对成熟。在物联网的实现中,格外重要的是传感网技术。

1. 传感网技术

传感网(WSN)是集分布式数据采集、传输和处理技术于一体的网络系统,以其低成本、微型化、低功耗和灵活的组网方式、铺设方式以及适合移动目标等特点受到广泛重视。物联网正是通过遍布在各个角落和物体上的形形色色的传感器节点以及由它们组成的传感网来感知整个物质世界的。目前,面向物联网的传感网主要涉及以下几项关键技术。

(1) 传感网体系结构及底层协议。网络体系结构是网络的协议分层以及网络协议的集合,是对网络及其部件所应完成功能的定义和描述。因此,物联网架构什么样的体系结构及协议栈,如何利用自治组网技术,采用什么样的传播信道模型、通信协议、异构网络如何融合等是其核心技术。对传感网而言,其网络体系结构不同于传统的计算机网络和通信网络。对于物联网的体系结构,已经提出了多种参考模型。就传感网体系结构而言,也可以由分层的网络通信协议、传感网管理以及应用支撑技术三个部分组成。其中,分层的网络通信协议结构类似于 TCP/IP 协议体系结构;传感网管理技术主要是对传感器节点自身的管理以及用户对传感网的管理;在分层协议和网络管理技术的基础上,支持传感网的应用支撑技术。

(2) 协同感知技术。协同感知技术包括分布式协同组织结构、协同资源管理、任务分配、信息传递等关键技术,以及面向任务的动态信息协同融合、多模态协同感知模型、跨层协同感知、协同感知物联网基础体系与平台等。只有依靠先进的分布式测试技术与测量算法,才能满足日益提高的测试、测量需求。这显然需要综合运用传感器技术、嵌入式计算机技术、分布式数据处理技术等,协作地实时监测、感知和采集各种环境或监测对象的信息,并对其进行处理、传输。

(3) 对传感网自身的检测与自组织。由于传感网是整个物联网的底层及数据来源,网络自身的完整性、完好性和效率等性能至关重要。因此,需要对传感网的运行状态及信号传输通畅性进行良好监测,才能实现对网络的有效控制。在实际应用中,传感网中存在大量传感器节点,密度较高,当某一传感网节点发生故障时,网络拓扑结构有可能会发生变化。因此,设计传感网时应考虑自身的自组织能力、自动配置能力及可扩展能力。

(4) 传感网安全。传感网除了具有一般无线网络所面临的信息泄露、数据篡改、重放攻击、拒绝服务等多种威胁之外,还面临传感网节点容易被攻击者物理操纵,获取存储在传感网节点中的信息,从而控制部分网络的安全威胁。这显然需要建立起物联网网络安全模型来提高传感网的安全性能。例如,在通信前进行节点与节点的身份认证;设计新的密钥协商算法,使得即使有一小部分节点被恶意控制,攻击者也不能或很难从获取的节点信息推导出其他节点的密钥;对传输数据进行加密,解决窃听问题;保证网络中传输的数据只有可信实体才可以访问;采用跳频和扩频技术减轻网络堵塞等问题。

(5) ZigBee 技术。ZigBee 技术是用于短距离范围、低数据传输速率的各种电子设备之间的无线通信技术,它定义了网络/安全层和应用层。ZigBee 技术经过多年的发展,其技术体系已相对成熟,并已形成了一定的产业规模。在标准方面,已发布 ZigBee 技术的第 3 个版本 V1.2;在芯片技术方面,已能够规模生产网络射频芯片和新一代的 ZigBee 射频芯片(将单片机和射频芯片整合在一起);在应用方面,ZigBee 技术已广泛应用于工业、精准农业、家庭和楼宇自动化、医学、消费和家居自动化、道路指示/安全行路等众多领域。

(6) 基于蜂窝的窄带物联网。基于蜂窝的窄带物联网(Narrow Band Internet of Things,NB-IoT)是物联网的一个重要分支。NB-IoT 构建于蜂窝网络,只消耗大约 180

KHz 的带宽，可直接部署于 GSM 网络、UMTS 网络或 LTE 网络，以降低部署成本、实现平滑升级。

NB-IoT 是物联网领域一项新兴的技术，支持低功耗设备在广域网的蜂窝数据连接，也被叫作低功耗广域网(LPWA)。NB-IoT 支持待机时间长、对网络连接要求较高设备的高效连接。NB-IoT 设备的电池寿命可以提高至至少 10 年，同时还能提供非常全面的室内蜂窝数据连接覆盖。

NB-IoT 具备四大特点：一是广覆盖，将提供改进的室内覆盖，在同样的频段下，NB-IoT 比现有的网络增益 20dB，覆盖面积扩大 100 倍；二是具备支撑海量连接的能力，NB-IoT 一个扇区能够支持 10 万个连接，支持低延时敏感度、超低的设备成本、低设备功耗和优化的网络架构；三是更低功耗，NB-IoT 终端模块的待机时间可长达 10 年；四是更低的模块成本，企业预期的单个接连模块不超过 5 美元。

NB-IoT 聚焦于低功耗广覆盖(LPWA)物联网市场，是一种可在全球范围内广泛应用的新兴技术，具有覆盖广、连接多、速率低、成本低、功耗低、架构优等特点。NB-IoT 使用 License 频段，可采取带内、保护带或独立载波三种部署方式，与现有网络共存。

目前，包括我国运营商在内的诸多运营商在开展 NB-IoT 的研究，标准、芯片、网络以及商用应用场景都会走向成熟。

2. 核心承载网通信技术

目前，有多种通信技术可供物联网作为核心承载网络选择使用，可以是公共通信网，如 2G、3G/4G/5G 移动通信网、互联网、无线局域网(Wireless Local Area Network，WLAN)、企业专用网，甚至是新建的专用于物联网的通信网，包括下一代互联网。

在市场方面，目前 GSM 技术仍在全球移动通信市场占据优势地位；数据通信厂商比较青睐无线高保真（Wireless Fidelity，Wi-Fi）、WiMAX、移动宽带无线接入（Mobile Broadband Wireless Access，MBWA)通信技术，传统电信企业倾向使用 3G、4G 等移动通信技术。Wi-Fi、WiMAX、MBWA 和 5G 在高速无线数据通信领域都将扮演重要角色。这些通信技术都具有很好的应用前景，它们彼此互补，既在局部有部分竞争、融合，又不可互相替代。

从竞争的角度来看，Wi-Fi 主要被定位在室内或小范围内的热点覆盖，提供宽带无线数据业务，并结合 VoIP 提供语音业务；3G 所提供的数据业务主要是在室内低移动速度的环境下应用，而在高速移动时以语音业务为主。因此，两者在室内数据业务方面存在明显的竞争关系。WiMAX 已由固定无线演进为移动无线，并结合 VoIP 解决了语音接入问题。WBMA 与 4G/5G 技术两者存在较多的相似性，导致它们之间有较大的竞争性。

3. 互联网技术

若将物联网建立在数据分组交换技术的基础之上，则将采用数据分组网(即 IP 网)动态路由机制，可以满足物联网对网络通信在地址、网络自组织以及扩展性方面的要求。但是，

IPv6 协议栈过于庞大复杂，不能直接应用到传感器设备中，需要对 IPv6 协议栈和路由机制作相应的精简，才能满足低功耗、低存储容量和低传送速率的要求。目前，有多个标准组织进行了相关研究。

(三) 物联网的软件平台

在构建一个信息网络时，硬件往往被作为主要因素来考虑，软件仅在事后才考虑。现在人们已不再这样认为了。网络软件目前是高度结构化、层次化的，物联网系统也是这样，既包括硬件平台也包括软件平台系统，软件平台是物联网的神经系统。不同类型物联网的用途是不同的，其软件系统平台也不相同，但软件系统的实现技术与硬件平台密切相关。相对硬件技术而言，软件平台开发及实现更具有特色。一般来说，物联网软件平台建立在分层的通信协议体系之上，通常包括数据感知系统软件、中间件系统软件、网络操作系统(包括嵌入式系统)以及物联网管理和信息中心(包括机构物联网管理中心、国家物联网管理中心、国际物联网管理中心及其信息中心)的管理信息系统(Management Information System，MIS)等。

1. 数据感知系统软件

数据感知系统软件主要完成物品的识别和物品 EPC 码的采集和处理，主要由企业生产的物品、物品电子标签、传感器、读写器、控制器、物品代码(EPC)等部分组成。存储有 EPC 码的电子标签在经过读写器的感应区域时，其中的物品 EPC 码会自动被读写器捕获，从而实现 EPC 信息采集的自动化，所采集的数据交由上位机信息采集软件进行进一步处理，如数据校对、数据过滤、数据完整性检查等，这些经过整理的数据可以被物联网中间件、应用管理系统使用。对于物品电子标签，国际上多采用 EPC 标签，用 PML 语言来标记每一个实体和物品。

2. 物联网中间件系统软件

中间件是位于数据感知设施(读写器)与后台应用软件之间的一种应用系统软件。中间件具有两个关键特征：一是为系统应用提供平台服务，这是一个基本条件；二是需要连接到网络操作系统，并且保持运行工作状态。中间件为物联网应用提供一系列计算和数据处理功能，主要任务是对感知系统采集的数据进行捕获、过滤、汇聚、计算、校对、调节、数据传送、存储和任务管理，减少从感知系统向应用系统中心传送的数据量。同时，中间件还可提供与其他 RFID 支撑软件系统进行互操作等功能。引入中间件使得原先后台应用软件系统与读写器之间非标准的、非开放的通信接口，变成了后台应用软件系统与中间件之间、读写器与中间件之间的标准的、开放的通信接口。

一般而言，物联网中间件系统包含读写器接口、事件管理器、应用程序接口、目标信息服务、对象名解析服务等功能模块。

(1) 读写器接口。物联网中间件必须优先为各种形式的读写器提供集成功能。协议处理器确保中间件能够通过各种网络通信方案连接到 RFID 读写器。RFID 读写器与其应用程序间通过普通接口相互作用的标准，大多数采用由 EPC-global 组织制定的标准。

(2) 事件管理器。事件管理器用来对读写器接口的 RFID 数据进行过滤、汇聚和排序操作,并通告数据与外部系统相关联的内容。

(3) 应用程序接口。应用程序接口是应用程序系统控制读写器的一种接口;此外,需要中间件能够支持各种标准的协议(如支持 RFID 以及配套设备的信息交互和管理),同时还要屏蔽前端的复杂性,尤其是前端硬件(如 RFID 读写器等)的复杂性。

(4) 目标信息服务。目标信息服务由两部分组成:一是目标存储库,用于存储与标签物品有关的信息并使之能用于以后查询;二是拥有为提供由目标存储库管理的信息接口的服务引擎。

(5) 对象名解析服务。对象名解析服务(ONS)是一种目录服务,主要是将对每个带标签物品所分配的唯一编码,与一个或者多个拥有关于物品更多信息的目标信息服务的网络定位地址进行匹配。

3. 网络操作系统

物联网通过互联网实现物理世界中的任何物品的互联,在任何地方、任何时间可识别任何物品,使物品成为附有动态信息的"智能产品",并使物品信息流和物流完全同步,从而为物品信息共享提供一个高效、快捷的网络通信及云计算平台。

4. 物联网信息管理系统

物联网也要管理,类似于互联网上的网络管理。目前,物联网大多数是基于 SNMP 建设的管理系统,这与一般的网络管理类似,提供对象名解析服务(ONS)是很重要的。ONS 类似于互联网的 DNS,要有授权,并且有一定的组成架构。它能把每一种物品的编码进行解析,再通过 URL 服务获得相关物品的进一步信息。

物联网管理机构包括企业物联网信息管理中心、国家物联网信息管理中心、国际物联网信息管理中心。企业物联网信息管理中心负责管理本地物联网,它是最基本的物联网信息服务管理中心,为本地用户单位提供管理、规划及解析服务。国家物联网信息管理中心负责制定和发布国家总体标准,负责与国际物联网互联,并且对现场物联网管理中心进行管理。国际物联网信息管理中心负责制定和发布国际框架性物联网标准,负责与各个国家的物联网互联,并且对各个国家物联网信息管理中心进行协调、指导、管理等。

(四) 物联网中的数据处理技术

物联网中的个体通过传感器来感知并搜集信息,然后通过传输网来传送信息,最后在数据处理中心进行智能处理和控制。

随着物联网技术的广泛应用,我们将面对大量异构的、混杂的、不完整的物联网数据。在物联网的万千终端收集到这些数据后,如何对它们进行处理、分析和使用成为物联网应用的关键。

1. 传感器数据的特点

传感器数据具有以下特点:

(1) 海量性:假设每个传感器每分钟内仅传回 1 KB 数据,则 1 000 个节点每天的数据量就达到了约 1.4 GB。

(2) 多态性：生态监测系统包括温度、湿度、光照。

基本传感数据的建模涉及后台数据库技术，其中最主要的技术就是关系型数据以及 SQL 查询语言。

传感器网络的数据存储主要有两种模式：

(1) 分布式存储：数据可保存在"存储节点"上，查询被分发到网络中去，由存储节点返回查询结果。

(2) 集中式存储：数据全部保存在汇聚点，查询仅在汇聚点中进行。

2. 传感器网络的数据融合

互联网中的数据流从丰富的网络资源流向终端设备，传感网中的数据流从传感器设备流向网络，怎样分析、综合不同来源的无数的数据流，是传感网乃至物联网跨向大规模应用必须解决的问题。

3. 物联网数据的特点

在物联网的应用中，感知的数据从大量终端收集到后台数据库，由于环境状况、数据质量等的影响，对这些数据的管理、分析和使用面临巨大的挑战。

与传统数据挖掘领域的数据特征相比，物联网数据的主要特性包括时空性、关联性、质量不高、海量和非结构性。

4. 分布式数据存储技术

分布式数据存储与处理技术是将数据分散存储在多个终端节点上，采用可扩展的系统结构，利用多台存储服务器分担存储和处理数据的负荷，利用位置服务器定位存储信息。这种存储方式不但解决了传统集中式存储系统中单存储服务器的性能瓶颈问题，而且提高了系统的可靠性、可用性和扩展性。目前，在互联网上可访问的信息数量达秭(百万亿)级。毫无疑问，各个大型网站也都存储着海量的数据，这些海量数据如何有效存储是每个大型网站的架构师必须解决的问题。分布式存储就是为解决这个问题而发展起来的技术。

5. 数据仓库技术

为了满足决策支持和联机分析应用的需求，20 世纪 90 年代初，"数据仓库"(data warehouse)的概念被提出，它是现今流行的一种数据存储库的系统结构。数据仓库指的是面向主题的(subject-oriented)、集成的(integrated)、时变的(time-variant)和非易失(nonvolatile)的数据集合，用以支持管理中的决策制定过程。

6. 数据挖掘技术

数据挖掘(data mining)的概念是在 1995 年的美国计算机年会(ACM)上被正式提出来的，它是指从大量数据中提取或"挖掘"知识，通俗地讲，就是从大量的数据中挖掘那些令人感兴趣的、有用的、隐含的、先前未知的和可能有用的模式和知识的过程。数据挖掘技术从一开始就是面向应用的，目前的应用范围极其广泛，涉及银行、电信、保险、交通、零售等商业领域,能够解决市场分析、客户流失分析和客户信用评分等许多典型的商业问题。常见的数据挖掘功能包括关联规则、分类和预测、聚类分析、离群点分析。

第四节　物联网带来的金融变革

(一) 概述

随着数字技术等的发展,经济社会活动越发平台化、生态化和智能化,传统金融将面临日益复杂的解构与重构过程。智慧金融就是数字技术对金融服务流程的系统再造与重构,使金融服务流程与其他经济活动流程紧凑融合,形成新的产融生态耦合系统,让金融具有自学习能力,让信息具有基因自传导和动态反馈机制,让金融透射智慧光芒。随着数字技术、智能终端等的快速普及,信息的搜集、获取、聚类分析与运算能力等获得快速提升,信息不对称性的状态和局面已经得到极大改变。受此影响,经济社会的组织形态和商事主体的运作思维也日益发生明显的变化,即产品思维将逐渐被服务思维替代,产品将主要成为服务的载体和通道。数字化将使商务活动由物化的产品时代迈入人性化的服务时代,智慧城市、智慧交通、智慧医疗等正是背靠不断发展的人工智能系统,从概念走向实践,并不断焕发出强大的生命力。依靠强大的分析工具和不断提升的运算能力,以及专业、专注的网络化众包合作,为金融供需双方营造一个趋势互动、协同参与的平台和场域,使用户思维嵌入金融服务设计,让金融服务智能化、应景化、透明可视化,金融分工更加社会化、市场化。

通常而言,企业作为商事主体,自产生以来的商业运营模式就是利用市场信息离散性和不对称性,培育自身在特定领域的信息搜集、识别和分析能力,并将占优的信息流转换成具有竞争优势的产品和服务流,从而挖掘和培养其独特的市场生存和发展能力。以此思路透视金融业,则传统金融机构的商业模式就是:金融机构凭借自身在特定领域具有的信息占优地位,以及专业的信息分析、处理和赋值赋权能力,将信息不对称性改造成金融产品和服务,并主要以信用中介形式获取信息不对称所带来的信用价差。

随着数字技术等的发展,尤其是移动通信信息技术和光纤网络等的快速发展,信息稀缺的局面逐步向信息冗余状态转变,海量信息与尚在襁褓中的信息处理技术能力出现失配,导致有效的市场信号被淹没在庞杂无章的信息噪声之中,研判信息相关性与因果关系的边际成本大幅增加。同时,随着信息科技革命使个体特性和个体偏好得到经济上的有效释放,以群体为单位来定义价值取向并对社会进行解构分析的做法显得越发不恰当,社会总体偏好可能更适宜基于个体偏好进行加权求总,这预示着传统基于信息不对称性提炼企业竞争优势的商业模式或将遭遇前所未有的重大冲击。从信息对称性中探寻新的盈利模式和商业运营模式,已成为金融业高端发展的内在诉求。这也就意味着,长期以来基于信息不对称性建立的金融运营模式,将逐渐被基于信息不完备性的金融运营模式所替代,金融业将呈现出更加智能、动态、自反馈修正等新型发展态势。

（二）智慧金融的概念

从概念上看，金融的含义就是资金融通。智慧金融直观地说就是构建一套确保资金投融更快速、更高效、更安全且具有内生迭代学习和进化能力的生态系统，使金融机构逐渐走出基于信息不对称获取信用利差的盈利模式。具体而言，要使金融服务变得更具智慧，必须处理好金融服务主受体的关系、金融系统与环境的关系等。

从外部环境和条件分析，智慧金融建立在一个实时无缝对接的互联互通的物联网系统之上，即各类经济社会部门极大化，电子商务、电子政务等获得极大满足和提升，并建构出一套避免信息孤岛，降低信息搜集成本，强化信息披露制度和促进信息对称性交易的制度场域，实现经济社会各类资源、数据的互联互通和实时共享。

智慧金融是在当今信息社会伴随着互联网、物联网、云计算等高科技技术在金融领域的深入应用，带来金融体系和商业模式的重大变革而诞生的。发展智慧金融，推动资金更顺畅地流通、更合理地配置和更安全地使用，对于促进宏观经济以及金融行业的创新、更好地服务个人和企业用户都具有重要意义。

（三）智慧金融的组成

智慧金融系统的内部结构主要包括以下几大子系统：信息和环境感知系统、信息甄别归类系统、任务执行系统、任务与目标评价和矫正系统。

1. 信息和环境感知系统

这是智慧金融的信息捕捉和输入系统，是由传感器构筑的高效协同的传感系统，负责将与各类金融服务具有相关性的信息搜集起来，作为金融服务机构分析市场需求的输入信息，降低信息不对称性和信息的搜集成本，进而提高智慧金融体系对经济社会的敏感性适应能力，保持市场供需的动态有效性。这个部分由物联网的认知层来实现。

2. 信息甄别归类系统

这是通过特定的算法运算和经验知识，将信息和环境感知系统搜集的信息，根据相关性和拟合值等进行初步的分析、加权和归类，提高信息的配比能力，降低市场白噪声，进而增强金融服务机构的风险识别、筛选和市场的价格发现能力等，如提炼和发现用户的风险偏好、风险可承载能力、预期风险敞口和风险阈值等，并辨析和描述金融服务的外部风险因素、风险限定值等。这些都依赖于新兴的大数据分析和挖掘技术的支持。

3. 任务执行系统

经过信息甄别归类系统处理的信息将被传输到任务执行系统，后者根据用户的风险偏好、预期风险敞口、外部风险因素和风险敏感性、风险阈值等，为用户提供金融服务框架、金融服务策略、金融服务目标等，精确制定并靶向执行用户的合目的诉求，为用户提供量体裁衣、随需而变的个性化金融服务。

4. 任务与目标评价和矫正系统

将任务执行系统、信息甄别归类系统及信息和环境感知系统中的相关情况与问题，输入学习迭代系统,学习迭代系统对执行、甄别归类和感知过程中出现的各种可能情况、偏离值等进行分析和重新设定,形成新的金融目标、金融策略和金融释缓策略等,然后向信息和环境感知系统、信息甄别归类系统及任务执行系统发出更新程序,感知系统、信息甄别归类系统、任务执行系统及任务与目标评价和矫正系统等根据新的更新任务和程序进行修正操作。

这些不同的子系统协同工作,形成人工智能化的、具有自反馈学习迭代能力的生态系统,为用户提供动态并实时响应的金融服务,从而使金融服务模式从原来的同一化、标准化的产品服务,凭借大数据、云计算等手段进行深度挖掘,并在经历和跨越市场细分的基础上真正走向个性化和随需而变的金融服务阶段。

(四) 智慧金融的本质

智慧金融的本质是金融服务生态化。智慧金融的商业模式不再以信用利差交易为主,而愈益倾向于中间业务的商业运营模式。智慧金融对资金供求双方深度开放,满足了投融双方的参与需求,即在智慧金融系统开展的金融服务中,用户的需求由过去的因变量逐渐前置为自变量,用户的参与使金融服务具有内生的响应-反馈机制,即实时动态的自我改进机制,从而更加迅捷便利地实现更替,使金融产品和服务实时贴近市场、贴近用户,因时而变、应势而变,成为贯穿整个金融生态系统的主要轴线。这使得智慧金融系统相对于传统金融更加具有生命力和创造力。

(五) 智慧金融的特点

1. 自学习和目标矫正的能力

从对信息的感知捕捉,到对信息的分析甄别和相关性分析,再到信息的执行、任务评价和学习系统等,每一个子系统都不再是简单地执行既定目标,而是在系统运作过程中实效地产生动态完善的迁移矩阵和模型,使金融服务具有动态完善能力,让金融系统的信息流、资金流、信用流、任务流等散发出智慧。

2. 海量数据的感知和匹配能力

互联网技术的蓬勃发展和物联设备的不断创新,催生了广义互联网上巨量数据的产生。这些数据都存储在互联网上每一台设备中,形成智慧金融发展的基础。智慧金融需要利用这些离散在互联网空间的海量数据,对其进行搜集整理,时序匹配,并分析数据的内在规律,提高金融服务机构对经济社会的敏感性适应能力、实时应对能力和特定供需资源的匹配能力。

3. 具备广泛的互联互通能力

在互联网及物联网的不同节点之间,需要搭建起广泛的连接,形成一张包罗万象的巨型网络。这样的网络可以使经济社会不同部门的信息做到动态实时的共享,使经济社会各领域间的关系变成基于各自专业服务能力的协同合作关系,专业的分工合作将逐渐跨越传统的产业链,向整个经济社会开拓蔓延,熔炼成一个有机的生态系统,从而有效降低产融间的信息不对称性，极大地提高产融黏合度。

4. 众包协作能力

这将有利于推进金融市场专业化分工的深度。当前金融服务面临的现状是客户需求的个性化和多样化，以及金融服务的透明可视化。金融服务将不再是金融服务机构的封闭作业，而是金融服务的每个节点和过程都将通过众包协作共享化，金融服务受体深度参与到金融服务之中，并可审视金融服务的各个过程。从这个角度讲，未来的智慧金融实际上就是在资金融通环节的共享经济，使参与智慧金融系统的不同的专业化服务组织在信息和资源上相互共享，在服务流程上实现众包协作，进而发挥各自的比较优势，共同满足经济社会日益扩大的资金融通诉求。因此，智慧金融系统中各大专业化的商事主体之间不再是单纯的竞争抑或竞合关系，而是共生关系，整个行业也将成为一个有张有弛的生态系统。

5. 以人为本的用户体验

智慧金融让客户可以自主选择服务时间、服务渠道并参与产品和服务的定制，从而既可以在线上线下全渠道为客户提供"一站式"解决方案，减少客户切换渠道的空间、时间成本，又可以提升客户的参与度，满足客户社交需求。

打造智慧金融体系，从技术方面需要将物联网、大数据和云计算三者共同结合以构成有机的计算和分析整体。物联网通过各种智能感知和识别技术，实时采集任何需要监控、连接的各类有效信息，并将信息传递到预定的接收处。物联网是物物相连的互联网，其本质还是基于互联网扩展的O2O。物联网本质上是借助互联网技术、传感装备以及可穿戴设备系统等，通过危害分析与关键点控制等技术，将各类生产和服务流程量化、可视化、可控化。智慧金融的基础在于物联网、大数据和云计算技术的有机结合和广泛使用，通过无处不在的物联网，客户和机构可以快速地获取信息，而通过云计算技术，从大数据中分析出客户的需求分布特征，让金融服务更具个性化和动态匹配性。

因此，在数字技术、物联网、大数据和数据算法等共同作用下，智慧金融生态系统通过在产融各环节实现流程的透明可视和可控，使信息获取不再是一个告知-反应的过程，而是如同一个大超市，金融服务机构能够在这一互联互通的生态系统中自动采集信息，缓解和规避信息被动获取所带来的委托代理成本和道德风险，从而使金融服务的质量更大程度上依赖于自身的信息分析、甄别和运算加权及赋值等能力，以及众包方的协同能力。

（六）智慧金融的实现条件

智慧金融系统要真正发挥其智慧本色，首先需要处理好金融系统中信息熵与条件熵的相互关系，换言之就是知识与权力的关系。一般而言，企业家是经济金融体系中的主要知识主体，其承载的是信息熵。根据香农的信息熵定理，信息熵越高，信息量就越大，系统就越复杂，就越无法用已知的知识推导未来，而高信息熵的系统就越容易产生具有企业家精神的破坏性创造行为；反之，信息熵越低，信息量就越小，系统就越有章可循，企业家精神和创造性破坏就会被权力的规制压制,产生创新压抑。

条件熵则是对权力作用于市场的一种度量。从智慧金融系统的角度看,信息熵与条件熵的协调有效、支撑约束有度非常重要。若权力对市场的内摄过高,企业从事商业活动所导致的交易和摩擦成本就高,企业家精神就容易被琐碎的秩序和规则所束缚。

因此,从信息论的角度看,条件熵若能保证程序正义和市场秩序的规范,正确处理好市场与权力的关系,为市场交易营造理性王国的条件,市场就是高信息熵的,企业就可以通过试错式学习,充分发挥创造精神,使金融由理性王国走向自由王国,从而成为"大众创业、万众创新"的重要支撑。

其次,智慧金融系统还需平衡好个性化的随需而变与个性化对市场深度折损的关系。以需求为导向的金融服务,一旦过度强调个性化将影响市场深度,而市场深度不够将抬高市场交易和持有成本,增加用户的资产久期化敞口风险。因此,个性化的金融服务与标准化的金融服务一直存在不一致性。

这就需要把握好个性化的尺度,智慧金融系统所提供的个性化金融服务,不能简单地理解为金融机构为特定用户量体定做自身独特的金融产品和服务,而是基于金融服务风控的角度来体现个性化的特征和理念,即智慧金融系统的个性化,是基于个性化用户的风险偏好、风险可承载能力等,为用户设定个性化风险政策、风险缓释策略和风险目标等参数和要素,并基于相关金融产品和服务的风险因子、风险敏感性和风险限定值等,为用户提供个性化的金融产品和服务组合。

同时,构建这些个性化的金融产品和服务组合的基础金融产品和服务,可以由标准化和可标准化的金融产品和服务组合而成,从而既保证为用户提供的金融服务是切合用户风控诉求的个性化金融服务,又可保证为用户提供的个性化金融服务的基础金融资产和服务是标准化的,具有较强的市场深度,使智慧金融系统为用户提供的金融服务能与用户不断变化的风险敏感性等实现实时动态匹配。

总之,互联网革命以来,智慧金融作为金融信息化的概念受到了广泛的关注。大数据、物联网、云计算的普及也使智慧金融的基础得以建立,资金融通的渠道也越来越依赖于互联网络。

随着智慧金融内涵和外延的不断深化,构建智能生活平台、推动智慧应用革命将是一项长期的工程。智慧金融将结合硬件支撑、平台建设、应用开发、风险管理、服务维护等多个层面,真正实现实时动态、智能最优、风险可视,最终让金融系统的信息流、资金流、信用流、任务流等散发出智慧的光芒。

(七) 物联网金融——虚拟经济、实体经济的融合

互联网金融实现了信息流和资金流的二流合一,是虚拟世界和虚拟经济的融合,却没有改变金融机构的现行信用体系存在的根本问题-缺乏对实体企业的有效掌控。

物联网金融与传统金融、互联网金融均不相同,传统的金融模式偏重于实体经济,而互联网金融更多侧重于虚拟化的网络金融且只能实现信息流和资金流的二流合一,传统金融

和互联网金融都无法解决目前金融信用体系存在的根本问题,即信息不对称,以及缺乏对实体企业有效掌控的问题。物联网金融建立在实体经济已有的智能化、网络化基础上,可以连接实体经济和虚拟经济的每一个环节,可以实现资金流、信息流和实体流的三流合一,可以达到立体化、全方位地掌握实体经济动态的目的,全面降低虚拟经济的风险,提高对实体经济风险的掌控度,这种全新的金融模式必将深刻而深远地变革银行、证券、租赁、保险、投资等众多金融领域的原有模式。

随着物联网技术的日臻成熟,并广泛应用于人类生产、生活及交易,金融业将必然创新出与此相适应的金融模式,我们称之为物联网金融。物联网金融作为一种全新的金融模式,无疑将打破传统金融业和互联网金融的现有格局,为传统金融发展注入新的发展动力,并与互联网金融高度融合后引领互联网金融走向更高级形态的物联网金融时代。未来的物联网金融将呈现高度智能化、客观化、便捷化、定制化的特点,将极大地提高融资效率,控制融资风险,促进金融、经济社会健康可持续发展。

互联网时代,捕捉的大数据通常来自社交网络、交易等,数据的价值与信用的关联性较小。对于互联网银行来说,贷款退款率大,风险高。物联网金融是客观信用高阶形态,随着技术的发展和完善,没有中介,信息来源直接、去中心化、风险主动、实时,也就更可信。互联网金融和物联网金融的差异在哪里?最重要的差别是信用主体,物联网金融将主观信用变为客观信用。物联网采集的数据是实实在在的,也就是说信用是客观的。

零边际成本的金融行为,全方位覆盖各产业领域,得益于"物联网+大数据+预测性算法+自动化系统",采集企业信息的边际成本近乎为零,服务长尾客户再无边界限制。物联网金融可实现全过程电子化、网络化、实时化和自动化,能大大降低运营管理成本。对于各产业领域的差异化信贷需求,银行能够作出更加及时、准确的反应,同时银行在数据管理平台可以提供财务管理咨询、现金管理、企业信用评价等中间业务服务,银行与企业的联系更加密切,覆盖全产业的金融服务将变得更为智能、便捷且可以节省成本。

物联网技术应用于大型仓储物流企业,可以启动仓库的物联网智能改造升级。改造后,在货物卸载过程中,重力传感器实时采集入库货物的重量信息,并传输至后台仓单管理平台。同时,定位设备实时监测和采集入库货物所存放的仓库位置信息,仓库管理人员可以实时监控,仓单管理平台可根据各类信息生成仓单,并对仓单锁定,激活报警服务。这种仓单将成为特定实物的唯一"身份证"。基于物联网技术和动产统一登记平台有效支持的新型仓单,将从根本上解决动产重复抵质押问题。并且,物联网技术可以实现对动产存货的识别、定位、跟踪、监控等系统化、智能化管理,使客户、监管方和银行等各方参与者均可以从时间、空间两个维度全面感知和监督动产存续的状态和发生的变化,有效解决了动产融资过程中信息不对称的问题。

在汽车贷款业务中,原来靠人工监管车辆售出、还款前的"一举一动",人工盘点、查对质押资产,环节多、疏漏多、压力大;现在,物联网与金融的有机融合催生了物联网金融,可以全面监控每辆受质押的车辆,银行资产能够得到充分保护。一个智能卡、一套后台控制系统、一部智能手机,不到半分钟,就能对待售汽车构筑一个网上的"虚拟围栏",让银行资产被保护起来;一旦车辆移动出"虚拟围栏",系统就默认车辆处于非法移动状态,云端管理平台会得到告警,显示出车辆轨迹。即使物联网金融设备被强拆,监管员的手机也会收到告警信号,行车安全和移出安全位置均有不同的颜色在网上即时标出。

众多的中小微企业在申请银行贷款时,银行要考察企业的财务报表、管理者的素质、团队情况、用户情况、生产情况等,最重要的一点是企业必须有抵押物才能最终获得贷款。但安装了物联网的感知卡以后,物联网将进行实时监管,可以实现全过程无遗漏环节的监管,银行就可以放心地发放贷款了。

在物联网技术广泛应用的前提下,各产业的所有生产、交易的各个环节都将物联网化,商业银行将可以提供覆盖所有产业环节的全方位、定制化的物联网金融服务。未来,随着我国产业升级的逐渐加速,各个产业领域都将物联网化,物联网金融将全面覆盖第一产业、第二产业、第三产业,物联网金融将同步改变上下游商业模式和融资结构,全方位地满足产业升级换代过程中的金融服务需求。因此,商业银行的物联网金融业务将随着产业升级而呈现指数式的增长,迎来全新的发展机遇。

未来,金融生态将显示出多层次的颠覆性。首先,商品交易的网络金融渠道进一步拓展,强力整合包括第三方支付在内的多种支付工具;其次,虚拟信用平台建立,有助于革新传统的金融中介及货币发行体系,形成完善的信用体系,建立新生代金融生态圈;最后,数据产品化,虚拟货币作用不断升级。互联网基因拓展了金融服务的维度和深度,也催生了新的商机。

目前,物联网的产品已应用到金融业的各个领域,如安防、互联网收费、支付、内部管理等。

1. 银行电子钱包在移动支付中的应用

(1) 远程支付功能更加强大。具有银行卡网上银行所具备的所有支付能力。

(2) 支付服务更加全面。在商户使用时,不仅支持小额支付,而且支持大额支付。

(3) 商户受理环境不断完善。目前中国最大的手机现场支付商户群已经在银行产业内初步形成。

2. 银行门禁金库管理系统

金库与安防门禁的结合,可利用门禁的互锁、防尾随、指纹认证、指纹双指认证等功能,加强银行系统的安全性,有效减少抢盗金库现象,并通过实时记录的显示,包括与监控系统的联动抓拍,最后能有证可依,即使发生了被盗事件,也能在最短的时间内掌握现场情况。

3. 物联网在供应链金融中的应用

(1) 物联网在供应链中的架构。供应商运行物联网依靠分布在各企业的物联网信息服务器连接。信息服务器既要保证与供应链上下游企业的信息传递,又要对来自物联网内外的查询进行身份鉴别和提供信息服务。根据服务供应链企业这一构想,在物联网信息管理系统中将其布局分层化。在第一个层次,RFID应用管理系统存在于生产商或运输商等底层的服务器中,负责传输物品的生产、流通信息;在第二个层次,对来自不同地方、不同格式的数据进行过滤和标准化处理;第三个层次提供数据存储、统计和查询等功能。对银行而言,物联网为银行和企业群架起了一座信息交流的桥梁。物联网可以提高对链上企业、仓储机构的信息流和资金流的监管效率,而且可以加快结算速度。通过物联网信息流通渠道,银行掌握不同供应链上产品流、资金流的动态特点,设计个性化服务方案,以更简便的流程为供应链企业办理融资手续。相应地,物联网降低了供应链金融服务过程中的操作风险。

物联网辅助银行对企业进行用信调查。以往,申请授信的客户向银行融资,除了需要提供营业执照、税务登记证、公司章程、近期财务报告等纸质证明材料之外,还需要提供一段时间内的企业生产经营、拟抵押货物信息,如报关单、货运单等。若银行通过物联网接口进入其管理系统,查询近期企业经营信息,由此决定是否对企业用信,则可省去企业收集整理用信资料的时间。

物联网加快贷款审批速度,提升贷后管理效率。一般而言,银行在受理一项业务后,通常要至少一个工作周的时间来审核业务的可行性,业务团队从亲自并且多次走访收集待授信客户的信息,到资料整理、方案洽谈、申报审批、签署合同及贷后管理等一系列工作,在实际工作中都需要相应专职人员跟踪服务,加上客户属于中小企业,信息不对称问题相对而言更加严重,同时增加了沟通时间。所以,如果物联网在企业中被运用,银行通过物联网掌握企业更准确的资金流、产品流情况,则将极大减少人力成本,省去很多沟通时间。贷款审批通过后,银行对授权进行严格审核复核,然后通过物联网内部系统加强管理,减少人为管理环节,降低操作风险,提高中小微企业授信管理效率。

物联网中电子感应器用于检测货物保管状态。当感应器感知抵押货物存在质变风险时,及时向信息管理系统发出信号,通知客户。这方便银行及时判断抵押物具体情况,判断是否重新进行价格核定与跌价补偿。按照购入价与市场价孰低的原则认定,购入价以发票为基础,最后选择市场价还是购入价视情况而定。若总跌价超过银行最低授信额度,且借款人未追加质物或提供新的担保,则立即宣布授信提前到期,在与客户沟通后,采取拍卖等措施出售质物,偿还贷款。

物联网信息管理系统实时报告企业经营状况。物联网如同一台监视器,银行在线实时监控授信企业日常结算与现金流状况。银行将结合仓储机构提供的质押物的信息,共同对授信企业的经营变化与财务状况予以掌握,及时采取风险预警措施。

(2)银行借助物联网获得优质监管。供应链金融涉及多方经营单位,其中,与物流仓储机构合作,负责抵押物的监管,对发展供应链金融非常重要。

物联网的信息管理系统同物流仓储机构连接,使银行方便监管链上中小企业的抵押物。RFID技术可以使银行与供应链成员联系更紧密;银行与物流监管机构间采用信息系统协同传输。这种方式取代传真、电话、纸张等点对点的传统的信息传输方式。相应地,通过利用RFID技术,企业和银行可以很清楚地了解和把握抵押物从生产、运输到销售的每一个环节,安装在工厂、配送中心、物流监管仓库的阅读器,能够自动记录物品在整个供应链中的流动,物品能在供应链的任何地方被实时追踪。从整个集成供应链看,供应链的透明度和信息的准确度将得到最大限度地发挥,恰好解决银行难于监管问题。

供应链金融业务主要集中在基于应收账款的保理与存货质押领域。从图 7-2 可以看到,银行授信前,必须经过很多个环节,而且每个环节都需要人工完成,延长了业务办理时间。物联网的使用,可以协同管理供应链上的企业与仓储监管机构的交易,极大地缩短业务办理时间。尤其在仓储交易、抵押交易环节,物联网具有不可比拟的优势。银行与链上企业达成交易后,银行将来自企业的抵押物交给合作仓库。由仓库负责保管抵押物,并定期同银行核查抵押物的货值。通过物联网实施这一环节的工作,极大降低了供应链金融存在的操作风险。例如,当抵押物入库时,装在仓库门口的RFID将其信息输入与其整合应用的信息系统中,读码器扫描银行和企业双方签订的抵押单据,货物信息同时与单据匹配,检查货物数量是否齐备。车上的每个抵押物上都装有一枚射频识别(RFID)标签,它含有一个唯一标识该抵押物的产品电子代码(EPC)。货车驶出仓库时,门口的RFID识读器启动这些标签。于是,货物"苏醒"过来,并自动在物联网上"注册"自身信息。经过一段时间的运输,抵达与银行合作的物流仓库。搬运工直接将抵押物入库上架,不需人工开包检查或者清点数目(通过卸货区的RFID识读器,仓库的库存系统自动记录每一个质押品),库管人员马上确认存货量,而银行通过物联网信息服务系统获取抵押物信息。

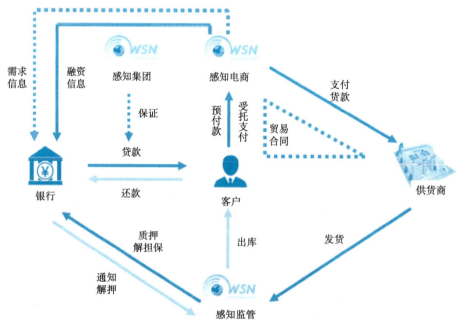

图 7-2　融资环节中的仓储监管流程

 **本章小结**

本章介绍了物联网的定义、诞生背景与发展历程和特点、与其他网络之间的关系、基本架构、关键技术、行业应用等内容；介绍了物联网带来的金融变革及物联网的未来发展趋势，并从万物互联的角度描述了"互联网＋金融平台"的发展方向。

 关键词

物联网　传感技术　数据挖掘　智慧金融

 **复习思考题**

1. 简述物联网的定义、背景与发展历程。
2. 互联网的特点及其他网络之间的关系是什么？
3. 学会物联网的基本架构和关键技术是什么？
4. 物联网在金融领域应用的案例有哪些？

 扩展阅读

何宝宏. 5G与物联网通识[M]. 北京：机械工业出版社，2020.

第八章 数据资产市场

  学习目标

1. 掌握数据资产的定义及形态。
2. 掌握数据资产的价值构成及影响因素。
3. 了解数据资产的交易与流转。
4. 了解大数据资产估价方法。

  引例

数据资产市场化：银行重塑数据治理

随着信息技术的蓬勃发展，银行以数据为核心的数字化转型已是大势所趋。国家将数据列为生产要素，在安全合规的基础上，挖掘数据要素的价值，发挥数字经济红利。银行借助本身所具备的资金和信用等优势，可将分散在各业务线和职能部门的数据进行集成，利用人工智能进行分析，通过数字技术为客户提供服务，识别具体需求，创建真正意义上的360°客户视图，以应对来自同业以及其他具备同等技术能力的金融机构的同质化挑战。同时，金融机构也可以基于成熟的传统估值理论，结合数据资产管理实践和数据资产特性，在传统的成本法、收益法、市场法以及其他非货币化计量方法的基础上进行优化，探索出适用于商业银行的数据资产估值方案，并给出数据资产估值实施的步骤、前提条件和关键点，为同业在数据资产估值领域提供借鉴。

第一节 数据资产的形态与价值

一、数据资产的基本条件

新经济时代，如果一个企业或组织没有认识到管理数据和信息资产的重要性，这个企业或组织将被淘汰。虽然当前的企业资产负债表还没有加入数据资产相关条目，但在不久的将来一定会加入。

数据资产（data asset）是企业在生产经营管理活动中形成的可拥有或可控制其产生及应用，预期能给企业带来经济效益的量化数据。大数据资产是指能够数据化，并且通过数据挖掘能给企业未来经营带来经济利益的数据集合，包含数字、文字、图像、方位甚至沟通的一切可"量化"、可数据化的信息，都有可能形成企业的大数据资产。数据资产化的核心在于通过数据与具体业务融合，驱动、引导业务效率改善，实现数据价值。

数据资产的三个基本条件是可控制、可量化与能给企业带来经济效益。可控制是指数据资产作为一种资源，应为企业所拥有或者控制；可量化是指数据资产的价值可以用某种数量指标或货币来衡量；能给企业带来经济效益是指数据资产具有为企业增值的潜力，会给企业带来预期的经济利益，具有交换价值与应用价值。

二、数据资产的特征

（一）非实体性

数据资产没有实体形态，是一种隐性存在的虚拟资产。虽然数据资产需要存储在某种有形的媒介物（例如硬盘）中，但决定数据资产价值的关键因素是数据自身，与存储数据的媒介物无关。

（二）经济性

数据资产能为企业带来预期经济效益。数据资产经过加工处理、挖掘、分析，可以有效地提高企业生产经营活动的效率，降低成本，让企业在市场竞争中获取优势与更高的利润。但是，数据资产的经济效益难以量化，主要是缺乏衡量数据资产效益的标准与算法。

（三）不确定性

数据资产的获利能力具有不确定性。数据资产所提供的预期经济效益受时间和经济环境的影响，存在不确定性，很难直接用货币形式计量。对于物质资产，当生产效率和生产成本给定时，可以预估和计量产品给企业预期带来的经济效益。数据资产的经济价值只有在企业作经营决策时发挥作用，在产品和服务之中得到应用之后才能体现出来。在数据交易市场，由于缺乏普遍公认的参照物，数据资产的交易价值主要由人为因素与主观因素决定。

（四）共享性

数据资产可以共享使用。数据资产大部分来自企业生产经营管理活动，因此，可以作为共有资源来使用。不同的主体还可同时共享同一数据资产。

（五）冗余性

数据资产通常具有较多数量的副本。很多企业保存有大量的数据，但存储的数据中有很多重复、相同的数据。大量储存的无价值数据占用了过多的存储空间，增加了企业的存储成本、管理成本与维护成本。

（六）多样性

数据资产包含众多不同类型的数据。数据的多样性可以满足不同主体的需求，企业在多种用途中使用数据，能带来经济效益。

（七）时效性

数据是流动性、时间性很强的资产。由此，数据资产如果不能被及时分析使用，其价值会随时间推移而减少，也可能完全消失。反之，有的数据资产价值会随时间推移而增大，在目前或某个时期、时段、时刻看起来价值很小的数据资产，随着时间的推移和环境变化，可能会产生较大的价值。

（八）无消耗性

数据资产不会因使用而消耗。数据资产没有具体的物质形态，不会因为使用磨损、消耗与毁坏，可以重复使用与加工。

三、数据资产的分类

根据数据来源、数据产生主体、数据应用所属的产业和数据获得的方式不同，数据资产有四种分类方式，如表8-1所示。

表 8-1 数据资产分类方式及示例

分类方式	示例
按照数据来源分类	互联网数据、科研数据、感知数据、企业数据
按照数据产生主体分类	个人数据、企业数据、关系型数据
按照数据应用所属的产业分类	农业数据、工业数据、服务业数据
按照数据获得的方式分类	第一方数据、第二方数据、第三方数据

（一）按照数据来源分类

数据资产按照数据来源可以分为互联网数据、科研数据、感知数据与企业数据。

互联网数据是网民通过互联网进行各种活动时产生的数据，包括来自用户行为的数据、消费交易数据、地理位置数据、互联网金融数据和社交数据等。

科研数据是来自研究机构的数据，存在于大学、研究所等科研单位，是科研人员使用、创造、生产的数字类文献。

感知数据是通过各种感知技术工具采集的数据，通过数码传感器、指纹识别器、GPS、智能手表、智能手环等感知技术工具，可以快捷、方便、准确地得到需要的数据。目前在世界范围内，海量的数据由数码传感器随时随地测量并传递，这些传感器广泛分布在手机、汽车、飞机、工业设备上。

企业数据种类繁杂，不仅包括企业内部生产经营管理活动产生的数据，还包括企业外部会影响其生产经营管理活动的数据。企业内部数据主要从内部管理信息系统中收集，企业外部数据主要通过互联网和相关数据交换中心收集。

（二）按数据产生主体分类

数据资产按照产生数据主体可以划分为个人数据、企业数据与关系型数据。

个人数据包括个人独有的特征数据和参与经济活动、社会活动的行为数据，是属于个人的数据，如个人的姓名、电话号码、住址、职业、学历、爱好、习惯、旅游去过的城市、购物的交易记录、上网浏览的页面等数据。

企业数据是企业在生产经营管理活动中产生的数据，是来自企业内部与外部的数据，是属于企业的数据，如企业在调查、研发、生产、购买原材料、收货、交货、收款、付费等过程中产生的数据。

关系型数据是不同主体在社会活动、经济活动时相互联系、相互作用过程中产生的数据，在这个过程中主体间的关系是对等的，如个人与个人、个人与企业、企业与企业之间由交易活动过程而产生的买方数据、卖方数据、产品数据等。

（三）按照数据应用所属的产业分类

数据资产按照数据应用所属的产业可以划分为农业数据、工业数据与服务业数据。

农业数据是在农业生产与收获过程中产生的宏观数据与微观数据。

工业数据是在工业生产与交易过程中产生的宏观数据与微观数据，如信息化与工业化融合发展的数据，信息技术应用于工业企业供需链各个环节产生的数据，通过物联网控制企业生产过程、检测企业生产环境、跟踪供应链与远程诊断的管理数据。

服务业数据是来自服务行业方面的宏观数据与微观数据，如服务型企业数量、服务型企业在对消费者提供服务的过程中采集到的交易数据、浏览数据、位置数据等。

（四）按照数据获得的方式分类

数据资产按照数据获得的方式可分为第一方数据、第二方数据与第三方数据。

第一方数据是指企业直接通过自身的生产经营活动获得的数据。例如，用户在网络平台上产生的海量交易数据和信用数据，是该网络平台的第一方数据，对于这些数据，网络平台具有拥有权和控制权。对第一方数据的挖掘、使用与出售，可以给数据拥有者带来收益。

第二方数据是指通过提供某种中介服务获得的数据。例如，第三方支付平台可以对各类企业提供支付通道，同时获取额外交易数据和信用数据。从拥有和控制的角度看，第二方数据的所有者具有对数据的控制权，但这些数据会受到获取路径方式的限制，在使用、交换或交易的过程中会采取不同的限制条件，经过脱敏处理后，如通过匿名化、整体化等方式，才能实现对这些数据的有效控制和使用。对第二方数据的挖掘、使用与出售，也可以给数据拥有者带来收益。

第三方数据是指通过爬虫技术等方式间接获得的数据。从拥有和控制的角度看，第三方数据的产权问题比较复杂。通过网络爬虫获取数据的企业或个人可以使用这些数据，但不能直接进行数据交易或授权。

四、数据资产、信息资产与数字资产

(一) 数据资产

第一,能够为企业创造价值的信息主要是用户行为数据,不应涉及用户的私有信息,如用户的电子邮件、聊天记录等个人隐私信息,也不包括从非法渠道或利用非法手段获得的信息。第二,这些信息并非原始信息,而是企业利用现代计算机技术进行挖掘、分析和处理后的加工信息。未经分析和加工的信息不能产生价值;对于不具备分析和加工能力的企业来说,这些信息也不能产生价值。第三,这些加工后的信息如同其他资产一样,可以为权利主体带来价值,也可以进行转让、交易,但需要进行数据脱敏处理。第四,数据资源的权属问题,包括数据的勘探权、使用权和收益权。第五,并非所有企业都可以将数据资源资本化,在确认为数据资产之前,企业须进行价值验证,可以基于企业自身的盈利模式和历史盈利数据进行分析和确认。

(二) 信息资产

信息资产是由企业拥有或者控制的能够为企业带来经济利益的信息资源。在信息论中,信息是通过对数据进行加工得到的,信息是数据的一个子集。同理,信息资产也是数据资产的一个子集。信息资产关注的问题集中在识别与管理上,数据资产关注的问题集中在价值与交易上。信息作为一种经过加工处理的产物,价值密度相对集中,数量相对较大;数据作为人们对客观事物描述的载体,价值密度极其稀疏,数量巨大。二者的主要区别如表 8-2 所示。

表 8-2 数据资产与信息资产的区别

项目	数据资产	信息资产
研究范围	数据	信息
关注问题	价值	识别
数量	巨大	较大
价值密度	稀疏	集中

(三) 数字资产

数字资产本质上是一种金融资产,全称为"数字金融资产",是指基于某种被认可的规则制度(共识机制)所产生的数字化、可供交易的要求权。数字资产的典型特征是:第一,数字资产是一种要求权,即数字资产的权利方(所有者)有权根据约定要求对方履行某种义务,这与金融资产的本质属性完全一致;第二,这种要求权可以在数字资产交易所进行转让和交易,可流通性和交易属性使数字资产的定价和计量更为公平;第三,数字资产是基于某种预先约定的规则制度而产生的,在这种规则和制度下,权利主体获得了要求权;第四,数字资产的权利主体可以是任何具有网络主体资格的个人或组织,即数字资产的所有者可以是个人,也可以是企业或非企业组织。数字货币、虚拟货币、加密货币以及传统数字化金融资产均属于数字资产。

五、数据资产的来源

数据资产的形成根基是对不同来源的数据进行收集汇总。随着数据技术的不断发展，产生数据的渠道越来越多，如企业使用的应用系统、互联网在线网页、社交网络、搜索引擎、商业网站等众多渠道都会产生大量的数据资产。同时，数据的格式也存在多样性，如表格、空间、时间、文本、图像和声音等。企业数据资产按来源可以分为企业内部数据资产和企业外部数据资产两类。

（一）企业内部数据资产

企业内部数据资产是由企业内部生产管理活动相关数据产生的，分为原始数据和处理数据。其中，原始数据是指未经过处理的数据，包括应用系统数据、传感器数据及工作日常数据等；处理数据是指经过统计分析处理过的数据。详见表8-3。

表8-3 企业内部数据资产来源及示例

分类	内部数据来源	示例
原始数据	应用系统数据	ERP系统数据、CRM系统数据、生产系统数据等
	传感器数据	智能温度控制器、智能电表、工厂机器等数据
	工作日常数据	电子邮件、文档、图片、音频、视频等数据
处理数据	统计分析数据	产品市场占有率、用户评分排行等统计数据

应用系统数据是由企业内部使用的各类应用系统产生的数据资产，如ERP系统数据、CRM系统数据、库存数据、生产数据、供应链数据、销售数据等。应用系统产生的数据随使用年限不断增加，并且增加速度随着企业的业务发展扩大而不断加快，同时，应用系统产生的数据具有较强的时效性。

传感器数据是由企业内部使用的各类感应器、测量仪、GPS和其他机器设备产生的数据资产，如智能温度控制器、智能电表、生产机器和连接互联网的设备产生的数据。随着物联网技术的兴起，企业可以较容易地采集到不同时段、不同地域、不同环境下的所有设备产生的数据。

工作日常数据是由企业内部员工在日常工作中产生的数据资产，如电子邮件、文档、图片、音频、视频等数据。日常工作产生的数据资产大多数为非结构性数据，需要用文本分析功能进行分析，这类数据往往作为隐性知识蕴含着巨大的价值。

统计分析数据是由企业内部的原始数据经过统计分析处理产生的数据资产，如由不同产品、时期、顾客、分销渠道的销售记录分析得出的产品市场占有率，由电子商务数据、POS机数据、信用卡刷卡数据统计的用户消费习惯数据等。统计分析产生的数据较原始数据有更直接的应用价值，但加工会造成数据细节的丢失。在收集数据资产时，企业既需要收集统计分析数据，也需要尽可能完全地收集其所对应的原始数据。

(二)企业外部数据资产

企业外部数据资产是由企业外部相关数据产生的,分为开放数据和行为数据。其中,开放数据包括政府数据、非营利组织数据及互联网数据;行为数据包括移动通信数据、社交媒体数据及外部平台用户数据。详见表8-4。

表8-4 企业外部数据资产来源及示例

分类	外部数据来源	示例
开放数据	政府数据	国家标准、政府工作报告、行业趋势、天气等数据
	非营利组织数据	研究报告、专家观点等数据
	互联网数据	在线网页、应用软件等数据
行为数据	移动通信数据	移动应用使用习惯、移动端交易记录等数据
	社交媒体数据	微信、微博、推特、脸书等数据
	外部平台用户数据	淘宝、大众点评等平台拥有的用户评价、搜索记录等数据

政府数据是由政府机构和单位对外公布的开放数据,如国家标准、政府工作报告、行业趋势、天气数据、环境数据等数据资产。企业从外部收集的政府提供的开放数据可用于辅助分析内部数据资产的价值。

非营利组织数据是由一些非营利的联盟组织、开放平台或者企业免费提供的数据,如研究报告、专家观点等数据资产。通常,使用这类数据资产需要遵循数据提供者限定的使用要求。

互联网数据是由互联网在线网页或应用软件提供的数据,这类数据的数据量极大。同时,它在收集时,常以关联数据源而非获取实际数据的方式进行存储。

移动通信数据是由移动设备产生的数据,如各类应用软件的使用习惯、用户在移动端的访问记录、交易记录等数据。随着移动设备的应用越来越普遍,移动通信设备记录的数据量和数据的立体完整度可能优于各家互联网公司掌握的数据。

社交媒体数据是由各类社交媒体平台和软件产生的数据。由社交媒体产生的数据大多数是非结构化的,在进一步应用时,大多需要通过文本分析技术进行分析。

外部平台用户数据是由一些平台提供的用户数据。如用户在购买商品的过程中留下的搜索记录、浏览或对比过程、最后购买情况等有价值的行为数据。通常,这类数据需要企业付费才能从外部平台获得。

六、数据资产的收集

(一)数据资产的收集方式

由于数据资产来源较多,数据形式多样,在收集数据资产时可采用直接途径和间接途径,如表8-5所示。

表 8-5 数据资产收集方式及示例

途径	收集方式	示例
直接途径	直接方式	应用系统数据、传感器数据等
	众包方式	外部平台用户数据等
	购买方式	移动通信数据、社交媒体数据等
间接途径	整合方式	互联网数据等
	数据排放方式	外部平台搜索记录数据等
	爬虫方式	互联网数据、社交媒体数据等

直接方式是指绝大多数的企业内部数据资产都可以直接获取。例如，各类应用系统数据可以通过访问数据库的方式进行收集；又如，各类传感器数据可以通过物联网技术设置传输数据的频次。

众包方式是指企业让用户以自由自愿的形式帮助企业收集数据的方式。这种方式常用于在外部平台上收集用户数据，外部网络平台通过用户贡献获取数据，如用户评价，大多数用户可能并不知道他们正在帮助公司建立数据资产。部分众包方式需要付费，即付费众包，企业需要给员工、外包人员、用户等提供一定的经济激励，以收集一些难以获取的数据。

购买方式是指企业通过向数据拥有者直接购买原始数据的方式进行收集。这种方式常用于购买移动通信数据、社交媒体数据和一些企业销售的付费原始数据。

整合方式是指将现有数据的数据源通过整合方式进行收集。大型互联网公司会将多个数据源整合在一起。互联网公司自身并不产生大量的数据，而是通过获取其他数据源的数据，建立统一的界面呈现给用户。这种方式不同于其他方式，主要是通过对现有数据源进行关联、整合处理。

数据排放方式是指收集信息系统或应用使用过程中产生的相关副产品数据。用户在购买商品的过程中留下很多有价值的行为数据，通过对这些数据的关联分析，企业可以制定更精准、更灵活、更个性化的营销决策。这些副产品数据可以帮助企业在原有基础上提供更优质的产品与服务，帮助企业提供新产品或新服务，也可以直接销售给第三方机构获益。

爬虫方式是指通过网络爬虫技术抓取互联网数据的数据收集方式，常用于收集互联网数据、社交媒体数据与外部平台用户评论数据等。

（二）数据资产收集的原则

数据收集要尽可能多。企业在生产经营活动中产生的绝大多数数据都具有一定的价值。即使目前企业认定这些数据没有价值，也要尽量保存起来，随着数据技术的快速发展，随时可能发现数据中存在新的价值，因此，应尽可能多地收集数据。

数据收集工作越早开始越好。数据分析可以推迟到技术更成熟时进行，但数据收集不能推迟。因为数据具有时效性，一旦错过了时间，未存储的数据将很难再获取。

选择简单的方式收集数据,保留更有价值的原始数据。因为数据被处理后很难还原,不易产生新的数据价值。企业应尽可能多地链接到外部数据集,数据越清晰、准确,数据质量就越高。能够链接到的外部数据源越多,形成的具有关联关系的数据就会越多,蕴藏的价值也会骤增。

企业还要注意数据收益递减的规律。数据的价值并不随数据量的增大而无限制增值,有时,当数据量超过某个临界点时,数据价值可能会停止增加。

第二节 数据资产价值

一、数据资产的价值体现

在数据经济发展过程的四个阶段中,数据资产的价值体现是不相同的,如图8-1所示。

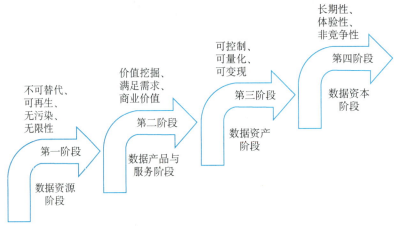

图8-1 数据经济发展的四个阶段中数据资产的价值

(一)数据作为资源的价值体现

数据经济发展的第一阶段是数据资源阶段。在这个阶段,数据作为资源被经济活动使用,如同其他实体资源一样,具有使用价值,被体现在其他经济活动的应用中。

数据资源化的过程为:首先,企业发现各种有用数据的来源;其次,采集满足特定需求的数据;然后,把采集到的数据按应用需求进行标准化、结构化处理;最后,将加工处理后形成的数据与实际应用相结合,发挥数据的作用,提高决策的效率与准确度。

数据需要在开放的基础上,通过先进的数据技术加以提炼、加工与整合,实现资源的纯化,并可以被调用和应用。在这个过程中,无论是供给知识、信息,还是提供服务,本质上都日趋依赖于对数据的有效占有以及持续深入的数据挖掘。数据作为资源具有使用价值,通过资源的纯化,数据可以被使用,帮助管理者决策,实现经济效益。

(二)数据作为产品的价值体现

数据经济发展的第二阶段是数据产品与服务阶段。在这个阶段,数据作为产品或服务被数据经济活动使用,如同其他实体产品与服务形式一样,具有商业价值。数据可以为顾客提供有用的信息、快捷的服务。数据产品与服务在数据经济中发挥了巨大作用,提供了更多的经济形态。

(三)数据作为资产的价值体现

数据经济发展的第三阶段是数据资产阶级。在这个阶段,数据既具有应用价值,也具有独立的经济价值。实现数据可控制、可量化与可变现属性,体现数据价值的过程,称为"数据资产化"。在这一过程中,信息技术部门逐渐由成本中心转为利润中心,可以为企业直接带来现金流和经济效益。

在数据时代,数据已经渗入各行各业,逐步成为企业不可或缺的战略资产,而企业的核心竞争力将由掌握的数据规模、数据的鲜活程度以及采集、分析、处理数据的能力所决定。数据资产催生以数据资产为核心的新商业模式,并孵化出新的数据资产交易市场,如表8-6所示。

表8-6 数据资产的商业模式

商业模式	说明
租售数据模式	出售或出租原始数据
租售信息模式	出售或出租经过整合、提炼、萃取的信息
数字媒体模式	通过数字媒体运营商进行精准营销
数据使能模式	代表性企业如阿里巴巴,它通过提供大量的金融数据挖掘及分析服务,协助其他行业开展因缺乏数据而难以涉足的新业务,如消费信贷、企业小额贷款业务等
数据空间运营模式	出租数据存储空间
大数据技术模式	针对某类大数据提供专有技术

(四)数据作为资本的价值体现

数据经济发展的第四阶段是数据资本阶段。在这个阶段,数据不仅是资源与资产,还是资本。数据资本不同于实物资本的特性主要反映在三个方面:一是非竞争性,实物资本不能多人同时使用,数据资本则不存在这个问题;二是不可替代性,实物资本可以替换,数据资本则不行,因为不同的数据包含不同的信息;三是体验性,数据只有使用后才有意义。

数据资本化就是将数据资产的价值和使用价值折算成股份或出资比例,通过数据交易和数据流通活动将数据资产变为资本的过程。数据资产作为资本的价值需要在数据交易和流通中体现。数据要在供需两侧流通,数据资产包可以实现供需双方的连接,赋值后的数据资产包可以有形量化,供需双方都能清楚地了解其价值,数据资产可以用于交易、质权贷款、挂牌上市、数据投资,即通过数据交易与流通实现价值并增值。

二、数据资产价值的构成

(一) 数据资产的内在价值与外在价值

可以从企业内部和企业外部两个角度对数据资产的价值进行衡量，数据资产价值由内在价值与外在价值构成。

数据资产的内在价值是指数据资产对企业内部的价值大小，可以通过数据资产对企业内部战略决策、业务与生产等管理活动的支持程度或使用效果来衡量。数据资产的外在价值是指企业外部对数据资产的评价，外部购买者愿意支付的价格是数据资产外在价值的直接体现，即数据资产的外在价值可以通过数据资产的市场价格来衡量。

(二) 数据资产内在价值的作用

在战略决策管理中，数据资产内在价值的作用体现在数据资产的重要程度和稀缺程度上，可以通过数据资产对企业的重要性、不可替代性和潜在竞争对手获得相似数据的难易程度来衡量。数据资产越重要、越难以被替代、越不容易获取，数据资产的内在价值就越高。

在业务管理中，数据资产内在价值的作用体现在数据资产对企业业务活动的支持程度与关联程度上，可以通过数据资产对业务流程的适用性、数据资产到达相应业务流程的速度来衡量，数据资产的内在价值会随着及时性和关联程度的提高而增加。

在生产管理中，数据资产内在价值的作用体现在数据资产对相关生产活动的影响和驱动能力上，可以通过在一段时间内某个数据资产能够影响或推动多少个关键生产指标向企业目标靠拢来衡量。与此同时，企业还需要对数据资产的完整性、规模性和可访问性进行衡量，数据资产的这些特征会直接影响数据资产在生产活动中的使用效果。

(三) 数据资产外在价值的作用

在数据资产交易中，数据资产外在价值的作用体现在出售数据资产给企业带来的直接经济收益上，可以通过数据资产在交易中的收益情况来衡量。在安全、可靠的交易环境下，企业可以通过不断交易，最大化地实现数据资产的外在价值，获得更多的收益。

三、数据资产价值的影响因素

数据资产价值的影响因素有：数据质量、数据规模、可访问性、鲜活性、关联性、使用效果、价值密度、数据类型多样性、共享性和再生性，具体如表 8-7 所示。

表 8-7 数据资产价值的影响因素

影响因素	对数据资产价值的影响
数据质量	数据资产的价值会随着数据质量的提高而增加
数据规模	数据资产的价值会随着数据规模的变化折价或溢价
可访问性	数据资产的价值随着访问、使用的便捷程度的提高而增加
鲜活性	数据资产的价值随着时间的推移而降低

(续表)

影响因素	对数据资产价值的影响
关联性	数据资产的价值随着关联的数据资产数量增加而增加
使用效果	数据资产的价值随着使用效果的增强而增加
价值密度	数据资产的价值随着价值密度的增大而增加
数据类型多样性	数据资产的价值随着数据类型的增多而增加
共享性	数据资产的价值随着多用户的共享而增加
再生性	数据资产的价值不会随着使用而消耗

（一）数据质量

数据质量主要体现在准确度、完整性、广度、延迟性和粒度等方面。数据质量对于支持企业的业务至关重要，数据质量越高，越能提供精准服务，数据资产的价值就越高。数据所要求的精度水平高度依赖于数据的类型以及数据是如何使用的。一些数据可能需要 100% 的准确性，而有些信息可能只需要 80% 的准确性对于实际目的来说就已经足够了。随着数据准确性的提高，企业会得到一些额外的好处，但其边际效益有所减少。在商业环境中很少需要 100% 准确的数据，但一旦数据的准确性低于一定水平，提高数据质量就成为一种责任而不是资产。

（二）数据规模

数据规模主要考虑数据集的大小，数据资产价值会随数据规模的变化折价或者溢价。一般情况下，价值越大的数据资产，具有较大的数据规模。少部分情况下，即使数据规模很小，数据资产也具有很高的价值。所以，不能单纯根据数据规模的大小判断数据资产的价值。在大多数情况下，企业拥有的资源越多越好。然而，随着信息技术的使用，数据资源不再稀缺，目前大多数企业中最大的问题不在于数据不足，而是数据过多。一旦数据量超过处理的最优点，数据决策能力就会降低。

（三）可访问性

数据资产随着使用频率的增加，价值也随着增加，会产生越来越多的使用回报，而可访问性将直接影响数据资产的使用频率。数据如果不被使用，就不可能产生经济利益，也就不是资产。如果企业不能从数据中提取价值，则只会增加其存储与维护成本。

（四）鲜活性

鲜活性是指数据的新鲜程度，即数据产生的时间以及数据是否为最新的数据。数据的新鲜程度对数据资产的价值影响很大，越新的数据，其价值越大，数据的新鲜程度现在比以往任何时候都重要。企业将新鲜数据更快地注入分析平台，加上快速的数据分析能力，可以及时获得正确的决策支持。

（五）关联性

数据资产通常在与其他数据资产进行比较和关联使用时变得更有价值。例如，客户数据和销售数据是独立存在的有价值的数据。然而，从业务角度来看，两组数据联系在一起会更有价值。企业将客户特征与购买模式联系起来，有助于营销定位，以便在正确的时间将正确的产品推荐给适合的人。用于决策支持的数据资产通常需要整合来自各种不同信息系统的数据，关联性越高的数据，越容易被整合与使用，其价值越高。

（六）使用效果

使用效果主要取决于企业管理者运用数据的能力，运用能力越强，数据资产的价值就越高。数据资产不能直接转化为产品或服务，其价值不是直接体现在数据自身，而是体现在数据的运用上，如在辅助管理者进行决策时或者蕴藏在产品或服务中。因此，数据资产的使用效果很难与其他因素剥离，很难直接观察。一般来说，企业管理者运用数据的能力越强，使用效果就越好，数据资产的价值就越大。

（七）价值密度

价值密度是由高价值的数据在总体数据中的占比决定的，数据资产的价值与价值密度成正比。不同的数据资产具有不同的价值密度，不同的价值密度造成了数据资产的价值差异。

（八）数据类型多样性

数据类型多样性是指数据资产包含众多不同类型的数据，可以满足不同主体的需求。例如，企业拥有的客户数据类型越多，就越能清楚、全面地了解客户的需求，可以为企业开发个性化的产品提供支持。数据类型越多，数据资产的价值就越高。

（九）共享性

数据资产可以在多个用户、业务领域和企业之间共享，而不会对其中的任何一方造成损失。数据资产可以同时被多个业务领域享有，每个业务领域都可以享有全量数据。一般来说，数据共享往往会增加其价值。

（十）再生性

大多数资源都是消耗型的，使用得越多，数量就越少。然而，数据使用得越多，数据就越多。这是因为新的或衍生的数据通常是通过汇总、分析或组合不同的数据源而产生的，这些新生成的数据会增加原始数据的价值。数据挖掘、数据分析、人工智能等技术专门用于从现有的数据中生成新的数据。

第三节　数据资产的交易与流转

一、数据资产交易的作用

（一）实现数据资产价值的需求

数据资产交易可以满足企业对数据资产价值实现的需求。一方面，企业可以通过数据资产交易，将数据资产价值变现，由此创造全新的收入来源，而不只是支付高昂的存储、维护和管理费用；另一方面，数据资产交易可以最大化地发挥数据资产的价值。相比于其他资产，数据资产具有共享性与无消耗性等特征，使得数据资产可以通过交易发挥更大的效益，也决定了数据资产可以无损复制,方便其他企业或组织使用。如果数据资产通过交易有效流动起来,产生的经济效益将会不可限量。

如同网络效应是激发互联网企业成功的原动力,数据资产交易带动的数据资产流动则是企业提高经济效益的有效途径。如果数据资产仅局限于企业内部使用而不进行交易流通,即使能够完全发挥价值,经济效益也只会是100%而不会更多。但如果数据资产能够通过交易让更多的企业受益,即使每个企业只能利用其部分的价值,经济效益也会超过100%,更不用说将交易得到的数据资产与自身的数据资产进行结合,往往能产生"1+1>2"的效果。

(二) 扩充数据资产内容的需求

数据资产交易可以满足企业对数据资产内容扩充的需求。由于数据资产价值受关联性与数据规模因素的影响,企业对与生产、经营或决策关联的外部数据有着迫切的需求,外部数据可以扩充自身的数据资产内容,增加数据资产的价值。同时,由于企业所在行业、所处领域的不同,以及数据技术、数据加工、数据处理能力的差异,也会让企业需要外部数据资产。

二、数据资产交易的模式

数据资产交易有线下直接点对点的交易,也有线上通过交易中心的交易。线下点对点的交易可以按字节、流量、数据条数、查询次数等收费,也可以通过对等交换或签署协议的模式进行。线下的直接交易虽然可以满足部分企业数据资产交易的需求,但无法满足大规模交易的需求。线上数据资产通过交易中心交易的模式有托管交易和聚合交易两种。

(一) 托管交易模式

托管交易模式是指数据资产拥有者(各业务机构)将自己的数据资产完全交由数据资产交易中心管理,由数据资产交易中心负责与数据资产购买者交易。一旦进行托管,后续的一切交易活动都与最初的数据资产拥有者无关,数据资产拥有者无法得知后续交易内容,也无法从后续交易中获利。数据资产交易中心的诚信度是数据资产拥有者权益的唯一保障。

(二) 聚合交易模式

聚合交易模式是指数据聚合中心通过应用程序接口链接各数据资产拥有者,数据资产由数据资产拥有者自行管理。当数据资产购买者向数据聚合中心提出请求时,由中心向各数据资产拥有者发送请求,满足请求的机构返回数据,最后统一由中心反馈给提出请求的数据资产购买者。

表面来看,在聚合交易模式下,数据资产由数据资产拥有者自行管理,数据聚合中心不负责管理数据资产,只承担链接供需双方和促进交易的任务。但是,通过深入分析数据资产的流通不难发现,在数据资产交易的过程中,所有被交易的数据资产都会通过该中心再流转,该中心完全可以对交易数据进行备份留存。随着新的交易不断发生,数据聚合中心可以沉淀大量数据资产,其本质与托管数据资产交易中心无异。

三、大数据资产确认条件

企业掌握的大数据不一定全部能成为资产,大数据真正成为资产还必须具备一些特定条件。

(一) 大数据必须处于可利用状态

大数据的价值不在于"大"而在于"用"。原始状态下的大数据因不处于使用状态而不能作为资产。大数据在价值未被认识和发现前,只是一堆无用的数据或资料;当人们发现了它的价值,但尚未着手整理挖掘它的价值时,它只能说是一项数据资源;只有人们对成千上万的数据进行整理、分析、挖掘价值,控制和开发利用这些数据,提取出对企业运营有用的信息时,这样的数据资源才能称作大数据资产。

(二) 大数据资产是经过整理分析后的数据或信息

大数据并不等同于大数据资产。能确认资产的大数据必须是挖掘分析后的数据或信息,而不是源数据。如监控视频、商品评论等,这些数据杂而乱,人们无法直接从中获取有用的信息,因而它们不是资产。只有通过专业技术整合分析后,从监控视频中提取出的不同时段的客流量情况、从商品评论中提取出的商品反馈情况等,才可以纳入资产的范畴。

(三) 大数据资产必须符合法律法规

大数据资产的确认,需要注意法律问题。企业在利用大数据的过程中不可避免地会截取分析客户数据,如消费行为数据、地理位置信息、个人账户数据等,这些数据获取行为难免会引起消费者的反感。因此,企业在利用大数据进行内部管理创新和商业模式创新的过程中,需要注意处理好效益与客户隐私保护的关系,可以采取一些方式避免法律风险,比如,对数据进行清洗脱敏处理,或事先签署客户同意授权等。只有在保证消除法律风险的前提下,大数据才能作为资产。

第四节 数据资产估价

一、数据资产估价复杂度高

数据资产的自身特征和外部环境是导致其估价难的重要原因。自身特征主要是指大数据的"5V"特征,即容量巨大、种类复杂、处理速度快、价值密度低和真实性;外部环境因素主要是指数据交易市场环境、数据所有权问题等。

(一) 数据资产的自身特征

大数据所包含的数据量巨大,一般的存储载体无法满足,致使其存储载体可移动性较差。在交易过程中大数据实时更新,虽然可以确定是历史数据还是实时数据,但缺乏实时性的大数据显然是不完整的。同时,大数据种类复杂的特征导致数据资产分类较为困难,影响着数据资产的估价。数据来源及自身结构的多样性也是数据资产估价的难点。

(二) 数据产权定位模糊

交易要明确数据的权属关系,划清交易双方享有的权利和义务,以此来规范数据的交易过程,高效、安全地达成交易。交易双方为了增加自身的不确定性收益或避免损失,通常会主动界定产权。但是,大数据作为有价值的无形资产,开发成本较高,产权界定的难度较大。现阶段数据产权的界定比较模糊,产权的占有程度影响着大数据资产价格的高低。

(三) 数据交易各方的不确定性

大数据价值的不确定性,再加上买卖双方的信息不对称,已经成为数据产品估价的难点。大数据资产的效用价值只有在经过使用之后才能明确,甚至需要经历一段时间才能体现,存在一定的滞后性。同时,买卖双方对数据产生的期望效用、清晰程度等方面有着不同的认知。例如,买方担心获取的数据难以达到自身期望的效果,卖方则担心所售数据的价值未被合理估价。

(四) 数据交易市场环境

在现阶段,数据标准化程度较低,致使流通的数据格式较为复杂,制约了对大数据资产的合理估价。大数据所包含的范围已远超传统数据库,除传统的结构化数据之外,还包括非结构化、半结构化数据,这极大地增加了数据二次加工的难度,制约着数据的流通,阻碍着买卖双方数据的供需匹配。

二、数据资产估价的特点

(一) 数据资产估价对象的组合性

由于权利主体、形成时间的不同及使用功能的相对独立性,数据资产估价对象通常由多个部分组合而成,不同部分可以分割或者组合后使用和交易。数据资产估价对象的组合性,要求数据估价时须考虑各个部分及整体大数据价值之间的关系,即需要一种机制对数据资产价值进行合理的分割。

(二) 数据资产估价要考虑买方的使用特性

大数据价值密度低的特点决定了大数据的使用依赖于使用者对大数据的分析处理能力。不同购买者大数据分析技术能力的差异和不同的使用目的,导致了数据资产价值的差异。因此,数据资产估价应充分考虑购买者的使用能力和使用价值。

(三) 数据资产估价不同于数据资产定价

估价是定价的基础。估价是基于数据资产生产者或者初级所有者的角度,根据数据资产的本身价值特点进行价值评估,为数据资产的进一步价格发现提供参照基准,其技术属性偏向于资产评估,是数据资产本身使用价值的一种数据化再现。定价是在估价存在的基础上,基于数据资产购买者对该数据资产的效用评估和心理可接受价格的较量,利用可交易市场中的价格发现功能进行竞价匹配,最终达成供需平衡状态下的市场出清价格,是对估价的一种调整,是基于资产评估理论分析得出的一种公允价格。

（四）数据资产估价对估价人员的专业要求高

数据资产估价要求估价人员不仅要掌握资产评估的理论与方法，还要掌握与待评大数据相关的专业技术背景，熟悉数据资产价值实现的可能及发展前景。与传统的资产估价实务相比，数据资产估价实务对估价人员的专业要求要高得多。

三、数据资产估价方法

（一）数据资产估价的基本方法

数据资产估价的基本方法包括市场法、成本法与收益法。在数据资产的评估方法中，市场法是在当前市场寻找相同或相似资产，对其价值进行调整的一种估价方法；成本法是从资产的重置角度考虑估价的一种估价方法，其中，重置成本需要重点考虑数据资产的价值与成本的关系；收益法是对未来预期的经济利益的流入求取现值的方法，在估价的过程中主要用到未来数据资产所产生的收益、折现率以及未来的收益时限三个主要指标，这些指标决定着数据资产的价值。市场法、成本法与收益法的核心公式、创新点及应用如表 8-8 所示。

表 8-8 数据资产估价的基本方法汇总表

类别	核心公式及符号说明	创新特点及应用
市场法	$v_0 = \sum_{i=1}^{m} \omega_i v_i \sum_{j=1}^{n} \dfrac{v_{ij}}{v_{0j}}$ 式中，v_0 表示待估数据资产价格；v_i 表示第 i 个可比数据资产的价格；v_{ij} 表示第 i 个可比数据资产第 j 个影响因素的价格；v_{0j} 表示待估数据资产第 j 个因素价格；ω_i 表示第 i 个可比数据资产的权重	在市场法公式中增加了大数据买方使用特性修正。买方分析技术能力和使用价值要求越高，使用特性修正系数越大；反之，则调小大数据使用特性修正系数
成本法	$v_0 = \sum_{i=1}^{m} \alpha f_i$ 式中，v_0 表示待估数据资产价格；α 表示组合系数；f_i 表示待估数据资产第 i 个要素（部分数据资产）的价格	如果 f_i 表示要素价格，组合系数 $\alpha = 1$；如果 f_i 表示部分数据资产价格，当各部分数据资产组合发生增值时，组合系数 $\alpha > 1$，否则 $\alpha \leqslant 1$
收益法	$v_0 = \sum_{i=1}^{m} \dfrac{R_i}{(1+r_i)^i}$ 式中，v_0 表示待估数据资产价格；R_i 表示待估数据资产未来第 i 阶段的收益；r_i 表示待估数据资产未来第 i 阶段的收益率	在确定客观收益和收益率时应充分考虑买方的大数据分析能力及其对使用价值的影响，合理确定相关参数

（二）数据资产分解估价方法

数据资产分解估价方法是协作生产大数据产品的各利益主体分配收益或者分摊成本的估价方法。在实践中，运用数据资产估价的基本方法，分别评估数据资产整体及其各部分的价格，通常会存在各部分价格之和与大数据整体价格不相等的情况。在大数据整体资产价格确定的前提下，如何合理修正各部分的价格是数据资产分解估价方法要解决的关键问题。

第八章 数据资产市场

因此,需要特别说明的是,同一数据资产各部分的预估价格须按照统一的估价方法评估,即要求具有可比性。

1. 沙普利值法

沙普利模型将各部分数据资产的任意组合视为一个估价对象,沙普利值体现了估价对象内各部分资产价值对整体的贡献。在确定各部分数据资产对整体数据资产价值边际贡献的基础上,运用沙普利模型确定各部分的分摊值。沙普利值的基本模型可表示为

$$v_i^0 = \sum_{S \subseteq N \setminus \{i\}} \frac{|S|!(|N|-|S|-1)!}{|N|!}[v(S \cup \{i\}) - v(S)]$$

其中,$|N|$、$|S|$分别表示估价对象N、S包含部分数据资产的数量;$[v(S \cup \{i\}) - v(S)]$表示第i部分数据资产预估价格对估价对象S预估价格的边际贡献;v_i^0表示第i部分数据资产的待估价格。

2. 破产模型法

破产模型(bankruptcy model)是对如何在多个主体之间分配有限资源的抽象描述。在数据资产收益分解中,可以将各部分大数据利益单位视为债权人,各部分预估价格为整体的债权。假设整体数据资产价值$E \in R_+$需在利益单位集N中进行分配,N中各部分预估价格之和大于E。记$|N|=n$,则这一问题可用破产模型(N,c,E)表示。记N中破产模型的集合为Γ^N。对任意的$(N,c,E) \in \Gamma^N$及$i \in N$,c_i表示第i部分数据资产的预估价格,v_i^0表示第i部分待估数据资产的价格。

考虑到可操作性及适用性,本节选择了六种破产分配法则,计算公式及基本原理如表 8-9 所示。

表 8-9 破产模型法计算公式及基本原理汇总表

破产模型法	计算公式	基本原理
比例法则	$\sum_{i \in N} \lambda c_i = E$,$v_i^0 = \lambda c_i$	依各部分大数据的预估价格占总预估价格的比例λ来分配数据资产的价值
限制均分收益法则	$\sum_{i \in N} \min\{c_i, \lambda\} = E$ $v_i^0 = \min\{c_i, \lambda\}$	优先满足预估价格较小的主体,对于预估价格较大的主体一视同仁地分配份额λ
限制均分损失法则	$\sum_{i \in N} \max\{0, c_i - \lambda\} = E$ $v_i^0 = \max\{0, c_i - \lambda\}$	要求各部分主体损失额度λ相同,如果某部分预估价格小于λ,则对该部分主体的分配额度为零
限制平等法则	$v_i^0 = \begin{cases} \min\left\{\dfrac{c_i}{2}, \lambda\right\} & E \leqslant \sum_{i=1}^{n} \dfrac{c_i}{2} \\ \max\left\{\dfrac{c_i}{2}, \min\{c_i, \lambda\}\right\} & E > \sum_{i=1}^{n} \dfrac{c_i}{2} \end{cases}$	当整体预估价格不大于预估价格总额的一半时,各主体分得其预估价格半额和λ值的最小值;当整体预估价格大于预估价格总额的一半时,先确定各主体预估价格和λ值的最小值,然后在各主体预估价格半额及其对应的上述最小值之间取最大值

(续表)

破产模型法	计算公式	基本原理
Piniles 法则	$v_i^0 = \begin{cases} \min\left\{\dfrac{c_i}{2}, \lambda\right\} & E \leqslant \sum\limits_{i=1}^{n} \dfrac{c_i}{2} \\ \dfrac{c_i}{2} + \min\left\{\dfrac{c_i}{2}, \lambda\right\} & E > \sum\limits_{i=1}^{n} \dfrac{c_i}{2} \end{cases}$	当整体预估价格不大于预估价格总额的一半时,各主体分得其预估价格半额和 λ 值的最小值;当整体预估价格大于预估价格总额的一半时,各主体首先分得各自预估价格的一半,然后分配各主体预估价格半额和 λ 值之间的最小值
Talmud 法则	$v_i^0 = \begin{cases} \min\left\{\dfrac{c_i}{2}, \lambda\right\} & E \leqslant \sum\limits_{i=1}^{n} \dfrac{c_i}{2} \\ c_i - \min\left\{\dfrac{c_i}{2}, \lambda\right\} & E > \sum\limits_{i=1}^{n} \dfrac{c_i}{2} \end{cases}$	当整体预估价格不大于预估价格总额的一半时,各主体分得其预估价格半额和 λ 值的最小值;当整体预估价格大于预估价格总额的一半时,首先确定各主体预估价格半额和 λ 值之间的最小值,然后各主体分得其预估价格半额减去该最小值后的值

注:λ 的具体含义参见各种分配法则的原理。

公平与效率是评价估价方法的两个标准,根据从注重公平到注重效率进行排序,依次为 Piniles 法则、比例法则、限制均分收益法则、限制平等法则、Talmud 法则和限制均分损失法则。在数据资产收益分解估价实践中,可以根据需要选择合适的分配法则确定最后的评估价格。

(三)数据资产估价方法选择

市场法、收益法和成本法作为基本方法,是数据资产估价的基础。对于具有一定数量可比实例的估价对象,应优先选用市场法;对于能够预测数据资产收益的情况,可以选择收益法;由于成本法依据的是数据资产的成本构成,即通过生产大数据过程中所涉及的人、财、物的数量及单价测算数据资产价格,因此在数据资产市场不成熟的现状下,成本法可作为一种优先选用的主要方法。另外,在实际应用中,也可以根据估价对象及现实条件的限制组合运用上述基本估价方法。

数据资产估价基本方法运用的前提在大数据市场中不易满足,有时不能有效保证估价结果的合理性,所以需要运用数据资产分解估价方法对部分数据资产价格进行修正,以提升数据资产估价结果的合理性。数据资产分解估价方法应用的前提是确定整体数据资产的价格。当整体数据资产价格大于部分数据资产价格之和时,选用沙普利值法;当整体数据资产价格小于部分数据资产价格之和时,选用破产模型法。

当选择破产模型法时,可以根据不同的估价理念,选择不同法则的分配结果。按照"公平优先"的理念,可以选择采用比例法则的分解结果;按照"效率优先"的理念,可以选择采用 Talmud 法则的分解结果;按照价值中立的原则,则可以选择采用多种或者全部分配法则分解结果的均值。

四、数据资产估价流程

当前,大数据交易市场是由卖方主导的交易市场,参与交易的双方存在信息不对称,且数据资产价值具有双向的不确定性,单方面的估价容易造成不公平的现象。因此,需要先对数据资产的最低价和最高价进行确定,得出可供双方讨价还价的价格区间,以便进一步确定合理的成交价格。在估价过程中,大数据供给方提供数据的前提是数据的生产成本能得到充分补偿,因此,成本价格是大数据供给方避免亏损的价格下限。与此同时,大数据需求方对价格的决定性作用也要充分考虑。通过分析数据对需求方的效用大小,可以把握需求方的支付意愿,并据此来制定数据的需求价格(价格上限),从而形成数据资产的价格区间。在价格区间中,供给方可以通过进一步的估价策略(如捆绑估价策略等)来获取最大利润。

随着大数据市场日趋成熟,市场会根据供求状况对价格发挥调节作用,这时还需要将市场上其他同类数据的价格作为参考,因为只有当估价不高于当前市场价格时,该数据才具有出售的竞争力。此外,数据资产估价还需考虑数据价值的时效性,及时对数据进行动态估价并反馈。数据资产估价流程如图 8-2 所示。

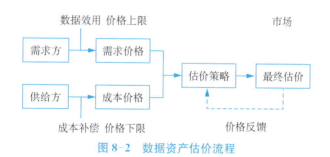

图 8-2　数据资产估价流程

本章小结

数据资产是企业在生产经营管理活动中形成的可拥有或可控制其产生及应用,预期能给企业带来经济效益的量化数据。大数据资产是指能够数据化,并且通过数据挖掘能给企业未来经营带来经济利益的数据集合,包含数字、文字、图像、方位甚至沟通的信息等。数据资产化的核心在于通过数据与具体业务融合,驱动、引导业务效率改善,实现数据价值。数据资产的特征包括非实体性、经济性、不确定性、共享性、冗余性、多样性、时效性、无消耗性。数据资产价值的影响因素有数据质量、数据规模、可访问性、鲜活性、关联性、使用效果、价值密度、数据类型多样性、共享性、再生性。通过数据资产交易的作用,可以实现数据资产价值的需求和扩充数据资产内容的需求。数据资产交易的模式包括托管交易模式和聚合交易模式。

 **关键词**

数据资产　　　　数字资产　　　　　信息资产　　　　　数据质量
价值密度　　　　托管交易模式　　　聚合交易模式

 复习思考题

1. 数据资产的特征有哪些？
2. 简述数据资产、信息资产与数字资产的区别与联系。
3. 简述数据资产的价值构成。
4. 数据资产价值的影响因素有哪些？各因素对数据资产价值产生什么影响？
5. 数据资产交易的模式有哪些？

 **扩展阅读**

彭俞超,戴鼗.大数据金融[M].北京:高等教育出版社,2023.

第九章 大数据征信

学习目标

1. 了解国内外征信行业概况。
2. 掌握大数据征信所需的技术支持。
3. 了解大数据征信的发展趋势。

引例

"征信"一词源自《左传·昭公八年》中的"君子之言,信而有征",是指专业化的、独立的第三方机构为个人或企业建立信用档案,依法采集、加工、整理、保存其信用信息,并依法对外提供信用信息服务的一种活动。如今,征信业已成为企业、个人与金融机构进行借贷沟通的桥梁,能够有效缓解借贷双方之间的信息不对称问题,降低不良贷款率。在大数据时代,征信行业正式迈入全面量化分析阶段,征信数据呈现高维度、非结构化特征,征信模型更加复杂多样,有助于更加真实地反映用户的信用状况,控制信用风险,完善社会征信体系。金融科技的兴起使大数据征信逐渐深化,私营征信机构通过对海量的、分散的、多样化的数据进行快速搜集、分析和挖掘,运用多种机器学习、深度学习算法预测信用主体的还款意愿和还款能力,形成多种多样的征信产品,使征信行业发生了巨大而深远的变革。

第一节　大数据征信概述

一、大数据征信的概念

从本质上说,征信是根据企业和个人的行为记录,通过模型去预测其未来的信用情况,征信机构作为征信体系中的重要组成部分,在信用社会中发挥着至关重要的作用。过去,征信机构对于企业和个人信息的搜集比较困难,搜集到的信息也比较有限。近几年,以中国人民银行为代表的征信机构也在研究征信机构的含义,并根据国情探讨适合我国经济发展的征信机构组织形式,同时借鉴国外征信机构的发展经验,寻求适合我国征信体系发展的新模式。

大数据征信是指通过对海量的、多样化的、实时的、有价值的数据进行采集、整理、分析和挖掘,并运用大数据技术重新设计征信评价模型算法,多维度刻画信用主体的"画像",向信息使用者呈现信用主体的违约率和信用状况。随着信息技术的发展,尤其是随着互联网和大数据的普及,数据积累的数量和质量都有了飞跃。大数据技术推动数据统计模型不断完善,深层次挖掘征信数据,未来还能通过数据分析和模型进行风险评估,依据评估分数,预测还款人的还款能力、还款意愿以及欺诈风险,更加科学地反映用户的信用状况。

二、大数据征信的主要特征

从表面上看,大数据征信和传统征信似乎只是数据的获取渠道不同,前者的数据主要来自互联网渠道,后者的数据主要来自传统线下渠道,但是二者存在较大的差异。大数据征信创新主要表现在覆盖人群广泛、信息维度多元、应用场景丰富及信用评估全面四个方面,它也因此降低了征信成本,提高了征信效率。

(一)覆盖人群广泛

传统征信主要覆盖在持牌金融机构有信用记录的人群。大数据征信通过大数据技术捕获传统征信没有覆盖的人群,利用互联网留痕协助判断信用,满足 P2P 网络借贷、第三方支付及互联网保险等互联网金融新业态身份识别、反欺诈、信用评估等多方面的征信需求。

(二)信息维度多元

在互联网时代,大数据征信的信息数据来源更广泛,种类更多样。大数据征信的数据不再局限于金融机构、政府机构以及电信提供的个人基本信息、账单信息、信贷记录、逾期记录等,还引入互联网行为轨迹记录、社交和客户评价等数据,例如,借款人的房租缴纳记录、网购记录、水电费缴纳记录甚至住址搬迁记录都可以作为大数据征信的数据来源。这些数据在一定程度上可以反映信息主体的行为习惯、消费偏好以及社会关系,有利于全面评估信息主体的信用风险。

(三)应用场景丰富

传统征信主要采集贷款数据、信用卡数据等历史记录,通过数据整合分析得出征信报告,仅能覆盖与银行发生过信贷关系的群体。大数据征信采用新的信用评估体系,数据主要来源于互联网,也就是说,大数据征信将不再单纯地用于经济金融活动,还可将应用场景从经济金融领域扩大到日常生活的方方面面,如租房、租车、预订酒店、签证、婚恋、求职就业、保险办理等各种需要信用履约的生活场景,在市场营销支持、反欺诈、贷后风险监测与预警和账款催收等方面具有良好的应用表现。

（四）信用评估全面

大数据征信的信用评估模型不仅关注信用主体历史信息的深度挖掘，更看重信用主体实时、动态、交互的信息，以信用主体行为轨迹的研究为基础，在一定程度上可以精准预测其履约意愿、履约能力和履约稳定性。此外，大数据征信运用大数据技术，在综合传统建模技术的基础上采用机器学习建模技术，从多个评估维度评价信用主体的信用状况。

三、大数据征信的程序与技术应用

（一）大数据征信的程序

1. 制订数据采集计划

征信机构从客户的实际需求出发，确定所需采集的数据种类。例如，一家银行在决定是否对某企业发放短期贷款时，会重点关注该企业的历史信贷记录、资金周转情况，按需采集企业的基本概况、历史信贷记录、财务状况等。

2. 采集数据

数据一般来源于已公开信息、征信机构内部存档资料、授信机构等专业机构提供的信息、被征信人主动提供的信息、征信机构正面或侧面了解到的信息。出于采集数据真实性和全面性的考虑，征信机构可通过多种途径采集信息，但要兼顾数据的可用性和规模，在适度的范围内采集合适的数据。

3. 数据分析

数据查证保证了征信产品的真实性：一是查数据的真实性；二是查数据来源的可信度；三是查缺失的数据。信用评分运用先进的数据挖掘技术和统计分析方法，通过对个人的基本概况、信用历史记录、行为记录、交易记录等大量数据进行系统的分析，挖掘数据中蕴含的行为模式和信用特征，以信用评分的形式对个人未来的某种信用表现作出综合评估。

信用评分模型有各种类型，能够预测未来不同的信用表现；在对征信数据进行分析时，还可以借助统计分析方法对征信数据进行全方位分析，并将分析获得的综合信息用于不同的目的，使用的统计方法主要有关联分析、分类分析、预测分析、时间序列分析、神经网络分析等。

4. 形成信用报告

征信机构完成数据采集后，对收集到的数据和分析结果加以综合整理，最终形成信用报告，报告要遵守客观性、全面性、隐私和商业秘密保护等原则。

（二）大数据征信的技术实现

传统的个人征信技术建立在丰富的信贷记录基础上，因此，传统的个人征信技术目前无法解决大多数人的个人征信问题。

大数据征信的兴起离不开技术的支持。大数据和云计算技术的进步为大数据征信的发展提供了支持和便利，人工智能算法模型为全面刻画用户违约概率和信用状况提供了有力补充。一方面，随着"互联网+"的发展，老百姓的衣食住行、社会交往与互联网趋于紧密结合，互联网上产生、沉淀了大量与个人征信相关的数据。借助大数据抓取和挖掘技术、云计算技术，这些数据的采集、记录、储存和分析变得更加容易。另一方面，以机器学习为代表的人工智能技术相继被采用，不仅可以分析、归纳和汇总各种渠道获取的结构化和非结构化数据，还可以设计多种预测模型（欺诈模型、身份验证模型、还款意愿模型和稳定性模型等）来预测信用主体的履约意愿和履约能力，降低违约风险和坏账率。

征信大数据链的相关方包括上游的数据生产者、中游的征信机构及下游的征信信息使用者。大数据征信是基于大量网络行为数据，以此刻画个人信用画像，运用大数据、人工智能等技术建立金融风控模型，有效甄别高风险交易，智能感知异常交易，实现风险早识别、早预警、早处置，提升金融风险技防能力，很好地解决了个人信用记录缺乏的问题，是"金融+科技"成果的显著体现。

1. 上游的征信大数据生产者

大数据征信的数据来源比传统征信数据更加广泛，除了来自金融机构和政府部门的数据外，还有基于互联网的交易和成交信息等。目前，与征信相关的大数据来源可以分为四大类。

（1）信用交易数据生产者。我国金融服务机构大体可以分为金融机构、类金融机构和互联网金融机构。这三类机构构成了我国的金融服务体系。信用交易数据来源于征信对象通过金融服务机构从事金融活动时所产生的数据。

（2）商品和服务交易数据以及行为数据生产者。电商、金融、娱乐、旅游等行业的一些企业，以及水、电、燃气、通信、教育、医疗等公用服务机构，利用自有的工作机制和网络平台，收集客户买卖商品和服务过程中的基本信息、交易信息和社交行为信息，并对这些数据进行有序加工整理，形成数据库。

由于不同的企业和服务机构处于竞争状态，彼此力争形成自己所谓的"闭环"，将信息与他人分享的内在动力不足，因此这类信息主要是企业和服务机构自身的客户信息。

（3）政府公报信息和公共服务信息的数据生产者。政府公报信息主要是企业工商注册的信息，包括行政司法机关掌握的企业和个人在接受行政管理、履行法定义务过程中形成的信息。公共服务信息主要包含工会服务信息、社区服务信息以及各类信用信息平台的公开信息等。

（4）通过技术手段爬取或通过非常渠道获得的其他各种领域的数据。对于很多企业来说，自身数据积累相对有限，因此会通过技术手段（如网络爬虫技术）从互联网渠道爬取。同时，科技企业还通过客户活动积累了大量数据，此类数据的种类多样，包含各种行业的数据以及企业和个人的信息。

征信数据的来源渠道多样，而且数据种类和数据结构也非常复杂。从征信数据的数据种类来说，既有金融交易数据、市场交易数据，也有不少社交行为数据；从征信数据的渠道来源来说,既有来自政府的公开信息,也有从市场采集的信息;从征信数据的数据结构来说,既有以银行信用数据为主的结构化数据,也有以图像、文本、视频为主的非结构化数据。

2. 中游征信机构的数据加工

积累了一定的征信数据之后,就可以对信息进行检索过滤,即将积累的数据进行分类检索和过滤筛选,使之变成有价值的信息;然后,再对信息进行深度挖掘,从数据中挖掘出价值大、代表性强、预测能力强的信息;最后,根据大数据挖掘出的重要信息进行智慧决策,即对未来的事件进行风险预测,从而采取相应的措施来防范风险。由此可见,征信大数据应用实施的演变过程就是把大量没有关联关系的数据通过一些技术手段转变成有用的信息,最终形成决策,从而有效防范风险。

由于与征信相关的信息的数据采集渠道广泛、数据来源不可追溯、数据结构复杂,因此针对不同数据的不同特点要选取不同的处理方法。征信大数据分析技术包括离线数据处理、实时数据处理和数据分析技术等。

(1) 离线数据处理引擎——Hadoop。Hadoop 是一个由 Apache 基金会开发的分布式系统基础架构。Hadoop 的并行计算框架 MapReduce 可以对离线数据进行简单的并行计算处理。Hadoop 适合处理几百 T 这个级别的数据量,并且适用于一次写入、多次读取的场景,也就是数据复制进去之后,可以长时间对这些数据进行分析,从而实现了对离线数据进行长时间处理的功能。目前,Hadoop 主要用于用户行为分析、广告效果分析、产品设计分析、商业智能分析、报表统计等。

(2) 实时数据处理引擎——Spark。Spark 是专为大规模数据处理而设计的快速通用的计算引擎,虽然它有与 Hadoop 相似的开源集群计算环境,但是它在某些工作负载方面表现得更加优越,不仅优化了迭代工作负载,而且内存计算速度比 Hadoop 快 100 倍。构建在 Spark 上用于处理实时数据的 Stream 的框架,其基本原理是将实时数据分成小的时间片段(几秒),以批量处理的方式来处理这一小部分数据,从而实现了实时计算与处理数据流的功能。

(3) 数据分析技术——Python。Python 是一种跨平台的计算机程序设计语言,是一个高层次地结合了解释性、编译性、互动性和面向对象的脚本语言。它最初被设计用于编写自动化脚本(shell),随着版本的不断更新和语言新功能的添加,越来越多地被用于独立的大型项目的开发。征信大数据应用 Python 软件强大的数据分析技术,通过多种机器学习和深度学习方法,除了可以用于预测信息主体的信用状况外,还可以输出模型重要性特征排序,为模型预测与优化提供重要参考依据。

用于数据挖掘与分析的软件还有很多,这里不再一一介绍。对于不同软件的选取与使用,一是要考虑数据挖掘与分析项目的需求与要实现的功能,二是要结合数据分析师的分析理念和日常习惯。

3. 下游的征信信息使用者对大数据征信产品的使用

在金融领域,常用的大数据征信产品有银行评级及其他评级报告、专项评价报告、信用咨询类服务、企业征信、金融机构服务等。该领域的产品主要是为从事金融活动的相关方提供的,如担保机构、小贷公司、保理公司、融资租赁公司等,旨在帮助金融活动的相关方收集被调查对象的真实、有效的数据信息,经过征信机构判断、评价、分析后,甄别与防范在从事金融活动的过程中可能发生的各种风险。

在政府领域,常用的大数据征信产品有评级或评价报告、筹建咨询报告、征信调查服务、信用体系建设咨询等。该领域的产品主要服务于政府部门、行业协会等,不同的产品对应政府相关部门的不同需求。例如,社会信用体系建设咨询产品是征信机构结合信息化的技术手段为地方或行业社会信用体系主管部门提供规划编制、平台建设、体系设计等服务。

在商业或商务领域,常用的大数据征信产品有评级或评价报告、投融资咨询报告、征信评价报告、供应链管理服务、系统开发等。该类产品是针对商业发展或商务合作开展的大数据征信服务。

在公共领域,常用的大数据征信产品有PPP(政府和社会资本合作)咨询、社会信用产品应用咨询、社会责任报告、大数据排名等。该类产品应用于针对社会公众所提供的大数据征信服务。

在个人领域,常用的大数据征信产品有个人征信、个人贷款风险预测等。该类产品应用于针对个人所提供的大数据征信服务。

四、大数据征信的主要模式及范例

(一)汉得信息的供应链金融业务

汉得信息通过云的形式为小微企业提供低成本的信息化服务,获得小微企业的流水数据,包括采购、销售、存货、总账、报表等各项数据,掌握企业的经营信息和征信情况,为企业贷款提供数据验证,有针对性地开拓小微企业金融业务。2015年6月30日,汉得信息与平安银行就供应链金融签署战略合作协议,汉得信息主要负责甄别企业经营数据的准确性,平安的保理云平台将与汉得信息的供应链金融平台进行对接,涵盖从申请到还款的全流程,平安的橙E网为融资企业提供支付结算、财富投资、增值保障等其他金融服务。

(二)京东的供应链金融服务

2012年11月,京东商城正式发布供应链金融服务平台,针对数以万计的供应商提供包括应收账款融资、订单融资、委托贷款融资、协同投资、信托计划等在内的金融服务。同时,京东与中国银行北京市分行签署战略合作协议,后者为其提供贷款融资额度。供应商提出融资申请后,京东供应链金融平台将结合商城供应商的评价系统、结算系统、票据处理系统、网上银行及银企互联等电子渠道的数据分析供应商的信用情况,核准后递交银行,再由银行给予放款。京东的供应链金融服务可以显著提高供应商的资金运营效率。

第二节 国内外征信业发展概况

一、我国征信体系发展历程

从历史发展的角度来看，自1932年第一家征信机构中华征信所诞生算起，我国征信业已经有90多年的历史。不过，其真正意义上的发展还得从改革开放之后算起。

改革开放40多年来，我国征信业逐步走向规范化，并已初具规模。特别是加入世贸组织后，国内外企业之间的经济交往越来越频繁。为了规避外贸风险，了解交易对象的信用状况，必须根据以往对外经贸往来中的交易记录来判断交易的可行性，规避系统性风险，这也加速了我国早期征信机构的产生。与此同时，国际知名征信机构进入我国市场，为我国征信业的发展提供了宝贵的经验和先进的技术，进一步推动了本土征信机构与外资征信服务机构的交流与合作。

20世纪80年代后期，为适应企业债券的发行和管理，中国人民银行批准成立了第一家信用评级公司上海远东资信评级有限公司。同时，为满足涉外商贸往来中的企业征信信息需求，对外经济贸易部计算中心和国际企业征信机构邓白氏公司(Dun&Bradstreet)合作，相互提供中国和外国企业的信用报告。1993年，专门从事企业征信业务的新华信国际信息咨询有限公司开始正式对外提供服务。此后，一批专业信用调查中介机构相继出现，征信业的雏形初步显现。

20世纪90年代，四家国有银行开始从专业银行转变为商业银行，经营以市场为导向的业务，客户群体日益多样化。同时，国内相继成立了几家地方性银行与股份制银行，加剧了金融市场的竞争。2003年以来，国家陆续实现国有商业银行的股份制改造，提高了银行的经营管理水平与风控能力，维护了金融稳定，并最大限度地发挥了金融在经济中的核心作用。

2003年，国务院赋予中国人民银行管理信贷征信业务、推动建立社会信用体系的职责，批准设立征信管理局。同年，上海、北京、广东等地率先启动区域社会征信业发展试点，一批地方性征信机构设立并得到迅速发展，部分信用评级机构开始开拓银行间债券市场信用评级等新的信用服务领域，国际知名信用评级机构先后进入中国市场。2004年，中国人民银行建成全国集中统一的个人信用信息基础数据库；2005年，银行信贷登记咨询系统升级为全国集中统一的企业信用信息基础数据库；2008年，国务院将中国人民银行征信管理职责调整为管理征信业并牵头社会信用体系建设部际联席会议；2011年，牵头单位中增加了国家发展和改革委员会。经济的快速发展和全社会信用意识的增强，带来了巨大的征信需求，我国征信业进入快速发展期。

现阶段，我国运用大数据从事征信活动的机构仅限于民营征信机构，主要从事个人征信业务。2015年1月,央行授予芝麻信用等8家机构征信资格。芝麻信用是蚂蚁金服集团旗下的子公司,依托阿里巴巴集团旗下的电商数据、政府公共部门的数据、合作企业的数据等对用户的信用进行全面评估,并给出每名用户的相应芝麻分,分数越高,表明用户的信用越好。目前,基于芝麻信用的产品或服务主要有信用住、免押金出行、借物等。

2018年3月19日,由中国互联网金融协会牵头,与上述8家征信机构联合设立的百行征信有限公司在深圳成立。百行征信是中国人民银行批准的唯一有个人征信业务牌照的市场化个人征信机构,专业从事个人信用信息搜集、整理、保存和对外提供信用报告、信用评分、反欺诈等各类征信服务。它的成立体现了"政府＋市场"双轮驱动的新型征信模式,是中国人民银行征信的有力补充,对我国普惠金融的实施和社会信用体系的建设影响深远。

二、美国征信业概况

(一) 发展历程

美国征信业经历了快速发展期、法律完善期、行业整合期及成熟拓展期四个阶段,从野蛮生长走向理性整合,形成了个人征信市场Experian、Equifax、TransUnion三足鼎立及企业征信市场邓白氏公司一家独大的局面。其中,消费需求的爆发是根本驱动力。

快速发展期发端于20世纪20年代,在此阶段,信用卡的诞生以及居民消费支出的不断提高使得信贷需求日益膨胀,同时,受经济大萧条的影响,个人违约率不断上升,驱动征信市场快速发展。法律完善期始于20世纪60年代,在这个阶段,法律体系不断完善,为征信业的发展注入了强大动力。行业整合期始于20世纪80年代,在这一阶段,银行开始大规模整合和全国化进程,加上技术作用的推动,征信业步入整合期,机构数量由2 000家减至500家。2000年至今,美国征信市场逐步进入成熟拓展期。这一阶段的特点是专业化和全球化,各大征信机构开始积极进行海外布局,扩大市场,并致力于开发更多的征信应用。从美国征信业的历史发展路径来看,先是野蛮生长,然后是理智整合,在这个过程中,应用场景的拓展、技术的进步和法律法规的完善都起到了关键性的推动作用。

(二) 发展模式

美国作为一个高度市场化的国家,其征信业主要采取市场主导型征信模式。市场化征信模式是指由独立于政府之外的私营企业组成的征信机构,通过对个人、企业的信用信息进行收集、加工,然后提供给信息使用者,来获得报酬的征信模式。在市场主导型征信模式下,信息来源相对广泛,并为法律允许范围内的所有市场主体提供信用调查服务。政府通过设立信用管理局来管理信用行业实务,制定相关法律并监督法律执行,但不会直接参与征信活动。

在美国,征信机构均独立于政府和美联储,按照纯市场化的方式运作,并以营利为目的向市场提供信用信息产品和服务,政府和美联储仅扮演监管者的角色。除美国外,英国、加拿大等也采用市场主导型征信模式。

三、欧洲征信业概况

区别于美国的市场型征信模式,欧洲大部分国家的征信业采取政府主导型征信模式,这种模式一般是以中央银行建立的银行信贷登记系统为主体,征信机构多是由各国的中央银行或银行监管机构开设,一般由政府出资来建立中央信贷登记系统和全国数据库,并且不以营利为目的。中央银行征信系统主要收集企业信贷信息和个人信贷信息,央行可利用这些信息进行金融监管及执行货币政策,商业银行可利用这些信息防范贷款风险。

法国、德国、比利时、意大利、奥地利、葡萄牙、西班牙等国采用的都是典型的政府主导型征信模式。以德国为例,德国的征信体系以公共征信系统为主,以行业协会内部征信系统和私营征信系统两部分为辅,三者构成德国强有力的社会信用体系。其中,公共征信系统主要对数据信息进行基本的收集、整理、保存、加工,是德国征信体系的重要数据来源,包括德意志联邦银行信贷登记中心系统和行政司法系统,前者供银行与金融机构内部使用,后者主要对外提供工商登记信息、地方法院债务人名、法院破产记录等信息查询服务。

在政府主导型征信模式下,信用数据由中央银行及其下属部门掌控,这有利于保护金融系统的信息安全,从而较大程度地保护个人隐私。只有被授权的央行职员或金融机构职员才能通过公共征信系统查询相关信息,其他任何人均不能在未得到授权的情况下通过该系统直接查询企业和个人的信用状况。不过,与市场型征信模式相比,该模式下的信息范围要窄许多。例如,欧洲各国公共征信系统的数据主要包括企业和个人的借贷信息,但不包括诸如企业地址、业务范围、所有者名称等信息。

四、欧美征信业发展对我国征信业的启示

目前,我国的征信体系形成了以央行体系为主、以民营体系为辅的格局。其中,央行体系是基础数据库,是国内征信体系的核心环节;民营体系则可以弥补央行体系的不足和缺陷,为征信市场的完善和活跃注入了新动力。相比欧美征信业,目前我国征信业还存在以下短板:

第一,缺乏充分有效的数据基础。央行的征信数据是以银行信用数据为主的结构化数据,银行之间甚至政府部门内部呈现"信息孤岛"现象,导致数据来源少、准确率低,在此基础上,难以通过合理建模形成全面、有效的征信评价体系。

第二,征信体系的覆盖广度和深度有限。征信机构获取数据的来源被看作征信机构的核心资源,各家机构把持各自的信息数据,使信息采集场景分裂,征信市场形成"信息孤岛",数据来源十分混乱。同时,个人用户的信用评估相对简单,真实性很难考证。也正因为如此,我国的征信市场依然停留在数据资源抢夺战时期,而欧美国家的征信机构已经开始利用数据建模评级、评分。

第三,信用管理不完善,相关的法律体系缺失。健全的信用体系需要完备的信用管理立法框架支撑,例如,美国政府围绕规范授信、平等授信、保护个人隐私等方面,尤其是法律中的失信惩戒机制使失信行为的成本高昂。反观我国,由于缺乏有效的征信体系,金融机构无

法真正识别企业和个人的征信情况,无法为其提供全面的金融服务,这一点在个人用户和小微企业用户上体现得尤为明显。

借鉴欧美征信业的实践经验,我国征信业需要在以下方面作出改进。

1. 政府层面应当加强对征信业的管理

从国际经验看,政府对征信业的管理方式与该国信用管理法律体系的状况密切相关。法律法规完善,政府的直接管理职能就相对弱化,征信业的发展也比较规范;法律法规不健全,政府或央行的直接管理职能就更为重要,征信业的发展状况就更容易受政府行为的影响。我国征信业的发展历史较短,因此,还需要政府对该行业进行相应的监管。当前,需要确立央行是该行业的监管主体,改变长期以来我国征信业多头监管与无人监管并存的状况,以促进征信业的健康发展。

2. 征信机构应当着力实现与主要客户的信息共享

很多国家在征信业发展初期都遇到过信息采集方面的难题,我国征信机构目前同样面临"信息孤岛"的局面。我国可以借鉴英国的信息采集模式,成立一个由征信机构和银行、保险公司、租赁公司、电信公司等主要信息提供者组成的理事会,以互利原则为基础,在法律允许的范围内,共同确定信息共享的方式、范围。在征信业发展初期,想获得所有信息提供者的支持是不现实的,可以先从最重要的信息提供者入手,打通信息共享的渠道,再通过征信市场规模的较快扩张吸引更多的信息提供者加入。

3. 在法律和程序方面应当加强对消费者的保护

发达国家具有完善的征信法律制度保障。例如,在系统建设、数据采集、数据使用等方面,美国和欧洲一些国家都有明确的征信法律制度,这些征信法律制度的建立保障了它们的信用管理体系的正常运转。目前,我国的征信业正处于起步阶段,而国外的征信体系、征信机构都已经发展得较为成熟和健全。只有充分了解国外的征信机构建设模式,并结合我国的实际情况,才能建立适合、高效的征信机构。通过借鉴美国和欧洲国家的成功经验,笔者认为,在指导建设征信机构的时候,应该以商业建设为主,并允许正面的数据采集,从法律和程序等客观条件方面加强对消费者的保护。只有这样,才能充分借鉴他人的成功经验,有效推动我国征信业快速发展。

第三节 大数据征信面临的机遇和挑战

一、数据时代我国个人征信发展面临的机遇

(一) 征信数据的来源广泛

与传统征信模式相比,大数据时代个人征信数据的来源广泛而多样。在大数据时代,利用互联网平台能够有效扩大征信对象的范围,横向增加征信数据,这是对目前央行征信系统

很好的补充。就征信数据的内容而言,大数据征信采集的数据除传统个人征信依赖的信贷信息和部分公共信息外,还包括征信对象的消费、社交及网络行为等信息,其获取的数据具有海量性、实时性、结构复杂等特征,通过对数据进行深入挖掘,可以从多个维度对主体的信用状况进行综合评价,纵向提高征信数据的广泛性。

(二)征信市场的发展多元化

央行的个人征信系统基本上覆盖全国的传统信贷市场,是我国个人征信体系的基础。但随着经济社会的发展,央行征信系统提供的产品与服务已不能满足某些企业的定制化产品需求,大数据时代的个人征信市场除了公共征信机构外,还要有民营的市场第三方征信机构作为有力补充。2015年,8家开展个人征信业务准备工作的机构名单的公布,标志着我国个人征信市场打破了政府主导的局面,开始进入多元化的发展阶段。市场第三方征信机构重点服务于中下游市场。在这8家入选个人征信试点的机构中,有以互联网企业为背景的,也有以金融机构和传统征信机构为背景的,各家机构依据各自的优势充分发挥自身特长。2015年,我国个人征信行业的潜在市场规模为1 623.6亿元,而实际市场规模仅为151.4亿元,个人征信市场成长空间巨大。未来,随着行业的进一步开放,更多的机构会进入个人征信业,个人征信市场将会呈现更加多元化的发展。

(三)征信产品的应用场景多样化

与传统征信产品的种类和应用相比,大数据时代的个人征信机构将会提供满足不同需求的多样化征信产品和服务,如各种评分、信用报告、反欺诈服务及其他增值服务等。随着信审效率的提高和用户体验的改善、征信业务执行方及授信模式的变化,征信产品的应用场景将会不断拓展。除金融领域外,个人征信产品还可用于租房、快速安检等多个生活场景。此外,还可以通过征信产品对客户进行行为研究、精准营销、画像等拓展性应用。以芝麻信用为例,其将客户的信用历史、行为偏好、履约能力、身份特质及人脉关系信息进行加工、整理、计算后得出信用评分(即芝麻分),分数越高代表信用越好,可应用的场景越丰富。目前,芝麻分已经能够在购物、金融、出行、住宿等多个场景中应用。

二、大数据时代我国个人征信发展面临的挑战

(一)"信息孤岛"现象难以消除

据统计,我国的各级政府部门掌握着全社会80%的信息资源,政府掌握的政务信息在最大范围内的开放与共享是信用制度发展的关键所在。征信机构能够快速、真实、完整、连续、合法、公开地获得用于完成企业信用调查报告和个人信用调查报告的数据,是保障信用体系健康发展的基础。但长期以来,掌握社会信息资源的各系统间呈现出部门控制、条块分割、相互封锁的状况,不同职能部门间因利益关系缺乏有效的共享机制,形成了严重的"信息孤岛"现象,阻碍了信用信息的互联互通。

(二)专业技术人才匮乏

征信专业技术人才严重不足造成了征信业发展供血不足。征信业是知识和技术含量很

高的行业，例如，信用评级涉及不同的业务品种、行业背景和法律环境，需要大量熟悉不同行业的高素质人才。我国征信从业人员数量总体偏少，理解大数据并能够利用大数据进行创新的征信业高级专业技术人才更为稀缺，人才培养的长期机制尚未建立，大数据征信的信用理念也仅处于萌芽状态。此外，大部分征信机构处于亏损状态，经营十分艰难，难以吸引到大量的优秀人才。

（三）信息安全面临考验

随着数据量的剧增和数据的云端集中，数据的安全性面临巨大挑战，制约着征信业的发展，尤其是在目前技术尚未成熟的时期。新技术的发展使信息的获取更加方便、存储的时间更久，数据搜索也更容易，在云端长久储存并汇集的数据都可能成为被攻击的目标，配置或者软件的错误都有可能意外地被其他用户访问，数据的分布式处理也加大了数据泄露的风险。用户在不同场合、不同情形下发布或留下的部分个人信息，存在因黑客攻击、网络病毒而导致信息被非法访问、盗取和篡改的风险。此外，如果将数据库防护网托付给技术不成熟的云计算服务商，数据丢失、病毒入侵等问题就会更加严峻。征信业务本身就要求对征信信息进行严密的防护，大数据同样需要攻克数据安全难题，云端基础设施共享需要更高水平的安全机制保障，因此，保障数据安全需要在核心技术层面付出努力，大数据时代的征信业务发展需要在保护数据和高效利用技术之间找到平衡点。

（四）法律保障力度不足

目前，我国与征信相关的保护企业商业秘密和公民个人隐私的法律法规体系尚不完善。尽管摆脱了征信业发展过程中无法可依的窘境，但其向上缺少更高层次的法律支撑，向下缺少具体配套的规章制度，对于征信机构和征信业务也缺乏必要的监管手段，使得征信机构在业务开展过程中步履维艰。尤其是在大数据与互联网时代，一些新出现的征信活动还缺乏具有针对性的法规约束，使得征信机构在保护商业秘密和个人隐私以及产品研发之间面临两难选择。而且，当企业的商业秘密或个人的隐私受到侵害时，由于缺乏相应的司法救济，企业和个人的合法权益得不到有力保障。

第四节　大数据征信的发展趋势

一、多样化的信息采集主体

除目前的征信机构外，互联网企业和金融机构也将进军征信业，建立新型的征信机构。一种是电商企业组建的征信机构。例如，百行征信建成了涵盖数十万家企业的信用信息数据库，通过大数据分析开展网络联保贷款、小额贷款等多项增值业务，具备成立专业征信机构的基础和实力。另一种是金融机构成立的征信机构。例如，中国平安集团通过采集P2P借款信息、银行信贷记录以及车险违章等信用信息，成为专门挖掘金融数据的征信机构。此外,随着互联网金融的兴起,一些成熟的第三方网络借贷平台将转型成为行业征信主体,利用大数据技术提供征信服务。

二、全局性的信息采集内容

在大数据时代,信用信息征集范围将不断扩大,既有从电子商务等平台采集的非银行信用信息,也有从政府部门和事业单位采集的社会公共信息。传统的社会征信机构将利用互联网技术扩大信息征集范围,除了企业和个人的基本信息外,更加注重对非银行信息的采集。同时,阿里巴巴、腾讯等互联网公司依托电子商务、社交网络和搜索引擎等技术工具,利用大数据技术分析海量的网络信用数据,形成能够真实反映企业和个人信用状况的数据档案。各级政府部门也将以电子政务工程为基础,将分散在各部门的社会公共信息加以整合,依托互联网实现各级政府及其主要职能部门所掌握的信用信息的互联互通。

三、深层次的信息加工

随着对大数据与云计算技术的应用,基于大数据拓展应用服务的公司逐渐崭露头角。它们对各种结构性与非结构性的海量数据应用集成技术进行信息集成,实现不同业务系统之间和异构数据库之间的互联互通。利用大数据技术从大量信用信息数据库中提取用于信用评价的关键性数据,此谓数据的一次挖掘。在此基础上,将这些关键性的数据信息与征信专业知识相结合,用于开发新的征信产品与服务,实现对数据的二次挖掘。这些信息成为信用评价的重要参考依据。

四、广泛的信息应用范围

云计算和数据挖掘等技术的进步,将推动传统征信服务升级并扩大信用信息的应用范围:一方面,可以拓展到金融领域的其他授信公司、担保公司、保险企业、房地产企业等;另一方面,诸如信用风险管理类、营销类以及反欺诈类等高端的征信产品和服务也将被逐步开发并应用。例如,民生银行利用逻辑回归与决策树分类技术构建客户流失预测模型,以预测客户流失的可能性;广东发展银行通过对个人或企业的行为、消费模式和还款数据进行跟踪和监控,建立相应的数据挖掘模型并根据模型结果调整信用评价。

本章小结

本章首先介绍了大数据征信的概念和主要特征;接下来,详细介绍了大数据征信所需要的理论基础与技术实现;然后,梳理了国内外征信业的发展历程,并总结了国外征信体系的经验;最后,客观评价了我国发展大数据征信所面临的机遇和挑战,并展望了我国大数据征信未来的发展趋势。

 **关键词**

大数据　征信机构　数据挖掘

 复习思考题

1. 金融科技公司如何控制不良资产率？
2. 数据挖掘技术可以完全替代传统征信模式对客户进行信用评估吗？为什么？
3. 在大数据征信中，数据的加工过程是怎样的？
4. 在大数据信用评估过程中，对丢失的数据如何处理？为什么要这样处理？
5. 在信用评估过程中，应当从哪些维度来评判一个模型是否优于其他模型？

 扩展阅读

中国人民银行.征信业务管理办法[A/OL].(2021-09-30)[2024-04-22]. www.pbc.gov.cn/zhengwugongkai/4081330/4406346/4406348/4431544/index.html.

第十章 数字货币

 学习目标

1. 初步了解什么是数字货币以及数字货币所带来的风险。
2. 了解目前各国对于数字货币的监管态度和举措。
3. 重点掌握中国法定数字货币的设计构想和发行模式。

 引例

2020年4月16日,中国人民银行数字货币DCEP在苏州以交通补贴的形式首发,这则消息标志着区块链3.0已经到来。区块链1.0的标志是由中本聪在2008年全球经济危机中提出的比特币;区块链2.0的标志是由智能合约开启的以太币。那么,区块链3.0的标志为何是加密数字货币呢?对于比特币而言,由于其使用人群较小,没有法定货币人人都用的"网络效应";同时比特币涨跌变化很大,不利于企业和居民做好合理预期。因此,比特币并不具备货币相对稳定、可用作交易工具的特点,也没有法偿性与强制性等货币属性,因而成为一种数字资产。以太币则是对传统资产的数字化,它利用由加密货币衍生的多种资产及其之间的各种交互,为超大规模的人机、机智能协同注入新鲜血液。但是,以太币不透明,没有足额的准备金,也没有国家信用,因而其使用也有局限。而中国人民银行推出的数字货币DCEP,是基于区块链的全新加密电子货币体系。DCEP将采用双层运营体系,即中国人民银行先把DCEP兑换给银行或者其他金融机构,然后再由这些机构将其兑换给公众。

中国人民银行数字货币是国家发行的数字货币,属于央行负债,具有国家信用,与法定货币等值,相当于M0(流通中的现金)。中国人民银行发行数字货币,一方面可以方便居民日常支付,另一方面可以实时采集多种数据并对其进行追踪,避免了纸币易伪造、难统计、匿名不可追溯等缺点。这不仅可以使中国人民银行的统计及货币政策更加精

> 准、可行,还可运用于反洗钱、反偷税漏税、反电信诈骗等。我国是全球第一个由中央银行正式推出基于区块链的加密货币的国家,未来数字资产将成为金融体系的新宠,是全球经济变革的大趋势。

第一节　数字货币概述

从货币演化的历史进程来看,货币的主要作用是便利商品之间的交换,基本作用是充当交换媒介。在数字经济飞速发展的时代,数字货币已成为越来越重要的货币形态,相关的概念和理论体系正在形成之中。

一、数字货币的概念

在货币的多种形态中,实物货币、金属货币和纸币是最容易理解的,从实物货币向贵金属货币转变以及从贵金属货币向纸币转变代表前两次货币革命基本完成,当前正处在从纸币向数字货币跃升的第三次货币革命进程之中。数字货币跟现在广泛存在、普遍使用的电子货币不是同一个概念,形态也各不相同。迄今为止,数字货币并没有一个统一和确切的定义,世界上最具有影响力的国际反洗钱和反恐融资组织——反洗钱金融行动特别工作组(FATF)认为,数字货币是一种价值的数据表现形式,通过数据交易并发挥交易媒介、记账单位和价值存储的货币。为了更好地理解数字货币的独特含义,需要将其与容易混淆的电子货币、虚拟货币区分开来。

一般来说,电子货币是纸币在银行或其他相关金融机构将法定货币电子化、网络化存储和支付的形式,常以磁卡或账号的形式存储在金融信息系统内,以方便贮藏和支付为主要目的,本质上是法定货币的电子化。各类银行的借记卡和贷记卡(信用卡)、储值卡(公交卡、就餐卡、购物卡等)和支付宝、支持微信支付的财付通等第三方支付方式均是电子货币的具体表现,当用户在账户之间划拨资金时,实质上只是资金信息的传递,并不代表价值的实际转移。电子货币的价值主要来自用户对政府法定货币和银行金融体系正常运转的信心,它的核心功能是支付,但它并没有改变整个金融货币系统的运行状态,所以并不是完整意义上的货币。总体来看,我国在电子货币发展方面取得了极大的发展,以支付宝和微信支付为代表的移动支付在较短的时间内得到了极大的普及,成为我们经济生活中一道独特的风景线。

虚拟货币一般是指没有实物形态,主要依托互联网运营的货币形态,如腾讯的 Q 币、各大网游公司发行的游戏币以及一些为奖励网民而推出的积分等。虚拟货币往往是企业行为,有时甚至是个人行为,使用范围也常常限定在发行者的经营范围之内,目的是方便用户进行价值交换和相关交易的处理,如购置游戏装备、点卡充值等。从自身价值来看,虚拟货币也可以与真实货币进行关联,用于相互之间的兑换。

表 10-1 列出了电子货币、虚拟货币和数字货币之间的不同之处。

表 10-1 电子货币、虚拟货币和数字货币比较

特性	电子货币	虚拟货币	数字货币
发行主体	金融部门或相关机构	互联网企业等	无主体或国家主权作为背书
使用范围	有较高的通用性	针对特定业务	通用性强
发行数量	与法定货币对应	由发行主体决定	不确定
储存形式	磁卡或账号	用户 ID 等	数字
流通方式	双向流通	单向流通	双向流通
货币价值	与法定货币等值	与法定货币不对等	与法定货币有关联
信用保障	国家信用	企业信用	参与者的信念或国家信用
交易安全性	符合国家相应的规范,安全性高	由不同的发行主体决定	较高
交易成本	较高	较低	较低
运行环境	不同的网络环境和终端设备	企业服务器和互联网	开源软件和 P2P 网络
典型代表	信用卡、支付宝、市民卡等	Q 币、盛大游戏币等	比特币和国家发行数字货币

二、数字货币的形态

目前,数字货币主要分为非加密数字货币和加密数字货币两大类。

1. 非加密数字货币

非加密数字货币以数字黄金为主,典型的计量单位是"克"或者"金衡制盎司",它的存款以黄金而不是法定货币为单位计量。因此,数字黄金货币的购买力波动和黄金的价格相关:如果黄金的价格上涨,就变得更有价值;如果黄金的价格下跌,就会导致价值损失。数字黄金作为一种非加密数字货币,是以黄金实物作为背书的,具有比较可靠的安全保障。

2. 加密数字货币

加密数字货币一般是指使用了 P2P 技术和加密算法,依靠密码和验证技术来创建、发行和维护的数字货币。比特币是当今加密数字货币的主要表现形式。

相比较而言,加密数字货币是当今数字货币的主体,也是社会各界广泛关注的重点所在。除非特指,本书中所说的数字货币均指加密数字货币。

三、数字货币的法律地位

以比特币为代表的数字货币快速兴起并引起了全世界的广泛关注,我国也不例外。为

了进一步防范风险,2013年12月5日,中国人民银行等五部委联合发布关于防范比特币风险的通知,对比特币在我国境内的使用和交易进行了相关的法律界定。该通知明确指出:比特币不是由货币当局发行,不具有法偿性与强制性等货币属性,并不是真正意义的货币。从性质上看,比特币应当是一种特定的虚拟商品,不具有与货币等同的法律地位,不能且不应作为货币在市场上流通使用。但是,比特币交易作为一种互联网上的商品买卖行为,普通民众在自担风险的前提下拥有参与的自由。

2017年9月4日,中国人民银行等七部委联合发布关于防范代币发行融资风险的公告指出,代币发行融资中使用的代币或"虚拟货币"不由货币当局发行,不具有法偿性与强制性等货币属性,不具有与货币等同的法律地位,不能也不应作为货币在市场上流通使用。该公告发布之日起,任何所谓的代币融资交易平台不得从事法定货币与代币、"虚拟货币"相互之间的兑换业务,不得买卖或作为中央对手方买卖代币或"虚拟货币",不得为代币或"虚拟货币"提供定价、信息中介等服务。代币发行融资与交易存在多重风险,包括虚假资产风险、经营失败风险、投资炒作风险等,投资者须自行承担投资风险,希望广大投资者谨防上当受骗。

2017年9月13日,中国互联网金融协会发布《关于防范比特币等所谓"虚拟货币"风险的提示》指出,投资者通过比特币等所谓"虚拟货币"的交易平台参与投机炒作,面临价格大幅波动风险、安全性风险等,且平台技术风险也较高,国际上已发生多起交易平台遭黑客入侵盗窃事件,投资者须自行承担投资风险。不法分子也往往利用交易平台获取所谓"虚拟货币"以从事相关非法活动,存在较大的法律风险,近期大量交易平台因支持代币发行融资活动已被监管部门叫停。各类所谓"币"的交易平台在我国并无合法设立的依据。

从目前我国的相关规定来看,比特币等数字货币并未受到官方的认可,相关的风险不可小觑。但从现实情况来看,民间对包括比特币在内的各种数字货币具有极高的关注度,需要引起各方的重视。

第二节 数字货币的技术体系

数字货币作为一种依托网络而存在、以数字形态表现的货币,具有匿名性、不可篡改性、不可重复交易性、不可伪造性和不可抵赖性等特性,需要依托相应的技术体系作支撑。从目前数字货币的运行实际来看,数字货币的技术体系包括数字货币交易技术、可信保障技术和安全技术三个部分。

一、数字货币交易技术

数字货币交易技术是实现数字货币交易功能的基本技术,包括在线交易技术和离线交易技术两种形态。在线交易技术主要包括支持在线交易处理技术、实现设备通信交互和通过互联网实现数据传输等技术,目的是要实现数字货币的在线交易业务;离线交易技术主要通过相应的离线设备和传输技术的应用,实现数字货币的离线交易业务。无论是在线交易技术还是离线交易技术,最终都要实现数字货币的价值转移,保障交易功能的真实性、完整性和可靠性。

二、可信保障技术

可信保障技术是指基于可信服务管理平台用以保障数字货币应用数据与安全模块的安全性和可信度的可信服务管理技术。这一技术的目的是为数字货币的发行、转账、交换和流通提供安全、可信的操作环境。这一技术主要提供数字货币应用程序下载、用户注册、安全认证、风险评估、身份鉴别等各种服务,以确保数字货币系统的安全性和可靠性。

三、安全技术

安全是数字货币的命脉,安全技术涉及数字货币的基础安全、交易安全和数据安全三个方面。

1. 基础安全技术

基础安全技术包括安全芯片技术、加密和解密技术两个部分。安全芯片技术包括智能卡芯片技术和终端安全模块技术;智能卡芯片一般配备有CPU和RAM,可以自行处理相应的数据;终端安全模块作为加密、解密算法和安全存储的载体,可以保障交易终端的安全性。数字货币的加密和解密技术主要应用于数字货币的生成、保密传输和认证等各方面,是数字货币安全的主要保障性技术。

2. 交易安全技术

交易安全技术包括身份认证、匿名处理、防伪和防重复交易等技术。身份认证技术通过验证中心来验证用户的身份,以确保交易参与者的真实身份。匿名处理技术可以通过零知识和盲签名的方法实现数字货币的匿名性。防伪技术主要通过加密、解密算法和数字签名等方式,以确保数字货币交易的真实性。防重复交易技术采用序列号、数字签名和时间戳等方法,以确保数字货币不会也不能够被重复使用。

3. 数据安全技术

数据安全技术包括数据安全存储技术和数据安全传输技术两个方面。数据安全存储技术通过访问控制、加密存储等方式存储与数字货币相关的各类数据,以确保数据的机密性、完整性和可控性。数据安全传输技术通过公钥和私钥加密传输的方式传输数据,以确保数据的安全保密,不被外界改变。

四、数字货币系统的组成

数字货币系统以数字货币技术体系为依托,支撑数字货币业务的实际运行,主要包括基础设施系统、数据传输系统、发行与存储系统、注册登记系统和终端应用系统等五个子系统。

1. 基础设施系统

数字货币的基础设施系统包括可信服务模块、认证模块和大数据分析模块,各组成部分的功能如下:

(1) 可信服务模块:提供应用程序发行、认证、管理并授权使用数字货币相关业务的功能,为参与者提供基于安全模块应用的发布及管理。

(2) 认证模块:提供相关平台和客户数字证书,管理数字货币相关机构和用户的身份信息。

(3) 大数据分析模块:利用大数据手段分析各类业务数据,防范可能的交易欺诈等行为的发生。

2. 数据传输系统

数据传输系统主要实现在线交易和离线交易的数据传输功能,用户通过交易网络和在线交易系统实现在线支付数据的传输和价值的传递;基于离线交易的数据传输模块则能在离线状态下实现交易数据的交换,并在在线时同步相关的交易数据。

3. 发行与存储系统

发行与存储系统主要是针对法定数字货币的发行方而言的,包括发行库与存储库。发行库主要是指存放法定数字货币发行基金的数据库。存储库主要是指银行存放数字货币的数据库,是法定数字货币的核心数据库。

4. 注册登记系统

注册登记系统不仅记录数字货币与系统用户身份之间的对应关系,同时还记录数字货币的交易流水信息,是特定用户申请开户和业务处理的主要入口。

5. 终端应用系统

终端应用系统主要包括移动终端和安全模块。移动终端由商户与用户持有,基于移动终端的客户端应用存储在相应的安全模块中,通过支付平台与其他移动终端实现连接,完成跨移动终端的交易。

第三节 ICO 概述

ICO 是与数字货币相伴生的一个概念,是数字货币发行的主要方式,用于资金募集以及投资对象的确定等。

一、ICO 的概念

ICO 是 Initial Coin Offering 的缩写,中文意思为"首次代币发行"。ICO 跟证券界的

IPO 的含义类似，只不过两者是两种完全不同的模式。区块链社区为了在合规性和合法性上与 IPO 作区分，也有把 ICO 叫作"Initial Crypto-Token Offerings"的，即"首次公开加密代币发行"，这一叫法能更确切地反映出 ICO 的实质。

从全球范围来看，ICO 当前的发展速度明显高于传统的风险投资，在一定程度上成为加密数字货币发行的主要融资方式。当今在数字货币界风头仅次于比特币的以太币是 ICO 成功的典型案例之一。2014 年 7 月，以太坊以 ICO 方式募集到三万余个比特币，创下 ICO 的纪录，也是迄今为止除比特币外市值最高的数字货币。该项目将智能合约理念真正推进到实际应用的区块链项目，成为全球基于区块链供应链的智能合约最成功的例子。

二、ICO 的规则

每一个 ICO 项目均有自己的规则，以注册在新加坡、在 5 天时间内融得价值 1 500 万美元的比特币和以太币的"量子链"项目为例，这一项目的主要规则包括以下九个方面：

（1）以非营利基金会的形式注册，该基金会负责运营量子链及作为量子币的发行主体；

（2）量子链是开源软件系统，任何人无须许可都可以使用该系统；

（3）该系统的开发、运行、应用采用去中心、分布式、自组织的社区制；

（4）基于量子链上的量子币是一种功能币，在使用量子链或量子链上的各种应用时需要支付些微的量子币；

（5）只能发行代表量子链使用权的代币——量子币来融资，以支持量子链的开发工程；

（6）量子链公布将发行总数 1 亿个的量子币，其中的 51% 公开发行，另外的在 4 年的时间里，29% 将分配给社区的学术研究、教育推广和商业应用项目，20% 分配给创始人和开发者；

（7）所有用量子币换取来的价值 1 500 万美元的比特币和以太币都将全部存入多重签名的钱包，钱包的地址可以公开透明，由多人签名才可能被使用；

（8）量子币可以在数字货币交易所进行交易；

（9）量子币的公开发行得到了基金会注册地监管机关的有条件"无异议函"，在"监管沙盒"机制下，获得了最低限度的合规性。

三、ICO 的监管

与受国家法律严格监管的 IPO 不同，在世界范围内受共识机制制约的 ICO 在监管方面几乎还处于探索之中，具有代表性的一些新举措包括：

2017 年 3 月 21 日，日本内阁会议规定从事虚拟货币买卖和虚拟货币间交换业务的公司须登记申请并提供有关信息。

2017 年 7 月 25 日，美国证券交易委员会就 ICO 方式发行的"The DAO"项目发表声明，ICO 代币被视为证券发行，因此属于其监管范围，需符合相关规定，并提醒投资者谨慎投资。

2017 年 8 月 24 日，加拿大证券管理局发布了 46—307 号关于 ICO 代币发行的通知，参照加拿大证券法规监管加密货币的发行。

2017年9月4日,中国人民银行等七部委联合发布公告,以涉嫌扰乱金融秩序叫停ICO,要求各类活动立即停止,已完成发行的应组织清退,拒不停止的代币发行融资活动以及已完成的代币发行融资项目中的违法违规行为将被查处。

2017年9月5日,香港证券及期货事务监察委员会发出声明,提示ICO有机会触及证券条例,令所有向香港公众人士发售或给予投资意见的行为都可能受监管。

第四节 法定数字货币概述

数字货币最初是以无发行主体、无监管机构、无权益保障的比特币形式出现的,主要依托区块链技术进行运行。经过多年的发展,比特币等数字货币为各国发行法定的数字货币提供了相应的经验,当前包括我国在内的多个国家正在实施法定数字货币的计划。

一、法定数字货币的概念

比特币自2009年正式诞生以来取得了非同寻常的发展,对各国原有的金融体系带来了实实在在的挑战。为了应对去中心化的数字货币所导致的对现有货币政策、金融体系、货币主权和消费者权益等各方面的冲击,同时为了更好地适应数字经济快速发展的需要,一些国家开始进行法定数字货币的实践。

一般认为,法定数字货币是基于密码学原理、端对端交易,以国家主权为背书,并具有法定地位的数字货币。从法律地位上来看,法定数字货币等同于主权数字货币。与以比特币等为表现形式的非主权数字货币相比较,法定数字货币是具有发行主体和法定地位、具有中心化特性,并与传统货币体系兼容的一种数字货币形态。与电子货币相比,法定数字货币在于增加了分布式账簿,可以脱离银行账户体系独立运行,并能支持端对端交易。

二、法定数字货币的作用

与缺乏发行主体和监管机构的常规数字货币相比,由国家主导发行的法定数字货币在以下四个方面将发挥独特作用。

1. 保障数字货币的合法地位

法定数字货币以国家信用为背书,与主权货币一样具有强制性、法偿性和稳定性,更容易被社会大众所接受,人们无须面对波动剧烈的非主权数字货币,可以像使用现有主权货币一样使用中央银行的法定数字货币。非主权数字货币由于缺乏第三方的信用背书,价格极易变化,在交易的过程中需要不断地对其进行实时定价,其拥有者必须承担相应的风险。2013年12月5日,中国人民银行等部门联合发布防范比特币风险的提示,在消息公开的

1 个小时之内,由人民币计价的比特币的价格迅速从 6 970 元下跌至 4 520 元左右,跌幅达 35%,匪夷所思,而且在一定程度上引发了社会的不稳定因素。由此可见,这样的数字货币既无法保证币值的稳定,更无法担当国家主权货币的角色。

2. 有助于数字经济的健康发展

数字货币既是数字经济的有机组成部分,也是推动数字经济的重要驱动力。但是,非主权数字货币往往有较高的技术壁垒,有各不相同的算法和技术标准,导致系统互不兼容,不同币种之间的交易十分困难。法定数字货币具有固定的算法和统一的技术标准,将破除非主权数字货币的数字"孤岛",对促进数字经济的发展将起到十分积极的作用。

3. 有利于保障用户的合法权益

由比特币而导致的一夜暴富、欺诈和资产安全问题不绝于耳,很多参与者的权益得不到应有的保护,甚至出现了一些悲剧。法定数字货币以国家信用作为背书,在技术上采用更为安全可靠的方式来保障用户资产的安全,同时具有不完全匿名、不可篡改和可追溯等特性,能最大限度地防范欺诈等行为的发生,能有力地保障用户的合法权益。

4. 有利于新型货币体系的建立

非主权数字货币体系的快速崛起,数字经济的迅猛发展,对传统的货币体系带来了极其严峻的挑战,法定数字货币充分利用非对称密码算法、区块链、云计算和大数据等新一代信息技术,构建适应新的经济社会发展需要的货币体系,促进创新型货币监管体系的形成。

三、部分国家对法定数字货币的部署

从世界范围来看,越来越多的国家开始部署法定数字货币的发行和流通工作,并已取得了不少实质性的进展,比较有代表性的国家有:

2015 年 12 月,突尼斯正式发行法定数字货币,成为首个发行数字货币的国家。

2016 年 1 月,英国政府办公室就愿景、技术、治理、隐私等方面为英国政府发展区块链技术和分布式账本技术提出了 8 条建议。

2016 年 11 月,德意志联邦银行与法兰克福金融管理学院联合主办了一场名为"区块链技术:机遇与挑战"的中央银行研讨会,研讨了区块链在支付领域的发展,为中央银行正式发行法定数字货币提供准备。

2016 年 11 月 26 日,塞内加尔发行了国家数字货币 eCFA,成为第二个发行法定数字货币的国家。

2016 年 4 月,荷兰的中央银行将利用区块链技术开发一款标准的虚拟货币,这个项目被命名为荷兰中央银行货币(DNBCoin)计划。

2017 年 3 月 10 日,新加坡金融管理局完成了一项专注于银行间支付的分布式账本试点实验,为法定数字货币的发行做准备。

2016年12月,欧洲中央银行和日本中央银行开始了名为"Stella"的联合试验项目,目的是研究分布式账本系统是否能够取代当前欧洲中央银行和日本中央银行部署的实时全额结算系统。

总体来看,不少国家正在大力推进法定数字货币的发行和流通工作,但存在的问题和困难还有不少,需要在实践中不断摸索,在发展中逐步成熟。

四、法定数字货币的发行模式

代表一个国家货币主权的法定数字货币主要有以下三种发行模式。

1. 中央银行独家发行模式

中央银行独家发行模式又称中央银行大账本模式,是指由个人用户、单位用户和金融机构同时在中央银行的账户开户,由中央银行独家受理用户的开户和账户管理的一种模式。这种由中央银行独家垄断数字货币发行权的做法在一定程度上可以提升货币管理的效率,降低全社会的交易成本,但这必将对传统的金融体制带来颠覆式的影响,大量的商业银行会被边缘化,甚至被淘汰出局。与此同时,由中央银行独家发行数字货币,相应的技术风险和经营性风险也将高度集中,不利于数字货币长期、稳定地发展。

2. 联合发行模式

联合发行模式是指由中央银行和商业银行联合发行数字货币,共同参与数字货币运营的一种模式。其具体的运作模式是:在保留现有货币发行机制的基础上,由中央银行和各商业银行共同发行数字货币,由商业银行负责用户的身份认证和账户管理等具体业务。这种模式对现有金融体制的冲击较小,较容易得到各商业银行的认同,也能为各类用户带来较大的便利,并能创造出实实在在的价值。

3. 自主发行模式

自主发行模式是指由各商业银行按相应的规则独立发行数字货币并负责各自数字货币体系的运营,同时承担相应的风险的一种模式。这种模式类似于当今我国香港地区的货币体系,作为世界五大国际金融中心之一的香港并没有自己的中央银行,流通货币由汇丰银行、渣打银行和中国银行三家商业银行独立发行。目前,美国、日本等国家已允许一些商业银行探索发行自身的数字货币,希望经过一定时间的摸索,再由中央银行制定相应的标准将各商业银行不同的发行机制和记账方式统一起来,并进行有效的管控。实际上,除商业银行外,还有其他组织甚至个人都在尝试独立发行各自的数字货币,这也是构成当今数字货币独特景象的主要原因。

以上三种发行模式都有合理性,每个国家选择哪一种模式发行数字货币,需要根据实际情况予以综合考虑。从我国的现实国情来看,基本倾向于采用联合发行模式。这种模式能较好地维护现有货币体系的稳定,同时能较好地、积极有效地发挥数字货币的作用和功能。

第五节　我国法定数字货币的发展

我国在法定数字货币发行方面已经经历了多年的准备,逐步具备了发行的条件,相关工作正在推进之中。

一、主要优势

我国由中国人民银行牵头组织数字货币的发行,具有十分明显的优势,表现在以下三个方面。

1. 总量可控,货币币值稳定

虽然比特币有设定的货币总量,但主要靠"挖矿"等模式产生,而且最致命的是货币的币值犹如坐过山车般跌宕起伏,无法担当起流通货币的角色。中央银行发行的法定数字货币,不仅能做到总量可控,而且能确保币值稳定,真正发挥主权货币的独特功能。

2. 公平、公开、公正

比特币等非法定数字货币的获得在很大程度依赖于用于"挖矿"的计算机的性能,从而导致无止境的计算机性能升级的"军备"竞赛。中央银行法定数字货币根植于实际的经济活动,按照货币发行的规则进行投放,从真正意义上保证了数字货币的公平、公开和公正。

3. 高安全性

以比特币为代表的非法定数字货币以去中心化和高度匿名性著称,一旦发生意外,用户便陷入投诉无门、利益损失无可挽回的结局。中央银行发行的法定数字货币采用可控匿名技术,既能有效地保护合法的数字货币资产,又能对打击各类违法犯罪起到十分有效的作用。

二、面临的挑战

尽管中央银行发行法定数字货币具有独特的先天优势,但同时也面临较为严峻的挑战。

1. 隐私保护问题

法定数字货币将会获得用户全方位的隐私数据,如何存储、管理这些数据,对于充分保护用户的隐私和财产安全至关重要,在法律不够健全、技术手段不够完善的背景下存在较大的风险。

2. 安全保障问题

安全为天,当中央银行实现中心化管理时,中央银行的数据系统必将成为全球黑客的攻击目标,如何全方位保障用户数字资产的安全是一个十分棘手的问题。

3. 社会普及问题

经过较长时间的发展,比特币在国际上有了较高的知名度和认可度,在国内也已经产生了不可低估的影响,从某种意义上可以说,比特币已成为数字货币的代名词。中央银行发行的数字货币能否在比较短的时间内得以全面普及是一个必须考虑的现实问题,需要进行深入的研究和探讨。

4. 数字鸿沟问题

数字货币的使用和管理存在一定的技术门槛,对缺乏应用能力和应用条件的用户来说存在较大的实际困难,从某种程度上会使数量巨大的用户群体被边缘化,使业已存在的数字鸿沟进一步扩大。

5. 监管问题

法定数字货币的流通涉及面将会十分广泛,各种点对点的直接交易必将大规模扩大,在一定程度上将会绕开原有的货币监管体系,商业银行的参与力度和控制能力也会被削弱,必将给监管带来一系列全新的挑战。

三、发展方向

我国法定数字货币的发行正在紧锣密鼓的推进之中,根据目前的部署来看,中央银行的数字货币将采用"中央银行-代理投放的商业机构"的双层投放模式,未来,中央银行和商业银行等金融机构都可以发行数字货币,为了保证货币不超发,代理投放的商业机构需要向中央银行按100%全额缴纳准备金。这样做既保持了流通中货币的债权债务关系不变(用户手中的数字货币还是由中央银行负债,由中央银行的信用作担保,具有无限法偿性),又不改变现有的货币投放体系和二元账户结构,不会构成对商业银行存款货币的竞争,不会增加商业银行对同业拆借市场的依赖,不会影响商业银行的放贷能力,同时因为不影响现有货币政策传导机制,不会强化压力环境下的顺周期效应,也就不会对现行实体经济运行方式产生负面影响。这种双层投放模式更有利于发挥中央银行数字货币的优势,节约成本,提高货币流通速度,提升支付便捷性和安全性;有利于抑制公众对私有加密数字货币的需求,巩固国家货币主权。

根据中央银行相关的解释,之所以选择这种双层投放模式,有以下五个方面的原因:

(1) 我国幅员辽阔、人口众多,各地区经济发展、资源禀赋和人口受教育程度的差异较大,在设计和投放(发行)、流通中央银行数字货币的过程中,要充分考虑系统、制度设计所面临的多样性和复杂性。目前,偏远地区的网络覆盖严重不足,如果只是单层投放,中央银行数字货币的便捷性和服务可得性就难以保证。

(2) 双层投放模式有利于充分利用商业机构现有的人才、技术等资源优势,市场驱动、促进创新、竞争选优这些优势可以通过市场驱动、有序竞争得到充分释放。当前,我国的商业银行的 IT 基础设施应用和服务体系已经比较成熟,系统的处理能力较强,在金融科技应用等方面已经积累了一定的经验,人才储备较为充分,如果另起炉灶、重复建设,对社会资源是巨大的浪费。

（3）考虑在安全、可靠的前提下，中央银行和商业银行等金融机构可以合作，不预设技术路线，通过竞争实现系统优化，共同开发、共同运行。

（4）双层投放模式有助于分散化解风险。中央银行以前的清算系统是给金融机构用的，数字货币要直接给所有人用，单靠中央银行无法支撑，双层投放模式则可以避免风险过度集中。

（5）双层投放模式还可以避免"金融脱媒"。中央银行如果直接投放数字货币，就会和商业银行的存款货币形成竞争，而中央银行的数字货币信用等级高于商业银行的存款货币，商业银行的存款就可能被"挤出"，从而会影响商业银行的贷款投放能力，使资金价格变高，损害实体经济等。

与比特币去中心化不同的是，中央银行发行的法定数字货币将反其道而行之，采用中心化管理的模式，主要原因有以下四个方面：

（1）因为中央银行发行的法定数字货币仍然是中央银行对公众的负债，债权债务关系没有改变，所以必须保证中央银行在投放过程中的中心地位。

（2）中央银行的宏观审慎与货币政策调控职能必须保证和加强。

（3）中心化管理可以不改变二元账户体系，保持原有的货币政策传导方式。

（4）避免代理投放的商业机构超发货币，需要有相应的安排以实现中央银行对数字货币投放的追踪和监管。

中央银行所强调的中心化投放模式和传统的电子支付工具有所不同：电子支付工具的资金转移必须通过账户完成，采用的是账户紧耦合方式；中央银行发行的数字货币则应基于账户松耦合方式，使交易环节对账户的依赖程度大为降低，这样，中央银行发行的数字货币既可以和现金一样易于流通，又能实现可控匿名。实现可控匿名有两个方面的考虑：一方面，中央银行发行的数字货币如果没有交易第三方匿名，会泄露个人的信息和隐私；另一方面，如果允许实现完全的第三方匿名，又会助长犯罪，如逃税、恐怖融资和洗钱等。为了平衡，必须实现可控匿名，只对中央银行这一第三方披露交易数据。在具体设计上，中央银行可以考虑在商业银行的传统账户体系上引入数字货币钱包属性，实现一个账户下既可以管理现有电子货币，也可以管理数字货币。

我国作为世界第二大经济体和第一人口大国，法定数字货币的推广绝非一蹴而就。中国人民银行对法定数字货币持有比较积极的态度，也在加紧进行相关方面的研究，希望在技术越来越完善、架构越来越优化、时机越来越成熟的条件下，正式发行适应我国国情的法定数字货币。

第六节　比　特　币

比特币是当今世界当之无愧的数字货币的"领头羊"，历经十多年的起起落落，已成为区块链技术应用最为成功和最富有影响力的项目,并为非主权数字货币的未来发展提供了重要的借鉴。作为当今全球经济金融活动中的一个独特现象,比特币给世界各国乃至全球的金融体系带来了前所未有的挑战,需要我们深入思考、积极面对。

一、比特币的概念和产生方法

比特币是一种开源的、基于网络的、点对点的匿名电子货币,它不依靠特定货币机构发行,而是通过特定算法的大量计算而生成的数字货币形式。从本质上来讲,比特币为虚拟电子货币,并无实物载体,其地址是大约 33 位长的、由字母和数字构成的一串字符或代码,由 1 或者 3 开头。例如,"中本聪"的创始地址为"1A1aP1eP5Qefi2DMPTfTL5SLmv7DivfNa",美国联邦调查局用于收取罚没比特币的地址为"1Ez69SnzzmePmZX3WpEzMKTrcBF2gpNQ55"。

与传统的货币不同,比特币的发行不依靠特定的货币机构,而是依据特定的算法,通过大量的计算产生,俗称"挖矿"。所谓"挖矿",是指"矿工"以算力的竞争来获取记账权的过程,"矿工"使用专业的计算机设备,通过运行比特币算法,生成随机数哈希值(散列值),哈希算法将任意长度的不同信息(如数字、文本或其他信息)转化为长度相等但内容不同的二进制数列(由 0 和 1 组成)。比特币采用的是哈希算法,任意长度的信息通过该算法都能生成一组 256 位的二进制数字。这组数字的每位数都由 0 和 1 构成,也就形成 2 256 种可能,只要区块中的信息发生任何变动,哈希值就随之改变,而从哈希值本身无法还原出原有信息,也就是说整个压缩过程是不可逆的。"挖矿"的目的就是要通过调整随机数找到符合要求的哈希值,目前的难度是让整个网络约每 10 分钟得到一个合格的答案,拥有合格答案的"矿工"将有资格开启新的区块,并获取记账的权力。随后,比特币网络会新生成一定量的比特币作为奖金,以奖励获得答案的人。区块链中的每一个区块都包含区块编号(id)、交易信息(tx)、时间戳(time)和随机数(random)四个方面的数据,这些数据通过一个哈希算法的压缩处理就生成了一个哈希值(如图 10-1 所示)。

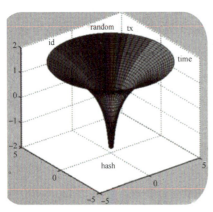

图 10-1 哈希算法的原理

二、比特币的由来

比特币的历史需要追溯到 2008 年。2008 年 8 月 18 日,比特币的官方网站域名"bitcoin.org"正式注册成功,域名和服务器都托管在芬兰赫尔辛基的一家小型主机托管商 Louhi Net Oy 那里,注册商那里登记的域名所有人的信息为一名日本男性,当时年龄为 39 岁。2008 年 11 月 1 日,一位化名为"中本聪"的人在一个专门研讨密码问题的论坛中发表了一篇在今天看来具有划时代意义的研究论文,阐述了基于 P2P 技术和加密技术等技术的电子现金系统的构架理念，即比特币系统的基本框架。顺着这一思路，"中本聪"于2009年1月3日发布了开源的第一版比特币客户端Bitcoind，并挖出了第一个序号为"0"的比特币的区块——包含50个比特币的创世区块诞生了。2009年2月11日，他在P2P基金会网站上发表声明，称自己已开发出一个叫作"比特币"的开源P2P电子现金系统，它完全去中心化，没有中央服务器或者托管方，所有感兴趣的人都可以自行挖掘。这一以"开放、对等、共识、直接参与"为基本理念的系统，不属于任何一个国家，它的上线标志着具有重要历史意义的比特币的诞生。"中本聪"在声明中指出，传统的货币最根本的问题是信任，中央银行必须让人信任它不会让货币贬值，但是历史上这样的事情一再发生。银行本应该帮储户保管钱财并以电子化形式流通，但是它们放贷出去，让财富在一轮轮的信用泡沫中浮沉。他认为，世界上每一个国家都有自己的货币，有的还有多种，基本上由一国的中央银行控制，而一旦这个国家的政权更替或者信用崩溃，这些货币就必然沦为废纸，这样的事例在历史上一再发生。比如，2008年津巴布韦遭遇了2.2万倍的恶性通货膨胀，发展成为1亿津巴布韦元只够买一个鸡蛋的极端情况，当地民众苦苦积累的货币财富顷刻间化为乌有。他指出，自己发明的比特币系统能有效地解决这一问题。

三、比特币的发展

在比特币系统上线的早期，基本上无人问津，以"中本聪"为首的创始团队处于自娱自乐的状态。2010年5月22日，美国佛罗里达州程序员兼BitcoinTalk的用户拉丝勒·豪涅茨同意付给一个英国人1万比特币（地址为"1XPTgDRhN8RFnzniWCd dobD9iKZatrvH4"），让他帮自己从当地的棒约翰订一份价值25美元的比萨，这标志着真实世界的首个比特币交易由此诞生，这笔交易包含5美元的服务费，1比特币的价值约为0.003美分。后来，比特币的参与者为了纪念这个特殊的日子，把每年的5月22日设定为专属比特币的节日——比特币比萨节。以此为开端，比特币走上了一条价值近乎无限扩张的增值道路，2017年12月17日创下超过2万美元的新高，令世人震惊。到2018年，比特币开始猛烈下挫，该年12月17日比特币的最高价格仅为3 590美元，较上一年的峰值跌幅超过80%，进入2019年后又适当回暖。在过去几年，比特币经历的大事件主要有：

2011年6月，比特币获得福布斯的关注，开始吸引主流媒体的目光。

2012年11月28日，比特币的产量第一次减半。

2013年8月，德国联邦财政部承认比特币为"记账单位"，和外汇一样具有结算功能，但不具备充当法定支付手段的功能。

2013年11月，在比特币交易平台——火币网上，比特币的价格达到峰值8 000元/个。

2013年12月，我国五部委联合发布通知，禁止第三方支付参与比特币交易，比特币的价格应声回落。

2014年2月，当时全球最大的比特币交易平台Mt.Gox宣称85万个比特币被盗，随后破产。

2014年6月，美国加州最终通过了AB-129法案，允许使用比特币等数字货币在加州进行消费。

2014年7月,戴尔公司、美国卫星电视巨头Dish Network、电子商务巨头新蛋网等接受比特币支付。

2015年1月,Coinbase成为美国首家持牌比特币交易所。

2015年6月,纽约州金融服务局宣布BitLicense许可证正式生效,纽约成为美国第一个正式推出定制比特币和数字货币监管的州。

2015年10月,欧盟法院裁定比特币交易免征增值税。

2015年12月,2015年度比特币的价格上涨约120%,成为表现亮眼的投资品。

2016年1月,中国人民银行在北京召开数字货币研讨会。

2016年5月,日本首次批准数字货币监管法案,并定义比特币为财产。

2016年7月,比特币的产量第二次减半。

2016年8月3日,最大的美元比特币交易平台Bitfinex被盗的比特币共计119 756个,总计价值约为6 500万美元。

2017年6月29日,韩国最大、全球前五大的比特币交易所Bithumb发现遭到黑客的入侵,超过3万名客户的个人信息被盗取,这次黑客入侵导致投资者损失数十亿韩元。

2017年12月1日,芝加哥商品交易所集团宣布,计划于12月18日推出比特币期货合约。

2017年12月4日,芝加哥期权交易所宣布,将于美国东部时间12月10日下午6点推出比特币期货。

2017年12月17日,比特币站上2万美元高点,创历史新高。

2018年1月26日,日本加密货币交易所Coincheck遭到黑客的攻击,价值约5.34亿美元的新经币[①]被黑客盗走,约26万用户受害。

2018年5月22日,美国交易平台Taylor遭黑客入侵,比特币的价格从8 419.95美元下跌至7 397.56美元,跌幅达12.1%。

2018年12月,年仅30岁的QuadrigaCX交易所首席执行官兼创始人拉尔德·科顿在印度死亡,由于该交易所的密钥只有其一人掌握,导致1.9亿美元的数字货币和法定货币被"锁死"。

2019年2月10日,菲律宾联合银行推出加密资产ATM,允许客户通过ATM机购买和出售虚拟货币。

比特币的价格一直是全球比特币参与者最为关注的数据,图10-2为近年来比特币的价格走势。这一价格随时处在变动之中。

---

① 新经币的英文全称是New Economy Movement。它的发行总量是90亿个,首创并采用了重要性证明(Proof of Importance)技术。

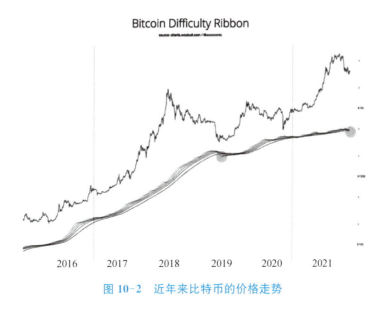

图 10-2　近年来比特币的价格走势

四、比特币的主要特性

作为一种具有高度独创性的数字货币，比特币具有以特性：

（1）去中心化：不需要发行人，用户构成了整个网络系统，存储和运行采用的是 P2P 的方式。

（2）全世界流通：全球所有的电脑都可以对比特币进行制造、出售、购买和收取，只需要拥有比特币客户端即可。

（3）安全持有：操控比特币是必须有私钥的，而它除用户自己外无人可以获取。

（4）降低交易费用：汇出比特币是免费的，不过最终会对每一笔交易收取大约 0.001 个比特币的交易费，用于确保交易执行更加高效。

（5）方便快捷的交易转账：只要知道对方的账户地址，用户就可以转账，方便快捷，并且由于账簿是公开透明和分布式的，因此不需要引入第三方就可以确保不存在。

（6）防止通货膨胀：比特币的总量恒定，发行完毕后不再增发。

在比特币问世后，模仿比特币的算法和理念又衍生出了大量其他种类的去中心化数字货币，如莱特币（Litecoin）、以太币、瑞波币（Ripple）、蝴蝶币等，一般统称为竞争币或山寨币。显然，在区块链技术下数字货币已成为不可抗拒的潮流，未来也必将成为一种大趋势。

五、比特币的发行

比特币的发行是通过独特的"挖矿"机制实现的，主要是根据比特币对等网络中大多数用户端的算力而自动进行调节和规范的，核心规则是对比特币的发行速率的设定。前四年每 10 分钟全球发行 50 个比特币，以后发行速率每四年递减一半，降成每 10 分钟发行 25 个比特币。按照这一发行速度，在前四年发行总数为1 050万个比特币，在第五年到第八年会发行525万个比特币，以此类推。因此，最后一个比特币大约会在2140年前后被挖出来，届时全球比特币的总数将会恒定在2 100万个这一极限之内。

2012年11月28日，比特币迎来了一个里程碑的时刻，当天比特币的发行量达到发行总量的一半，已发行总量为1 050万个；2016年7月，比特币的产量第二次减半，变为每10分钟产出12.5个。到2017年年末，比特币已被开采1 670万个，约占总量的79.90%，尚余430万个有待被挖掘出来。

为了获得新发行的比特币，参与者必须购置具有较高算力的设备用于所谓的"挖矿"淘金。"挖矿"是通过软件实现的，软件需要解决"找一个最小的散列值"的特定的数学问题来创建一个数据块，目前一个新的数据块价值12.5个比特币，而解决这样的问题需要强大的算力用于反复运行哈希算法的运算。比特币的"挖矿"和节点软件是基于对等网络、数字签名、交互式证明系统来证明发起和验证交易的。"矿工"要制造出比特币，就要争取成为全网络第一个创造出新数据块的人，并将这个新数据块向整个网络公布，当一个节点找到了符合要求的解时，它就可以向全网广播自己的结果，其他的节点就可以接收这个新解出来的数据块，并检验其是否符合规则。如果其他的节点通过计算哈希值发现确实满足要求（比特币要求的运算目标），那么该数据块就有效，其他的节点就会接受该数据块，表明这一组新的比特币发行成功。打个比方，全世界每10分钟就产生一个加了密的、目前装有25个比特币的宝物箱，谁能率先对藏在里面的比特币解密并且能得到较多数量的人确认，就可以得到相应的比特币。为了提高"挖矿"的成功率，全球比特币的参与者展开了大力提升算力的竞争，"挖矿机"从早期的英特尔的CPU产品到2012年年末出现的GPU或FPGA等"挖矿机"，再到2013年年中出现的5THash/s以上的集群式ASIC"挖矿机"，算力提升可谓神速。到今天，比特币全网算力已经全面进入P算力时代（1P＝1 024T），在不断飙升的算力环境中，P时代的到来意味着比特币进入了一个新的"军备"竞赛阶段，参与者之间竞争惨烈。但即使如此，全球众多的参与者依旧乐此不疲，掀起了一次又一次的算力竞赛高潮。

六、比特币的交易

比特币使用整个P2P网络中众多节点构成的分布式数据库来确认并记录所有的交易行为，并使用密码学的设计来确保货币流通各个环节的安全性。参与者在注册比特币账户时会获得一个公钥，即比特币地址，只需将该地址告诉他人，他人就可以通过比特币系统向这一地址付款。同时，收款人会获得一个私钥，只有私钥才能打开电子钱包。如果收款人将私钥丢失，将无法找回自己的比特币。

比特币在交易时的表现形式是一串被称为"数字签名"的字符，这串字符包含上一次交易的数据和下一个所有者的公钥信息。这串字符将被发送给收款人（下一个所有者），收款人会对这串字符进行验证，并向全网络广播，被全网络认可的交易数据将被确认形成区块，收款人可以通过自己的私钥接受比特币汇款。

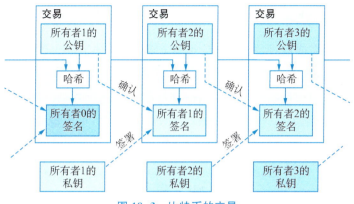

图 10-3 比特币的交易

目前,日本、韩国等国家比特币的交易较为活跃,主要原因有三个方面:一是交易平台的技术、资金门槛相对较低;二是交易平台具有马太效应,交易量越大,影响力也必然越大;三是不少交易所免收交易环节手续费,吸引了大量的投资者前来交易。

七、比特币的时间戳

虽然数字签名可以确保付款人信息的真实性,但现有的支付系统必须有一个第三方机构来确认交易的唯一性,避免同一笔资金支付给多个收款人。在比特币系统中,时间戳被用来记录特定时间发生的交易数据,比特币区块链上的每一个区块都会被盖上时间戳,该时间戳能够证实特定数据在某个特定时间确实是真实存在,因为只有在该时间存在才能获取相应的随机散列值。每一个时间戳应当将前一个时间戳纳入其随机散列值中,每一个随后的时间戳都对之前的一个时间戳进行增强,这样就形成了一个环环相扣的链条。图 10-4 为时间戳。

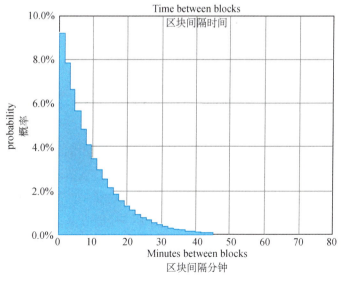

图 10-4 时间戳

八、比特币的工作量证明

交易的记账权是需要通过"挖矿"来计算一个复杂的数学问题。比特币系统通过提高寻找这个随机数的难度,可以增加所需的计算量,这种计算量就构建了一个工作量的证明机制。比特币系统如果想要修改某个区块内的交易信息,就必须完成该区块及其后续连接区块的所有工作,这种机制大幅提高了篡改信息的难度。同时,工作量证明也解决了全网共识问题,因为全网认为最长的链包含最大的工作量。图10-5为比特币的工作量证明。

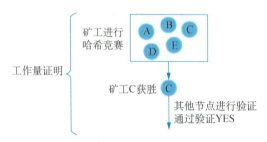

图10-5 比特币的工作量证明

九、比特币产生的影响

经过十多年近乎野蛮的生长,比特币受到了极为广泛的关注,所引发的各类问题正引发人们越来越多的思考,所产生的影响表现在以下五个方面。

(一)在有些国家在一定程度上已经具备了实体货币的功能

从实体货币所需具有的价值尺度、流通手段、支付手段、贮藏手段和世界货币等五大基本功能来看,比特币在有些国家已经在一定程度上实现了,具体表现如下:

1. 价值尺度

由于新发行比特币需要"矿工"购置装备,花费大量的时间和精力以及电力的投入,因此比特币的价值在一定的范围内得到体现。

2. 流通手段

一些国家的中介机构以及个人投资者接受了比特币的买卖,使其具有了良好的流通性。

3. 支付手段

从咖啡到汽车再到住宅,一些国家的卖家开始接受比特币的支付,使其成为一种新型的支付手段。

4. 贮藏手段

有不少参与者为了将比特币作为财产传递给下一代而收藏比特币,使其贮藏的功能得到进一步体现。

5. 世界货币

比特币在全球一定的范围内得到应用,在一定程度上具备了世界货币的特性。

由此可见，不管我们以怎样的态度去看待比特币，它的货币特性已经越来越明显，这是不以任何人的意志为转移的一种客观存在，需要对此予以正视。

（二）抵御实体货币风险的作用开始显现

货币代表一个国家的信用，当国家的信用面临着威胁或者遭遇通货膨胀等危机时，实体货币抵御风险的能力将经受挑战，比特币因不受国家主权的控制，抵御风险的优势可以充分体现出来。2013年3月，受欧债危机的持续影响，欧洲援助计划让塞浦路斯的银行业近乎崩盘，为了拿到欧盟等外部救援方的救助金以摆脱金融体系失控的窘境，塞浦路斯政府推出了严厉的存款税和资本管制措施，宣布没收和冻结60%的居民储蓄作为条件，由此导致塞浦路斯的储户人人自危，后来一些人突然发现比特币可以挽救他们的财富，因为比特币本身不会被冻结，不用纳税，可以和美元等多种货币进行兑换，于是在塞浦路斯全国范围内迅速掀起把本国货币兑换成比特币的热潮，最终使比特币的价格短短几天从30多美元飙涨到265美元。在这一事件中，比特币的避险功能得到了很好的体现，也使得比特币的价值得到了更好的发挥。

（三）币值规模越来越大

在早期，比特币只是程序员手中的玩物，毫无价值可言。从第一次用于购买比萨诞生了比特币第一个公允汇率，在比较长的一段时间内，1比特币长期在兑换0.1美元以下徘徊，一直到2011年1月比特币的交易价格才突破1美元，达到1.06美元的高位。自那以后，比特币的币值尽管时高时低，不太稳定，但总体处在快速上升期，尤其是到了2013年11月29日，比特币的交易价格疯涨到1比特币兑换1242美元的历史高位，而同时黄金的价格为一盎司1241.98美元，比特币的价格首次超过了黄金。到了2017年，比特币的价格一路走高，从年初的1000美元一度冲高到年末的2万美元。从某种意义上可以说，比特币已成为不可忽视的"数字黄金"。

（四）参与范围越来越大

比特币自问世以来，吸引了全球大量的追随者，并自发形成了遍布全球的"挖矿"队伍。根据初步统计，全世界目前有数以百万计的"矿工"投身于比特币的"挖矿"大业，抢挖余下的400万个左右待挖的比特币。目前，全球可以用比特币进行消费的商家和饭店等已达数万家，消费者可以用比特币支付各种开支，购置种类越来越多的商品。用于比特币与法定货币相互兑换的比特币ATM也已经在不少国家出现，这类ATM主要分为单向和双向两类：单向比特币ATM只能用法定货币购买比特币，并从中收取一定比例的手续费；双向比特币ATM既可以出售比特币，也可以购买比特币，ATM通过验证人的生物特性来限制其每日买入/卖出的数量，从而预防洗钱活动。

（五）国际社会对比特币的认可程度正在逐步提高

作为一种新出现的虚拟货币，目前国际上对比特币的合法化存在较大的争议，但总体来说关注程度正在不断地提高。

在亚洲，日本对其持最为开放的态度，希望能借此机会打造数字货币大国，韩国、新加坡等国家的态度也较为积极。

在北美,美国和加拿大都在考虑把 ICO 与传统的股票发行等同起来,但具体的政策都不明确;在南美,巴西表示加密货币并不被归类为金融资产,因此禁止资金投注于加密货币投资。

在欧洲,德国、瑞士采取的是积极支持的态度,相关的产业也发展迅速;法国和英国等国家则采取相对保守的态度。

我国曾经是全球最为活跃的比特币交易大国,但目前我国的相关政策较为明确,对其采取了较为严格的限制政策。

十、存在的问题

在历经十多年的快速发展后,目前比特币已成为区块链技术应用最为成功的数字货币项目。但是,在发展的过程中已经暴露出来的一些问题到了不得不面对的地步。

(一) 数据容量限制成为瓶颈

比特币区块链在设计之初人为地将一个区块的容量设置为 1MB,随着比特币发行量的增加和相关应用类型的增多,1MB 的容量已经变得捉襟见肘,交易经常性地被迫推迟,扩容成为迫切的需求。因为容量的限制,比特币的处理量太小,这样的限制会严重削弱比特币的未来扩展。目前,全球范围内参与比特币开发的核心人员在不断地为此努力,希望能得到可行的解决方案。

(二) 能量消耗巨大

算力在比特币区块链的"挖矿"中尤其重要,早期估计全球比特币区块链网络每天在"挖矿"中花费 150 万美元,一年将近 5.3 亿美元。目前,随着"挖矿机"算力的提高,消耗的能量和金额水涨船高,根据得得智库的统计,2018 年比特币的年耗电量为 62.35 万亿瓦时,较 2017 年的耗电量 15.53 万亿瓦时同比上涨 301.46%。全球 2018 年的"挖矿"收入约为 61 亿美元,而"挖矿"成本将近 31.17 亿美元,占比特币"挖矿"收入的一半。同时,整个网络会释放出上百万吨的二氧化碳,对环境的影响不可忽视。虽然相比黄金币制比特币的能量消耗更低,相比信用币制比特币更加安全,但如果比特币区块链希望得到更广泛的普及、达到更大的规模,能量消耗是必须克服的瓶颈。2018 年,时任国际货币基金组织总裁克里斯蒂娜·拉加德在达沃斯世界经济论坛上指出:"比特币'挖矿'依靠大量计算机加速运算来确定实际价值,加上这种激励机制,导致消耗了太多能量;我们认为在这种情况下,2018 年比特币'挖矿'的电力能耗会相当于阿根廷整个国家的耗电总和;如今,气候变化问题越来越引人关注,当我们看到很多地方使用煤炭发电来开采比特币时,这真的是个大问题。"由此可见,比特币"挖矿"导致大量的能源消耗,这在一定程度上已成为一个严峻的社会问题。

(三) 并发处理能力低下

目前,比特币需要平均 10 分钟才能确认交易并将交易记录到区块链中,而且每个区块只能容纳 4 096 笔交易,无法处理超过 7 次/秒的交易,根本原因在于比特币区块链是通过工作量证明系统来确保系统的安全性和可靠性的,而工作量证明系统对于大额交易甚至要花费更长的时间来处理。相比于现实所需要的处理能力,在2017年的"双十一"期间支付宝的支付峰值达到25.6万笔/秒,这样的高并发交易量对区块链而言是无法想象的。即使超级账本的联盟链每秒能够处理的极限是2 000—3 000笔,同样远远不够处理现有的最高峰的交易量。换言之,假如比特币真正大规模应用于各类实际交易,显然很难满足需要。

十一、带来的挑战

经过十多年的发展,比特币带来的各种现实挑战正进一步显现,主要表现在以下五个方面。

(一) 对现有的金融体系带来较大的冲击

比特币出现在美国发生金融危机之时。当时,美国政府向华尔街和底特律汽车公司注入了大量的资金,美国联邦储备委员会(以下简称"美联储")还推出了"量化宽松"的货币政策,本质上是通过大量印钞的方式来摆脱危机,这在很大程度上稀释了美元的价值,引起了全球性的对实体货币稳定的担忧。在欧债危机发生之后,不少欧洲国家遭遇了十分严重的金融困境,除塞浦路斯外,西班牙在危机高峰时民众纷纷将购置比特币作为抵御金融风险的重要手段。因此,比特币的存在有较高的合理性和必然性,必须采取科学合理的措施加以应对。

从当前的发展状况来看,比特币的出现对传统的金融货币体系产生了不可低估的影响:

(1) 比特币没有中央发行机构,世界各国政府无法对其进行有效监管,特别是对本国货币的流动性和物价的调控产生了实质性的干扰。

(2) 比特币依托网络而虚拟存在,各国政府无法对其发行规模和汇率等进行有效调控。

(3) 比特币在全世界范围内流通,成为事实上的国际通用货币,使一国的国际汇兑业务在一定程度上出现失衡。

(4) 随着虚拟货币的应用范围和使用规模的扩大,会跟法定货币产生实质性的竞争,这将使一国政府在不同程度上丧失对本国货币的主导权。

(二) 为各类非法活动提供了温床

作为一种虚拟货币,比特币由于身份隐匿、交易便捷,成为国际上一些非法活动的重要支付工具,在一定程度上出现了泛滥发展的状态。由于比特币不再依赖传统的账户系统来证明资产的归属,而是通过公开密钥技术加上可以随意生成的私钥完成交易,因此成为贩毒、走私以及向海外转移财产的重要工具。早在2011年,美国纽约州参议员查尔斯·舒默(Charles Schumer)和西弗吉尼亚州参议员乔·曼钦(Joe Manchin)致信美国食品药品监督管理局,要求对从事比特币交易的网站"丝绸之路"展开调查,因为其只收取比特币。"丝绸之路"是一个匿名化的黑市,贩毒者可以通过这个网站把毒品换成比特币,接着通过Mt. Gox交易平台提现,换取美元等货币。这一网站已于2013年10月被美国联邦政府关闭,网站负责人也被逮捕,其账户上大量的比特币被没收。

伴随着全球范围内对政府官员公开财产的呼声越来越高,各国握有巨额财产的官员为了避险，纷纷看好比特币的身份隐匿功能。当今比特币的身价高企，与全球较多数量的官员将资产转化成比特币不无关系，从某种意义上可以说比特币为不法分子把黑钱洗白提供了一种可行的选择。

（三）独特的发行机制造就了近乎畸形的产业

从本质上来看，比特币是一种由开源软件所产生的虚拟货币，既不需要印刷，也不需要专门的运输和存储，但它的生成需要通过基于特定算法的巨量计算来实现。正因如此，比特币的出现在全球范围内造就了一支规模巨大的"挖矿"队伍，而以算力为核心评价指标的"挖矿"装备又形成了一个堪称"黑金"的独特产业。在早期，"挖矿"装备仅仅需要在"矿工"使用的普通电脑加装专门的软件就可以有所斩获，随着"挖矿"人数的激增再加上"挖矿"难度的提升，"矿工"开始在"挖矿"装备的算力方面展开了白热化的竞争。特别是在连续两次产能下降一半后，"矿工"的"挖矿"装备也实现了全面升级。遍布在全球各地日夜不间断运行的"挖矿机"犹如一台台小型的老虎机，编织着全球"矿工"的财富梦想。"矿工"的"挖矿"装备既没有统一的技术标准，也没有合法的制造手续，并在很大程度上被少数几个开发人员所垄断，而且这类装备只能在地下销售，既没有品质保障，也没有服务承诺，是否管用在很大程度上只能看购买者的运气。

正如淘金者不如卖水者更能有收获一样，目前全球整个比特币的"挖矿"装备市场由于更新换代极为神速，总体规模至少在上百亿美元。如果加上"挖矿机"日夜运行所需要的电费、空调费、房屋租金和人工成本等各项开支，比特币的配套产业已经极为可观，而且大有快速放大之势。

（四）保障机制的缺失使投资者的利益受损

自诞生那一天起，比特币一直处于自我发展、自我管理的状态，既没有中心化的组织，也没有专门的管理体系和管理人员，这样的体制为比特币免受不当干预提供了重要的保证，但这种无组织、无约束的局面也给投资者的利益保障带来了很大的挑战。随着参与面的不断扩大和比特币价格的不断提升，投资者遭遇的各种利益受损事件也越来越频繁。由于缺乏类似股票的涨跌停保护机制，比特币的汇率如坐过山车般的情形时有发生。比如，在2013年4月10日先涨到每个比特币兑266美元的高位后又迅速下跌至80美元的水平，让一些高位入市的投资者损失惨重。交易网站所导致的意外事件屡见不鲜。比特币交易网站的设立可以自发地进行，并不需要履行传统的报批手续，只要得到投资者的认可就行。但是，如果交易网站遭到黑客的攻击，或者网站的创办者蓄意侵占投资者的利益，投资者的权益就无法得到应有的保障。全球著名的比特币交易平台 Mt. Gox 于 2011 年 6 月 20 日受到黑客的攻击，使比特币的汇率瞬间从 18 美元急落至 1 美分，平台上大量投资者的比特币资产被无情地贱卖，而且相关的注册信息也被泄露，造成了极其严重的影响，但由于缺乏必要的追偿保护机制，投资者只好自认倒霉。同样的情况在近些年出现了多次。2018 年，日本最大的比特币交易所之一 Coincheck 遭到黑客的攻击，交易所内大量的新经币被盗，价值 5.3 亿美元，约 26 万用户的利益受损，成为历史上针对数字货币的最大盗窃案，直接导致全球比特币价格的大幅下跌。从中可以看出,缺乏有效管制的金融服务市场难免出现混乱和无序。个人的使用和存储不当会使比特币永久灭失。由于比特币不与持有人的身份挂钩,因此无法挂失,其财产权利也很难得到现有法律的保护。从本质上来看,比特币是加密的计算机代码,如果持有人无法记起自己设置的密码,或者保存私有密钥的钱包数据的硬盘不慎被格式化,比特币就会永久丢失,这犹如传统的纸币被火烧毁一样,永远无法再找回。

(五) 淘金的强烈冲动会让不少参与者执迷不悟

自比特币问世以来,尤其是自其价格进入高位以来,全球大量的投资者参与其中,而且这一队伍还在不断地发展和壮大之中。大多数参与者是为了圆淘金梦而去,他们当中有的人投入大量的资金直接从事比特币的买卖,有的人不惜斥巨资用于"挖矿机"的投资,有的人则通过开办交易系统来牟利,可谓各显神通、取财有道。

目前,在世界范围内活跃着一支总数超过百万人的"挖矿"队伍,这当中有"挖矿机"的研发销售者、交易平台的拥有者、比特币投资交易者和数量占绝大多数的"矿工"。在这一条参与人数众多的黑色产业链中,参与者分工明确、配合默契,形成了一个相对完整的运行体系。在这一神秘的体系中,比特币的交易规模加上"挖矿机"的交易和其他包括"挖矿"过程中的能源等开支,总体规模已十分可观,但由于尚未得到有效的监管,几乎所有的交易都处在游离状态,既不用纳税,也不能对交易双方的权益予以必要的保护。一个又一个如梦如幻的比特币快速致富的故事让不少投资者忘乎所以,有的人甚至不惜血本、倾其所有投入其中,但并没有意识到其中的风险。

十二、存在的风险

作为一种独特的虚拟货币,比特币所隐藏的风险十分复杂,主要表现在以下四个方面。

(一) 技术风险

从技术的角度来看,比特币面临以下三个方面的风险。

1. 技术破解的风险

作为一种去中心化的虚拟货币,比特币是基于一套密码编码、通过复杂算法产生的,在理论上可以确保任何人、任何机构都无法操纵其发行规则和发行总量,但这是基于其技术体系长期得以维持的前提才能成立,一旦人为设置的技术规则被攻破,就会产生致命的后果。例如,总发行量被突破或者发行频度被改变都有可能使这一发行体系崩溃。而且,比特币的计划发行时间将一直延续到 2140 年,在信息技术日新月异的今天,很难预料这一技术体系能支撑多久。

2. 技术垄断的风险

根据规则,比特币的获取是基于预设的数学算法进行计算,通过反复的加密、解密计算搜寻 64 位数字,为比特币网络提供所需的数据,当这组数据创建成功后,"矿工"就可以获得一定数量比特币的回报。从原理上来看,谁的"挖矿"装备先进、"挖矿"能力强,谁就能获得更多数量的比特币。因此,随着装备的升级、竞争的加剧,"挖矿"能力的集中程度必然会越来越高。可以预见,在不久的将来,新比特币的发行将会逐步被少数的大户所垄断,大量的中小散户只能画饼充饥、望洋兴叹。所以,比特币的技术垄断风险必然会使其失去应有的公平性,导致新的虚拟货币霸权的产生。

3. 技术被攻击的风险

比特币由名为"中本聪"的人设计、开发并成功上线运行,这一堪称天才的设计受到了全球投资者的高度认可。但是,智者千虑,必有一失。有人预言,只要比特币的数学模型被发现有一个漏洞,整个比特币大厦就会坍塌。与此同时,全世界觊觎比特币已久的黑客们已经开始了各种行动,希望能尽快地攻下这一堡垒。当前,黑客们正以开发比特币"挖矿木马"、盗取投资账号和攻击交易市场等方式攫取利益,对广大比特币的投资者造成了直接的威胁。由此可见,当比特币越来越成为众人关注的目标时,这一系统的技术攻击风险在很大程度上已难以避免。

(二)流动性风险

作为一种需要发挥流通作用的货币,流动性是比特币最基本的特征。当前,比特币所面临的流动性风险主要表现在以下三个方面。

1. 发行规模局限的风险

比特币的发行总量是按照预先确定的速率而逐步增加的,发行总量为 2 100 万个。从全球流通的现实需要来看,2 100 万个的总发行量显然难以满足需要,相较于全球实体货币的规模而言,这只能算是九牛一毛。尽管设计者考虑到流通的需要,将比特币的最小币值单位分割到小数点后 8 位(0.000 000 01BTC,千万分之一个比特币),但这样的划分由于币值计量单位太小很难得到现实世界的认同。从中不难看出,发行规模的限制注定比特币很难担当全球通用货币的重任。

2. 分布不均衡的风险

由于比特币采用去中心化运作,无法定的监管机构,在实际运作的过程中已造成了事实上的不平等,尤其是在比特币的分配上,一些先知先觉的机构和个人已抢先通过自行"挖矿"或者低价购入等方式聚集了大量的比特币。根据相关的数据,目前全球持有比特币数量较多的机构和个人主要有:一是"中本聪"。由于比特币系统是匿名的,在发行早期几乎乏人问津,早期的发行基本由其控制,总持有量约有 98 万个。二是美国联邦调查局。该机构通过没收涉及毒品交易而取得比特币,比如该机构查封了毒品黑市"丝绸之路"网站,没收了其账户上大量的比特币。三是卡梅伦和泰勒兄弟。这对双胞胎兄弟是进入较早的比特币大玩家,共同持有十余万个比特币。从以上具有代表性的持币者可以看出,目前有较大数量的比特币已被少数机构和个人所控制,这种局面不但造成了比特币分布的不均衡,而且对比特币的流动性带来了极大的冲击。

3. 流通功能被削弱的风险

比特币自问世以来,由于其特有的去中心化运作、不依赖任何一国的政府或银行而存在、稳定地增加供应总量、可全球化交易等特点,受到了全球范围内众多追随者的追捧,致使其价格从当初的几美分上升到一两万美元。随着身价的飙升,越来越多的投资者入市,使比特币变得奇货可居,很多人把持有一定数量的比特币作为一种财富保值增值的手段,尽可能地多买入、少卖出。这样一来,比特币的流通功能不断地降低,流动性风险骤然上升。可以想象,当一种货币逐渐成为一种收藏品时,这样的货币已经不是一般意义上的流通货币了。因此,投资者对比特币采取囤积居奇、坐等升值的心态,会逐步使比特币失去活力,渐渐变成"死币"。

(三) 信用的风险

众所周知,在传统的条件下,货币本身并没有价值,国家信用才是实体货币价值的背书。因此,当一个国家或地区的信用体系受损甚至崩溃的时候,货币体系必然会随之一损俱损。与实体货币相比,作为无发行主体的虚拟货币,比特币的信用体系显然要脆弱得多。目前,比特币面临着以下三个方面的信用风险。

1. 世界各国是否认同的风险

比特币自问世以来取得了十分迅速的发展,在一定程度上已给传统的金融体系带来现实的冲击,世界各国政府对此都采取了较为审慎的态度。德国是世界上第一个认可比特币合法身份的国家,比特币在德国可以用来进行多边结算,并用作缴纳税金或其他用途。美国政府早期对比特币持较为开放的态度,近年来开始加强监管,要求将一切参与比特币交易的客户信息都记录下来,财政部能对其进行检查,同时还要求参与比特币交易的商家缴纳足额的保证金。由此可见,取得世界各国政府的合法认可是比特币得以健康发展的重要条件,但这是一个艰难而又曲折的过程,当中充满了各种已知和未知的风险。

2. 交易平台的信用风险

作为一种虚拟货币,比特币的交易必须通过相应的交易平台来实现。当前,从事比特币交易的平台已不一而足,成为整个比特币产业链不可或缺的参与主体。但是,由于这些监管平台既没有相应的监管部门,也缺乏有效的交易服务手续,在很大程度上处在"灰色地带"。可以想象,作为支撑比特币市场的重要支柱,比特币交易平台的风险对整个比特币的发展所带来的影响不可低估。

3. 交易规则的信用风险

自诞生之日起,比特币就始终带有"被交易"的角色,币值一直处于跌宕起伏的状态,而且由于没有成熟的定价机制,在日常的交易中同样表现出涨跌无常的状态。从目前的情况来看,比特币交易价格的形成都是事件驱动型的,并且是在全球范围内实行 24 小时交易,没有类似股票涨跌停比率的交易保护制度,交易价格的剧烈波动在所难免。从未来的发展趋势来看,整个比特币市场将会越来越受到大户们的控制,在一定程度上将呈现出寡头垄断的局面,对数量众多的普通投资者来说,其中所蕴含的风险是不难想象的。

(四) 权益保障的风险

众所周知,货币是财富的象征,是所有权人获得财富权益的基本依据。作为一种虚拟货币,比特币在保障所有权人的权益方面面临着以下三类风险。

1. 容易灭失的风险

从表现形式来看,比特币是一串代码,以"wallet.dat"文件的形式存在,这一文件可以由个人自行保存在计算机或存储设备上,但如果遭遇一些意外操作,比如硬盘损坏或者系统格式化等,就可能使比特币永久灭失。为了更好地防范比特币灭失的风险,一些专业人士干脆把比特币雪藏到一台永远不使用的电脑中,就如同把现实货币埋藏在地下一样。但即使这样也不是万无一失的,一旦电脑系统出现故障或遭遇失窃,所造成的损失同样无法挽回。

2. 市场被操控的风险

随着比特币影响的不断扩大,越来越多的资金涌向比特币市场,掀起了声势浩大的比特币淘金浪潮。由于当前比特币的总体交易规模还较小,大量的比特币资金进入后正在形成一个又一个的比特币"庄家",在一定程度上已开始操控整个比特币市场。与股市相比,比特币交易既没有必要的监管机构,也缺乏基本的游戏规则,对绝大多数普通投资者而言,意识不到其中的风险必然会陷入一发不可收拾的困境。

3. 利益协调机制缺失的风险

比特币作为去中心化的特殊货币,没有相应的监管机构和基本的组织管理体系,这样的特点在一定程度上避免了传统的货币监管部门的干预,但也失去了监管机构的保护,由此而造成的风险也变得越来越复杂。比如,比特币对美元、人民币等实体货币的汇率瞬息万变,在比特币买卖和作为支付工具时交易双方难免会出现一些问题甚至纠纷,在现有的比特币运行体系中无法获得有效的解决办法。又如,涉及比特币作为遗产继承公证、交易过程失误和无主财产认领等问题时,没有传统监管机构的介入,往往会使简单的问题变得复杂,从而使相关各方的利益受损。

世界上的任何一个国家或地区都将面临这一挑战。在信息网络化、全球经济一体化的背景下,世界各国的金融体系无法在封闭的环境下独善其身,必须融入全球日益紧密的金融大家庭中,我国自然也不例外,要与世界各国深入合作,共同应对比特币等各种虚拟货币带来的挑战。

 **本章小结**

采用数字加密算法、基于节点网络的数字货币是货币发展史上的一个重要里程碑,引领数字经济更好更快地发展。ICO作为一种具有一定创新性的加密货币融资模式,在一定程度上给传统的IPO带来了冲击,但也提供了解决融资问题的新的思路,值得进一步研究。法定数字货币作为基于国家信用的数字货币形式,已成为社会各界的共同期待,它既是传统纸币的升级换代,也是适应数字经济发展需要的新的货币形态。作为数字货币的代表性

成果,比特币已在全球范围内产生了重大而又深远的影响,其所依托的区块链技术、"挖矿"发行机制和严密的管理体系,为数字货币的理论研究和实践发展提供了十分宝贵的案例借鉴。

关键词

数字货币　ICO　法定数字货币　比特币　加密算法

复习思考题

1. 为什么我国需要推进法定数字货币?我国推进法定数字货币有哪些好处?
2. 我国法定数字货币发行可能会带来哪些问题?请分别从支付体系、货币政策、金融体系三个角度谈谈自己的看法。
3. 为什么我国法定数字货币的运行会优先考虑采取中心化数字货币体系?这样做有哪些优势?

扩展阅读

[1] 何德旭,苗文龙.数字货币的经济学解读及我国发展策略[J].经济纵横,2020(6):18-25.
[2] 王若羽,张书怡.Libra的运作机制、影响及应对[J].青海金融,2019(120):49-51.
[3] 徐忠,孙国峰,姚前.金融科技:发展趋势与监管[M].北京:中国金融出版社,2017.

第十一章 金融科技风险及其管理

 学习目标

1. 了解金融科技的技术风险、伦理风险和金融科技风险管理的基本原理、管理组织机制设计及其管理技术。
2. 掌握金融科技风险的基本内涵,熟悉金融科技技术风险和伦理风险的分类与特征。
3. 了解技术风险和伦理风险的形成机制,熟练掌握金融科技伦理风险的应对原则,掌握金融科技风险管理的内涵与理念。
4. 了解金融科技风险管理的组织和机制设计、金融科技风险管理的技术。

 引例

在当前网络空间安全面临巨大挑战,传统安全产品已不能很好应对安全威胁的情况下,蚂蚁金服推出了新一代金融级原生安全基础设施 Antsec,提供了一整套端到端的原生安全风控系统。蚂蚁金服风控系统的核心是多层级漏斗智能识别,即一种五级分层的防控体系。终端层 T0 是最接近客户的一层,T1、T2、T3、T4 是服务器端层。T0 在移动设备上做风险识别,贴近用户和异常,最容易发现问题。T1 是快速识别层,比如判定某账号在相应的 Wi-Fi 或 4G 环境下是安全的,是一个可信环境,那么就快速放过,这样把 90% 以上交易快速放过,可以极大减轻风控系统的压力。T2 是深度识别层,是风险识别的主战场,通过大量的风险策略与模型去判断这个交易是不是有风险。T3 是异步识别层,针对一些特定场景和风险,使用复杂算法,比如深度学习算法,提升整个风控算法的覆盖率和准确率。T4 是离线层。识别出风险后,在风险决策上使用模型驱动的个性化风险决策,给出最终的风险决策操作。风险决策也可以做到千人千面,可以根据用户的喜好和可用性、适用性推荐不同的校验方式。例如,老人尽量推荐使用人脸;手机丢失就不能使用短信验证了,就改为其他验证方式等。

第一节 金融科技的技术风险

一、金融科技风险的内涵与特征

1997年诺贝尔经济学奖获得者罗伯特·默顿认为,所有现代金融理论都将风险作为核心。风险管理也是金融的三大基本功能之一。在金融科技学中,我们不仅要利用金融科技手段来管控金融风险,更要理解和防范金融科技本身带来的风险。金融科技风险是在金融科技的基础上引申出的概念。顾名思义,它是指金融科技企业(包括非金融企业以及金融机构)在经营发展过程中,由于制度因素和非制度因素致使资金、财产和信誉遭受预期、非预期或灾难性损失的可能性。金融科技具备金融与科技的双重属性。金融科技是利用科技手段来改善金融功能、提高金融效率的一种表现形式。因此,金融科技首先也将面临与传统金融所面临的风险,包括流动性风险、信用风险、市场风险、操作风险和法律风险等。除此之外,金融科技风险主要受到技术风险和伦理风险的影响。

(一)金融科技技术风险的内涵

科技是金融科技的重要载体,一切金融科技皆以科技为手段。因而,科技创新所固有的不确定性特征也是金融科技风险的重要来源。例如,区块链应用了大量密码学技术,属于算法高度密集的工程,出现错误在所难免。一旦出现高级别的漏洞,可以说区块链的整个大厦将轰然倒塌。科技本身的一些属性,使得金融科技相对于传统金融增加了一些新的风险问题,主要包括技术风险、政策风险等。

金融科技的技术风险是大数据、云计算、人工智能、区块链等数字技术不成熟而带来的潜在风险。金融科技的运行依靠的是科学算法、软硬件设备和互联网技术。算法的成熟程度、技术设备的可靠性、人员的技术水平均会影响金融科技手段的顺畅实施。如果金融科技存在技术漏洞,则会被人通过病毒等程序入侵到网络中,非法获取、篡改个人信息,窃取资金,危害公共安全。金融科技依赖的软硬件设备同样存在安全隐患。我国大部分高端芯片、基础软件均依赖于进口,这些软硬件设备具有潜在的信息安全隐患。

除此之外,技术的漏洞还有可能引发其他风险。盲目追求创新技术、颠覆式技术,并在未严格测试的情况下实施技术,很有可能使技术沦为市场投机、操纵和欺诈的工具,使不法之徒利用技术游走在法律边缘。以互联网金融为例,互联网金融的基础是计算机网络,互联网系统的安全运行是互联网金融持续健康发展的保证。互联网技术风险会对互联网金融交易中的资金安全构成威胁。由于网络及计算机自身缺陷或技术不成熟造成的停机、堵塞、出错及故障,以及通过病毒、黑客等人为破坏手段构成的网络软硬件瘫痪、信息泄露、被篡改等都有可能导致资金的截留或被盗。同时,互联网支付密钥的技术管理以及TCP/IP协议的安全性也会影响互联网金融业务中的资金安全性。

(二) 金融科技技术风险的特征

金融科技是一把双刃剑。在提升质量、提高效率方面，金融科技有着不可或缺的优势，与此同时，金融科技所带来的创新型金融风险也不可忽视。金融科技风险具有传染性强、传播速度快、复杂程度高、破坏性强等特征。

1. 传染性强

在分业运营和分业监管的体制下，传统金融机构的风险相对较小，业务之间的风险相对独立，风险关联性较小。金融科技广泛运用互联网技术、分布式计算与分布式存储技术，导致业务之间的隔离减弱。互联网机构与客户之间互相交错、互相渗透，各金融业务种类间、金融机构间、国家间的风险相关性日益增强。金融科技风险如同计算机网络病毒一般，较容易在互联网中繁殖。因此，金融科技风险造成的预期损失、非预期损失和灾难性损失极易突破金融市场各业态的限制而传播。

2. 传播速度快

当代信息技术的发展，主要表现为计算效率更高、传输速度更快、存储容量更大。金融科技利用网络技术手段，一方面能够远程快速处理金融信息，并且为客户提供更便捷快速的金融服务；另一方面，由于网络化与便捷度的提高，金融风险快速增大。

3. 复杂程度高

随着金融科技企业的快速发展，金融产品、业务、组织和服务等被深度融合，金融科技"混业经营"趋势逐渐增强。在此背景下，金融科技企业的金融信息挖掘、处理和传播导致互联网信息系统的网络复杂性增加，任何漏洞都会增加因金融信息泄密、失密而造成损失的可能性。

4. 破坏性强

随着金融科技不断赋能传统金融业，平台逐渐依赖于业务数据化。与传统金融不同，金融科技具有数据高度集中的特点，一旦金融风险在短时间内突然爆发，进行化解的难度巨大。同时，其扩散面积和补救成本也随着数据密集程度而增加。此外，数据的高度集中也增加了发生系统性金融风险的可能性。

二、金融科技技术风险的分类

金融科技行业除了金融业本身的数字特征外，还高度依赖于现代信息技术，所面临的技术风险较为复杂。主要表现在以下两个方面。

(一) 技术选择风险

当前，各种金融科技发展变化很快，如果金融科技企业选择不合理的技术方案，则会引起相应的风险。其一，技术淘汰风险。面临日新月异的金融科技创新，选择不当的技术方案可能会较快过时，导致业务流程不顺畅，业务达成成本增加。与此同时，还会引起用户体验大幅下降，从而面临被淘汰的风险。其二，无法满足技术兼容性要求。如果选择的技术系统与客户终端的兼容性较差,将可能使业务的开展较为困难,甚至危及企业生存。

(二) 技术安全风险

技术安全风险是指信息技术本身缺陷漏洞导致客户财产存在损失的可能。金融科技的安全风险主要体现在以下四个方面:其一,技术泄密风险。为确保数据的完整、准确和不可抵赖等,金融科技运用各种手段加密,如果该手段被泄密或破解,则会引起严重的后果。其二,计算机病毒感染风险。互联网金融的运作主要依赖于计算机与网络,如果感染病毒,则可能会使网络瘫痪,甚至导致整个系统崩溃。其三,系统运行终端风险。如果系统服务器无法承受对大量数据的并发处理,则可能出现宕机等现象,影响平台的稳定性以及业务的开展。其四,数据传输风险。金融科技数据在传输过程中可能会被窥探或截获,造成信息泄露,影响交易安全。

三、金融科技技术风险的形成

金融科技行业的技术不成熟是内在风险产生的原因之一。金融科技行业较为依赖信息技术相关领域的软硬件设备,并以此来从事金融业务创新活动。其所面临的风险与具备的信息技术水平密切关联。由于不同的金融科技企业的信息技术水平差距较大,部分企业的信息系统存在漏洞,信息安全存在隐患,容易受到黑客攻击,使得客户的账户、资金和信息等被盗或泄露,从而使客户遭受损失。传统的信息安全问题主要包括网络病毒攻击、网络勒索等。当前,黑客式的攻击往往带有特殊目的,包括商业目的或者政治目的等。在大数据时代,数据安全成为更加重要的信息安全问题。利用技术漏洞窃取数据、在黑市上交易数据、数据跨境传输等,都成为数据安全的巨大隐患。

金融科技技术不成熟引致业务风险。有的机构在未经过严密测试和风险评估的情况下,盲目地追求所谓的颠覆式技术,拔苗助长,急于求成,导致技术选型错位、资源浪费、安全事件频发等问题。特别是对部分尚处于发展初期的新兴技术,通过舆论和资本的过度炒作,可能会令它们沦为市场操纵、投机、诈骗的工具。实践表明,一些号称技术和数据驱动的所谓金融创新,实质上是利用相对滞后的制度规则,游走在法律和监管的灰色地带。

金融科技技术不成熟引致信息安全风险。当前,信息安全形势异常复杂严峻,常规攻击持续演变,高级持续性威胁等攻击手段不断翻新,有组织、大规模的网络攻击时有发生。这给金融网络安全防护能力提出了更大的挑战。特别需要注意的是,金融科技在推动基础设施和金融服务线上化、开放化的同时,也增加了信息安全隐患。在传统的通信环境下,金融风险如果发生,往往只是局限于某个营业场所或某个区域。但是,在移动网络的条件下,有可能牵一发而动全身,导致风险因素迅速传染至其他机构和关联行业乃至整个地区,甚至可能引发系统性风险。

金融科技技术不成熟引致数据安全风险。随着电子商务条件下购物、支付、理财等网络金融系统的不断丰富,一些机构也积累了海量的客户行为数据和交易数据,但因其信息系统管理水平和应对网络攻击能力未能同步跟上,其数据安全保卫能力存在不足,存在数据被集中泄露的风险。此外，由于网络数据复制的无限性和低成本以及数字二次利用和传递的隐蔽性，金融科技领域数据过度采集、数据倒卖、一次授权重复使用的违法违规行为屡见不鲜。

第二节　金融科技的伦理风险

一、金融科技伦理风险的内涵与特征

（一）金融科技伦理风险的内涵

金融科技是人类发展与社会进步的前沿。金融科技背后的伦理问题也将给金融科技带来一些伦理风险。科技进步将导致传统金融中的生产关系发生改变。

随着互联网、移动互联网、物联网和各种遥感探测技术的发展，一个"一切都被记录，一切都被分析"的数据化时代已经到来，金融科技正是在这样的时代背景下产生的。借助大数据、人工智能和区块链等技术的发展与应用实践，金融科技已经为我们的生活带来了显著的便利，与此同时，也产生了一系列让人忧虑的问题。譬如个人关键隐私信息的大面积泄露，又如人工智能对传统金融岗位的冲击，再如大数据和人工智能深度结合形成的新型数据独裁、价格歧视等。这些问题要求我们在伦理意义上仔细审视金融科技的发展。

金融科技伦理风险是传统金融道德风险的延伸。传统金融道德风险的内涵存在广义与狭义的区别。狭义的金融道德风险指金融机构及其相关从业人员，在信息不对称的情况下，由于主观过失未能尽职尽责而导致金融资产损失的可能性。广义的金融道德风险指金融活动的参与者出于牟利的目的，利用信息优势或者工作之便违背金融交易规则，以致引发金融风险的行为。

类似地，金融科技伦理风险也有狭义和广义两个层面的含义。狭义的金融科技伦理风险指金融机构及其相关从业人员利用自身信息优势，违背道德伦理，导致客户受到损失的可能性。广义的金融科技伦理风险指一切金融科技参与者因科技伦理而遭到损失的可能性。例如，大数据杀熟属于狭义的金融科技伦理风险，而机器干预人类决策就是一种广义的金融科技伦理风险。

（二）金融科技伦理风险的特征

当前，以互联网、大数据、人工智能为代表的新一代信息技术蓬勃发展，深刻改变着人类的生存方式和社会交往方式，随之而来的金融科技伦理风险具有隐蔽性较强、专业性较强和监管难度大的特点。

1. 隐蔽性较强

无论是大数据的隐私问题，还是大数据杀熟问题，一系列的金融科技伦理风险均隐藏在金融科技的技术手段下，难以被金融消费者察觉。当你在享受某项金融科技服务带来的便利性时，较少去怀疑该金融服务可能已经使你遭受了不公平的对待。因此，往往只有在大面

积爆发之后,金融科技伦理风险才可能进入人们的视野之中。

2. 专业性较强

金融科技因其所依赖的信息技术本来就具有一定的专业性,普通的被服务人群并不了解金融科技的底层运行规则。更重要的是,金融活动具有一定的专业性,这将导致一般用户必须同时掌握金融和科技两种专业技能才能够察觉和规避风险。

3. 监管难度大

在监管方面,平台运用金融科技手段让资金供求两端的交易支付线上化,导致金融业务失去了时间和地理限制,交易对象模糊、交易不透明,极大地增加了监管难度。在以第三方支付、网贷、消费金融等为主要模式的互联网金融平台,数据与信息安全风险交叉,风险隐蔽性较强,数据使用和保护不当将带来极大的风险。

二、金融科技伦理风险的分类

(一) 大数据杀熟

随着大数据技术的日趋成熟,大数据技术的应用已渗透至人们生活的方方面面,企业也已开始利用大数据技术开展商业活动、创造企业价值。利用大数据技术,企业已实现了对用户的精准细分,能够根据每个用户的特征为其进行精准推送,或提供个性化需求。大数据技术商业化运用的同时也带来了一系列问题,如近年来涌现的大数据杀熟现象。北京市消费者协会的调查统计显示,有 88.32% 的被调查者认为大数据杀熟现象普遍或很普遍,认为大数据杀熟现象一般或不普遍的被调查者仅占 11.68%,没有被调查者认为大数据杀熟现象不存在。此外,有 56.92% 的被调查者表示有过被大数据杀熟的经历。

大数据杀熟指商家利用大数据技术,对自身积累或来自第三方的用户信息加以分类和处理,并对其中使用次数较多、对价格不敏感的客户实施加价,以达到利益最大化的差别化价格策略。随着大数据技术的普及,中国互联网企业也频繁被报道利用大数据技术杀熟。例如,滴滴出行被指系统会根据用户手机机型不同,对同一时间、同一行程进行差异化定价;携程被诟病"酒店同房不同价"。2019 年 3 月 27 日,北京市消费者协会召开大数据杀熟问题调查结果新闻发布会,发布了大数据杀熟问题的调查结果。根据调查结果,购物类 App、在线旅游以及打车软件的杀熟情况最严重。

大数据杀熟现象并非近年来出现的新现象。早在 2000 年,美国电商巨头亚马逊就被发现实施了类似的杀熟策略。亚马逊将其销售的 68 种 DVD 碟片根据潜在用户的人口统计资料、购物历史、网络行为等信息,进行动态定价。这一歧视性定价策略使不同的用户看到的价格存在差异,大大提高了亚马逊的销售毛利率。但这一尝试很快被用户发现并投诉,亚马逊迫于压力终止了该策略。

大数据杀熟事实上是一种价格歧视。价格歧视是一类在金融科技运行中典型的道德伦理问题,其实质是价格差异,通常指商品或服务的提供者在向不同的消费者提供相同等级、相同质量的商品或服务时,在消费者之间实行不同的销售价格或收费标准。经营者没有正当理由,就同一种商品或者服务,对若干消费者实行不同的售价,则构成价格歧视行为。其中,一级价格歧视又称完全价格歧视,即销售者对每一位顾客及其所购买的每一单位商品制定不同的价格,因此获取所有的消费者剩余。在传统金融市场运行中,一级价格歧视比较少见,但在金融科技业态中,通过技术手段,企业能够轻松地做到一级价格歧视,即通过对用户浏览记录、互联网行为等产生数据的分析,针对每一位消费者制定价格,获取所有的消费者剩余,其具体表现即为"大数据杀熟"。

对于大数据杀熟,有观点认为这是大数据技术发展的必然结果。大数据技术提升了互联网企业的市场力量和市场地位,企业能够根据用户信息和特征准确预测用户需求的强烈程度,这是传统技术和传统经营环境所不能实现的。依据预测出的用户需求水平,企业可以实现"一人一价"的完全价格歧视。

然而,大多数人依旧不认同杀熟的做法,认为此举损害了消费者利益,加剧了社会不公平,引发了公众舆论的不满,应进一步完善反垄断法、价格法,对大数据杀熟做法予以严禁。此外,大数据歧视定价的前提是获取了大量用户的个人信息。尤其是在保险、信贷等基于风险定价的领域,如果商家能够获取敏感的个人信息,往往会倾向于选择低风险的消费者,对高风险的消费者索取高价或者予以排斥。在未经用户许可的情况下获取大量敏感的个人信息,在一定程度上也侵犯了用户隐私,法律应对用户隐私给予保护。

(二) 大数据隐私

大数据是金融科技时代的生产力,也是金融科技时代的一种新的资产。大数据主要记录了人们的各类消费、收入的资金数据,通话、移动、上网的行为数据以及身份证号、职业等个人信息数据。大数据在为金融科技企业带来利润的同时,也遭受着人们的广泛质疑。尤其是个人隐私数据的泄露使人们充满了恐慌和厌恶的情绪。

大数据行业鱼龙混杂,非法买卖用户数据一直是大数据行业内的潜规则,甚至有不少小公司完全靠收集和出卖用户数据为生。2018年11月,中国消费者协会发布一份报告,在接受调查的100个APP中,有91个"涉嫌过度收集个人信息"。那么,金融科技企业利用大数据来谋利,是否是对金融消费者合法权益的侵占?事实上,如果金融科技企业获取消费者大数据是为了提升服务质量,能够更好地、更有针对性地服务于消费者,消费者应当以宽容的态度来面对这件事;如果金融科技企业利用大数据进行损害消费者权益的活动,消费者就应当保护自己的信息。在金融科技企业面前,消费者是弱势群体,适当的立法将能够维护消费者的权益,保证金融科技企业更好地服务于消费者。

(三) 机器干预人类决策

随着人工智能的发展,计算机可以自我学习和提升,甚至是进行一些决策。那么,计算机是否会从被人类控制转变为控制人类呢?脸书(Facebook)的例子告诉我们,放任人工智能在人类的生活中进行肆无忌惮的行为,它可能反过来影响人类的决策。自古以来,工具是被人操纵的。计算机这种高性能的工具也是服从人类给予的指令。以智能投资为例,人类为计算机设计了在某种条件下购买某种金融产品的规则后,计算机服从人的指令进行操作。从这个角度讲,计算机并不会控制人类。2012年,脸书曾联合康奈尔大学、加利福尼亚大学对70万余名不知情的用户开展过一项有关"情绪感染"的测试。脸书通过后台算法对用户进行有差别性的内容推送,一些用户看到的主要是积极和快乐的内容,另一些用户看到的主要是负面和悲哀的内容。研究表明,当实验结束时,这些用户的发帖行为已经发生了相应改变:那些每天看到积极内容的用户更有可能发布积极的消息,而那些每天看到消极内容的用户更有可能发布消极的消息。虽然脸书宣称研究的目的是了解用户的情绪,试图通过某种方式刺激用户发出积极的或消极的信息,但这项研究依然激起了公众的强烈不满,人们认为脸书已涉嫌违反数据保护法,实现了侧面操控用户心情的目的。据澳大利亚一个广告客户透露,脸书的人工智能分析依然如火如荼地应用着。它会根据用户特征和所发布的内容,对诸如贴有"有不安全感""抑郁、压力大"等标签的年轻人有针对性地投放游戏、毒品甚至虚假交友网站的广告,从中获取巨大利益。

随着社交网络的愈发兴盛,像脸书这样的大型社交平台对群体情绪的影响不言而喻。2016年美国大选期间,一家名为"剑桥分析"(Cambridge Analytica)的公司使用人工智能技术,针对任意一个潜在选民的"心理特征"投放付费政治广告;投什么样的广告,取决于一个人的政治倾向、情绪特征以及易受影响的程度。很多虚假的消息在特定人群中能够迅速传播、增加曝光,并潜移默化地影响人们的价值判断。我们很难想象,如果AI的情绪识别和操纵技术被应用于股票交易、投资交易过程中,将会产生怎样的后果。正如斯蒂芬·威廉·霍金所认为的,"人工智能崛起要么是人类最好的事情,要么就是最糟糕的事情"。

虽然计算机没有意识,无法像人类一样思考,但是,如果人类为计算机制定的规则存在漏洞,就可能反过来受制于计算机的控制。例如,2018年波音737Max的坠机事件,正是由于人类对计算机下达的错误规则,导致飞机的自动驾驶系统不断地进行"死亡俯冲"。即便是驾驶员主动干涉计算机的自动程序,计算机的错误也无法得到修正,最终酿成机毁人亡的惨剧。这种现象在金融科技领域中也可能出现。设想未来的智能财务管理助手帮助家庭管理财富时,也可能由于错误规则而激发错误决策,导致资金不能及时地用于家庭的紧急支付,或者利用某些极端的行为准则来限制人类的消费行为。因而,机器有可能干预人类的决策。

科技具有两面性,随着金融科技的发展,我们在利用金融科技的同时,也必须考虑金融科技的伦理问题,并在未来的金融科技运行中谨防人工智能的负面影响,做好应急预案。人与人工智能的关系,既不是主体与客体之间的关系,也不是主体之间的关系,而是一种主体与类主体之间的关系。信息技术已渗透到人们的日常生活,也深度融入国家治理、社会治理的过程中,对于实现美好生活、提升国家治理能力、促进社会道德进步发挥着越来越重要的作用。在可以预见的将来,人工智能将重塑生产力、生产关系、生产方式,重构社会关系、生活方式。

三、金融科技伦理风险的形成

(一) 信息不对称

本书第四章介绍了信息不对称的内涵和原理,以及信息不对称可能导致的逆向选择和道德风险。金融科技行业中广泛存在信息不对称问题,它们是诱发一些金融科技风险的重要原因。金融科技的本质是金融,金融科技活动的本质是信用关系的建立与存续。尽管我们常说,大数据技术实现了信息的快速传播与获取,使金融科技活动的参与者能够掌握大量的信息,缓解了信息不对称问题,然而,新的信息不对称问题又将出现。例如,"大数据杀熟"是最近的热门词语,反映了商家利用大数据技术了解了客户的信息,然而客户却无法了解商家的信息。事实上,金融科技主要解决了金融科技活动中力量较强一方的信息获取问题,力量弱势的一方仍然无法掌握足够的信息。例如,在商业银行中,银行充分了解了贷款企业的各类信息,能够有效地管理风险,然而贷款企业可能无法完全掌握银行的信息,从而导致企业未来出现管理风险、操作风险、续贷风险等。

与难以获取信息相比较,对信息视而不见是金融科技行业更加严重的问题。金融科技帮助投资者收集了足够多的信息来辅助决策,投资者却并未有效地利用这些信息。有研究表明,人人贷平台上90%的贷款项目在8分钟之内就完成了融资。由此可见,大部分的P2P投资者并未有效利用信息来识别风险,而是根据第一感觉盲目地进行决策。思维往往是非理性的,收益率是影响这些投资者进行投资决策的第一因素,风险却并未进入他们考虑的范围。这种因投资者素质不足而造成的信息不对称是金融科技无法改变的,必须依赖于投资者教育。

(二) 科技伦理

科技伦理是指科技创新活动中人与社会、人与自然和人与人关系的思想与行为准则,它规定了科技工作者及其共同体应恪守的价值观念、社会责任和行为规范。科技是推动社会发展的第一生产力,也是建设物质文明和精神文明的重要社会行为,承担着社会责任和道德责任。从这点来说,在科技活动中遵守伦理规范是社会发展的需要,一切不符合伦理道德的科技活动必将遭到人们的异议、反对,被送上道德法庭甚至受到法律的制裁。近年来,随着金融科技的快速发展,金融科技领域的伦理问题也受到广泛关注。道德伦理风险往往隐藏在金融科技活动背后,需要较长的时间才能显现和爆发出来。

四、应对伦理风险的道德原则

习近平总书记在主持十九届中共中央政治局第九次集体学习时强调:"要加强人工智能发展的潜在风险研判和防范,维护人民利益和国家安全,确保人工智能安全、可靠、可控。要整合多学科力量,加强人工智能相关法律、伦理、社会问题研究,建立健全保障人工智能健康发展的法律法规、制度体系、伦理道德。"面对信息技术的迅猛发展,有效应对信息技术带来的伦理挑战,需要深入研究、思考并树立正确的道德观、价值观和法治观。从整体上看,应对信息化深入发展导致的伦理风险应当遵循以下道德原则。

第一,服务人类原则。要确保人类始终处于主导地位,始终将人造物置于人类的可控范围之内,避免人类的利益、尊严和价值主体地位受到损害,确保任何信息技术特别是具有自主性意识的人工智能机器持有与人类相同的基本价值观。始终坚守不伤害人自身的道德底线,追求造福人类的正确价值取向。

第二,安全可靠原则。新一代信息技术尤其是人工智能技术必须是安全、可靠、可控的,要确保民族、国家、企业和各类组织的信息安全、用户的隐私安全以及与此相关的政治、经济、文化安全。如果某一项科学技术可能危及人的价值主体地位,无论它具有多大的功用性价值,都应果断叫停。对于科学技术发展,应当进行严谨审慎的权衡与取舍。

第三,以人为本原则。信息技术必须为广大人民群众带来福祉、便利和享受,而不能为少数人所专享。要把新一代信息技术作为满足人民基本需求、维护人民根本利益、促进人民长远发展的重要手段。同时,保证公众参与和个人权利行使,鼓励公众质疑或有价值的反馈,从而共同促进信息技术产品性能与质量的提高。

第四,公开透明原则。新一代信息技术的研发、设计、制造、销售等各个环节,以及信息技术产品的算法、参数、设计目的、性能、限制等相关信息,都应当是公开透明的,不应当在开发、设计过程中给智能机器提供过时、不准确、不完整或带有偏见的数据,以避免人工智能机器对特定人群产生偏见和歧视。

第三节 金融科技风险管理

一、金融科技风险管理的内涵与理念

(一)金融科技风险管理的内涵

随着金融科技的快速发展与日益成熟,以及金融科技在金融领域的广泛应用,金融科技风险也不断进入人们的视野。金融科技风险较快的扩散性和较大的破坏性要求我们对金融科技风险采取一定的管理措施。金融科技风险管理指有关主体采取一系列措施对金融科技风险进行监测、评估、防范和应对的活动。

按照层次分,金融科技风险管理的主体包括金融科技企业、行业自律组织、监管机构等。金融科技企业主要对自身产生的金融科技风险进行管理,对技术漏洞、业务风险及其道德风险进行监控与评估,将风险水平控制在较低程度。行业自律组织是为了协调各个企业之间的经营活动而自发组织起来的一种社会机构。行业自律组织在推进统计监测、信息披露、信息共享、标准规则、消费者权益保护等工作方面具有积极作用。金融科技风险的监管机构主要包括中国人民银行、国家金融监管总局、证监会等机构。监管机构对企业依法进行准入管理、日常监管,以防止企业进行技术套利,产生危害社会的风险。

金融科技风险管理的三类主体之间存在一定的配合关系。金融科技企业在风险管理方面往往经验不足，面临市场冲击时会表现出"羊群效应"，因此需要受到行业自律组织和监管机构的管理；监管机构对金融科技企业的风险进行直接的监督管理；行业自律组织对金融科技企业起到督促引导的作用，同时能够积极配合监管部门进行风险整治。

金融科技风险管理的内容主要包括监测、评估、防范与应对四个方面。

金融科技风险的监测主要指金融科技风险管理主体通过系统和持续地收集金融科技业务的数据及相关信息，进行综合分析和及时通报的活动。随着与科技手段的不断结合，金融风险呈现出更强的隐蔽性和更快的扩散速度，对金融科技风险的监测不应拘泥于传统手段，金融风险管理主体还需通过大数据等技术对风险进行实时、动态监测，并及时预警，避免风险扩散。

金融科技风险的评估主要指在金融科技风险事件发生之前，金融科技风险管理主体辨识金融科技活动的风险类型，分析风险特征，描述风险发生的可能性和发生的条件，并评价风险将造成的价值损失程度。金融科技风险的评估不仅涉及业务层面的风险，还需对技术风险和道德风险进行关注。

金融科技风险的防范主要指有目的、有意识地通过风险管理活动来阻止、防范风险损失的发生，降低损失发生的影响程度。金融科技风险的防范可以从技术漏洞、业务内容和道德标准等多个层面入手，以达到消除或减缓风险发生的目的。

金融科技风险的应对主要指在确定了金融科技风险主体存在的风险的基础上，对风险概率及其风险影响程度进行分析，根据风险主体对风险的承受能力而制定回避、承受、降低或者分担风险等相应的防范计划。

金融科技风险管理的措施和手段包括法规构建、机制设计、风险管理技术等。

首先，法规构建从根本上产生了抵御风险的作用。一方面，企业要重视金融科技风险，构建起防范风险的规章制度，将风险发生的可能性降至最低；另一方面，监管部门需进一步建立与完善金融科技监管的法律法规。例如，制定金融科技信息安全行业标准，提高金融科技企业的安全准入门槛，同时明确金融科技企业的法律地位、金融监管部门以及政府的监管职责、金融科技行业的准入和退出机制。

其次，机制设计能够在运行过程中确保降低风险发生的概率。由于科技手段的特殊性，传统的金融风险管理机制已难以适应当下金融科技风险的特征，监管部门亟须为金融科技行业设计更适合的新机制。例如，建立更加完备的账户和资金流转监测，严格身份识别、交易审核、大额对账等；建立风险预警应急措施，对涉嫌非法集资、集资诈骗、洗钱等违法违规行为做到早预警、早处理、早报告，一旦发现即采取清收措施，并快速启动司法保护程序，有效防范法律风险。

最后，风险管理技术是金融科技风险管理顺利实施的保障。金融科技风险管理不仅需要依靠法规和制度的建立，还需要依赖于更高超的风险管理技术。在操作层面，金融科技企业需要提升金融科技技术水平，实施安全规范的操作，防范系统故障、黑客攻击、病毒植入等技术风险。在信息管理层面,金融科技企业需配合监管机构实现信息共享,防范利用高科技手段进行的非法集资、集资诈骗、洗钱等犯罪活动。在技术层面,各个金融科技风险主体都应不断更新技术,运用大数据挖掘、区块链等技术,建立信用评估体系和风险预警模型,有效防范信息泄露等产生的法律风险。

(二) 金融科技风险管理的理念

金融科技风险管理应遵循整体性优先、监管及时、协调创新和安全关系的理念。

首先,金融科技风险监管应遵循整体性优先的理念。在面对金融科技风险监管问题时,监管主体应"守住不发生系统性金融风险的底线"。之所以要优先关注系统性金融风险防范,是因为系统性金融风险与中国经济发展密切相关,防范和化解系统性金融风险是中国金融市场发展及监管工作的核心主题。监管部门应对一些重要的金融科技企业进行风险的重点监控,防止因这些企业的破产或巨额损失导致整个金融系统崩溃,或对实体经济产生严重负面影响。

其次,金融科技风险监管应遵循监管及时的理念。金融科技风险具有较高的外溢性和扩散性。随着金融与科技的不断融合,金融创新产品的周期越来越短,产品覆盖能力越来越大,传播速度越来越快。在这一情况下,一旦金融科技风险发生,将会产生严重的影响。因此,金融科技风险监管应注重及时性,将金融风险监测机制常态化,加快监管平台的建设,对风险进行实时监测、评估,并及时进行风险预警,防患于未然。

最后,金融科技风险监管应注重对金融创新和安全两者关系的协调。科技为金融创新注入了新的活力,大大推动了金融发展。金融科技风险管理主体在进行风险管理的过程中要严守金融安全的底线,但也不能扼杀金融创新的活力。这就要求金融科技风险监管主体紧密关注金融科技行业的发展动态,准确鉴别具有潜在风险的监管规则,调整和修正有损金融产品创新的漏洞与缺陷,在实践中不断尝试。

二、金融科技风险管理组织与机制设计

(一) 金融科技风险管理组织

1. 金融科技监管部门

金融科技监管部门是金融科技风险的主要管理组织,按照"依法监管、适度监管、分类监管、协同监管、创新监管"的原则,确立了互联网支付、网络借贷、股权众筹融资、互联网基金销售、互联网保险、互联网信托和互联网消费金融等金融科技主要业态的监管职责分工,落实了监管责任,并明确了业务边界。金融科技监管部门要鼓励金融科技的创新、发展,营造良好的政策环境,规范从业机构的经营活动,维护市场秩序,协同推进发展普惠金融,鼓励金融创新与完善金融监管,引导并促进金融科技这一新兴业态健康发展。具体而言,金融科技风险的主要监管部门如下。

第一,中国人民银行(简称央行)是中华人民共和国的中央银行,中华人民共和国国务院

组成部门。在国务院领导下,制定和执行货币政策,防范和化解金融风险,维护金融稳定。2019年2月,中央机构编制委员会办公室发布规定,明确了中国人民银行负责统筹互联网金融监管、评估金融科技创新业务的主要职责。这意味着中国人民银行对金融科技的监管要上升为常态化的日常监管机制,并承担对未来诸如金融科技等金融新兴业态的评估和监管职责,体现了金融监管的前瞻性。

第二,国家金融监督管理总局,是国务院直属事业单位,其主要职责是依照法律法规统一监督管理银行业和保险业,维护银行业和保险业合法、稳健运行,防范和化解金融风险,保护金融消费者合法权益,维护金融稳定。国家金融监督管理总局是银行与保险公司的直接监管部门,因而也是银行业和保险业金融科技创新的直接监管者。

第三,中国证监会是国务院直属正部级事业单位,其依照法律法规和国务院授权,统一监督管理全国证券期货市场,维护证券期货市场秩序,保障其合法运行。证监会完成监管科技建设工作的顶层设计,并进入了全面实施阶段。

2. 金融科技行业自律组织

除了金融科技的监管部门之外,行业自律组织也是金融科技风险管理组织的重要组成。2015年12月31日,经国务院批准,民政部通知中国互联网金融协会准予成立。协会旨在通过自律管理和会员服务,规范从业机构市场行为,保护行业合法权益,推动从业机构更好地服务社会经济发展,引导行业规范健康运行。协会单位会员包括银行、证券、保险、基金、期货、信托、资产管理、消费金融、征信服务以及互联网支付、投资、理财、借贷等机构,还包括一些承担金融基础设施和金融研究教育职能的机构,基本上覆盖了金融科技的主流业态和新兴业态。

中国互联网金融协会的主要职责为:按业务类型制定经营管理规则和行业标准,推动机构之间的业务交流和信息共享;明确自律惩戒机制,提高行业规则和标准的约束力;强化守法、诚信、自律意识,树立从业机构服务经济社会发展的正面形象,营造诚信、规范发展的良好氛围。

金融科技的规范、健康发展,既离不开政府监管,也离不开行业自律。政府监管和行业自律相互支撑,有利于降低监管和市场运行的成本,提高监管效率并促进市场创新,也有利于提升金融科技市场整体运行的安全性和有效性。

(二) 金融科技风险管理机制设计

1. 金融科技风险管理机制的定义

金融科技风险管理机制是指管控主体以特定的金融科技机构及其关联方为对象,在发起设立、业务模式和市场行为等方面,予以局部或具体的指导、监督、检查、协调、控制和处置等管理行为的体系化制度。

2. 中国金融科技风险管理的主要机制

中国金融科技风险管理的主要机制分为内部管控机制与外部管控机制。内部管控机制指金融机构针对其内部有效管理制定和实施的一系列保障性规章制度,从而获得生产效率和稳定经营秩序。根据不同细分领域,内部管控机制又可分为业务、营销、财务、人力资源、组织机构、信息管理系统以及其他包括内审、保密、消防在内的安全控制等方面的管控机制。有时,金融机构内部管控机制也会涉及其公司治理机制、决策机制等方面。建立企业内部管控机制的理论依据是"内部控制理论"。该理论源自系统科学的控制论和系统论、经济学的委托代理理论以及管理学中关于控制职能的各种相关理论。

外部管控机制主要包括金融安全网、互联网技术安全标准、行业市场准入、消费者权益保护和合作担保五个方面。

第一,金融安全网。金融安全网是指为了保障金融安全,由中央银行、金融监管当局和银行同业组织共同组成的具有公共性质的安全保护系统。广义的金融安全网包括审慎监管、存款保险和"最后贷款人"制度。狭义的金融安全网仅指存款保险和"最后贷款人"制度。金融安全网可以通过行政措施、法律手段和经济政策等措施,救助因金融危机而遭受严重损失的金融行业或金融机构,从而有效防范对金融机构的挤兑,抑制风险传播造成的金融恐慌。

第二,互联网技术安全标准。金融科技广泛采用现代信息技术和网络技术,具有虚拟与现实交互联通的特性,与传统金融形成重大区别,使得金融科技面临较独特的技术风险。防范技术风险是金融科技管控机制面临的重要问题。因此,应该构建系统的、可行的、具有充分技术保障的互联网技术安全标准。

第三,行业市场准入。金融领域的行业市场准入是指金融管控部门为防范不正当竞争,维护市场竞争秩序,保护金融行业既得利益,对金融行业的新进入者采取限制性资格评审的制度措施。金融行业的准入限制性资格条件通常包括:金融机构(平台)的资质与以往违法性记录;从业人员的资质、从业经历和人员数量限制;资本及最低限额;风险评估等级和风险管理体系;内部控制制度;外国资本与本国资本在投资总额或资本结构中所占比例限额等。

第四,消费者权益保护。根据金融消费者权益保护理论,金融消费者的权益包括知情权、受教育权、自由选择权、隐私权、受服务权、受益权、财产安全权、投诉权和获得赔偿权。金融科技消费者保护相比传统金融更为复杂与特殊。金融消费者权益保护的理念强调从消费者教育、信息披露、格式合同条款监督、多元化纠纷处理机制、个人信息保护、不实宣传与捆绑销售禁止等方面,对金融科技消费者权益进行保护。

第五,合作担保。合作担保指寻求第三方担保以分散金融风险的做法,主要分为政策性合作担保和市场性合作担保。政策性合作担保机构由国家支持的第三方担保机构与借贷或投资类金融机构构成,两方共同为客户提供资金借贷与担保服务,以支持国家重点行业和政策性扶持行业为主。市场性合作担保机构由市场担保公司、贷款人和借款人组成,主要面向城镇中小微企业和农村合作社组织等。金融科技机构的合作担保对象多为后者。

三、金融科技风险管理技术

(一) 金融科技风险管理技术的定义

金融科技风险管理技术指的是针对金融科技领域的特定风险所采用的风险管理技术。其中,最重要的是互联网金融管控技术,它是指在既定的管控体制和管控机制中,管控主体以特定的互联网金融机构及其关联方为对象,在其发起设立、业务模式、市场行为等方面予以局部或具体的指导、监督、检查、协调、控制和处置等管理行为的标准或合规操作程序与步骤。

(二) 金融科技风险的主要管控技术

1. 防火墙

防火墙指的是一个由软件和硬件设备组合而成,在内部网和外部网之间、专用网与公共网之间的界面上构造的保护屏障。防火墙主要由服务访问规则、验证工具、包过滤和应用网关 4 个部分组成,是一个位于计算机和它所连接的网络之间的软件或硬件。

2. 风险源识别

风险源识别又称风险辨识,指的是金融机构、第三方服务机构和金融管理部门使用一定的技术手段,获取和分析潜在风险信息,对风险源进行识别,对其性质加以判断,对可能造成的危害和影响提前进行预防,以确保系统的安全和稳定。

3. 智能风控

智能风控利用人工智能技术构建线上金融风控模型,通过海量运算与校验训练提升模型精度,最终应用于反欺诈、客户识别、贷前审批、授信定价及贷后监控等金融业务流程,从而提高金融行业的风控能力。智能风控为金融行业风控提供了基于线上业务的新型风控模式,这是一种贯穿反欺诈与客户识别认证、授信审批与定价分析、贷后管理与逾期催收等业务全流程的风控模式。

4. 信息披露

要向客户充分披露服务信息,但不得夸大支付服务中介的性质和职能。从业机构应当对客户进行充分的信息披露,及时向投资者公布其经营活动和财务状况的相关信息,以便投资者充分了解机构运作状况,促使从业机构稳健经营和控制风险。

5. 风险提示

风险提示又称"风险告知",是对金融消费者的一种保护性措施,指的是金融机构在开展金融业务之前,应以醒目的方式将金融业务潜在风险告知客户。要向客户清晰地提示业务风险。从业机构应当向各参与方详细说明交易模式、参与方的权利和义务,并进行充分的风险提示。要研究建立互联网金融的合格投资者制度,提升投资者保护水平。

6. 行业自律

中国证券业协会为股权众筹融资行业的自律组织,负责对其进行自律管理。中国证券业协会市场监测中心备案管理信息系统记录行业市场信息,并与中国证监会、中证协实现数据共享;中证协对会员单位实施自律检查等。加强互联网金融行业自律。充分发挥行业自律机制在规范从业机构市场行为和保护行业合法权益等方面的积极作用。中国人民银行会同有关部门,组建中国互联网金融协会。协会要按业务类型,制定经营管理规则和行业标准,推动机构之间的业务交流和信息共享。协会要明确自律惩戒机制,提高行业规则和标准的约束力。强化守法、诚信、自律意识,树立从业机构服务经济社会发展的正面形象,营造诚信规范发展的良好氛围。

除上述几点之外,预防和管理金融科技风险的方法还有防网络病毒软件、风险预警、现场检查、非现场检查和社会监督等。

本章小结

金融科技的技术风险是大数据、云计算、人工智能、区块链等数字技术不成熟而带来的潜在风险,主要有风险传染性强、传播速度快、复杂程度高、破坏性强等特征,包括技术选择风险和技术安全风险两类。金融科技伦理风险有狭义和广义之分。狭义的金融科技伦理风险指金融机构及其相关从业人员利用自身信息优势,违背道德伦理,导致客户受到损失的可能性。广义的金融科技伦理风险指一切金融科技参与者因科技伦理而遭到损失的可能性。金融科技伦理风险包括大数据杀熟、大数据隐私与机器替代人类等。通过监管组织、监管技术与机制设计,能够有效管理金融科技的技术风险和伦理风险,维护金融安全和稳定。

风险　金融科技伦理　大数据杀熟　大数据隐私

1. 金融科技技术风险有哪些类别?
2. 金融科技技术风险的特点有哪些?
3. 什么是应对金融科技伦理风险的原则?
4. 什么是大数据杀熟?
5. 如何看待大数据隐私?
6. 金融科技风险管理的理念是什么?
7. 如何理解金融科技风险管理的组织与机制?

 **扩展阅读**

［1］斯金纳.FinTech,金融科技时代的来临[M].杨巍,张之材,黄亚丽,译.北京:中信出版社,2016.

［2］李伦.人工智能与大数据伦理[M].北京:科学出版社,2018.

［3］王前,等.中国科技伦理史纲[M].北京:人民出版社,2006.

第十二章 金融科技监管与创新

 学习目标

1. 了解金融稳定的定义、金融监管与金融科技的关系。
2. 了解我国金融科技监管政策。
3. 了解创新数据基础设施与共建金融数字化未来的作用。

 引例

数字化转型转什么?华为内部有五个转变:转意识,数字化转型需要的是业务与技术的双轮驱动,回归业务本质,为客户和用户创造价值;转组织,转型过程中往往需要在业务侧,由业务与IT组成一体化团队,基于同一的数字平台,共同开展数字化转型工作;转文化,数字化转型需要公司文化作出相应的改变,强调每个人从平台中拿什么,并能反哺什么到平台里去;转方法,实现对象数字化、流程数字化、规则数字化,在打好数字化基础的同时,不断丰富和完善数字化场景和方案;转模式,新增应用采用"云原生"方式构建,直接构建在云平台之上,采用微服务架构、DevOps敏捷开发模式。数字化转型不可能"一蹴而就",要在方向大致正确的前提下,坚持持续的创新和优化,并以快速的应变来应对现在变化的时代。构建数据基础设施,挖掘和释放金融数据要素潜力。数据有效应用和价值实现的前提是构建一个数据完整价值链条,包含数据采集、数据存储、数据分析以及数据智能,而数据基础设施的作用就是帮助千行百业的用户构建起"数据价值链",释放数据价值。围绕数据的"采、存、算、管、用",华为坚定不移地推进数据基础设施战略,并凭借领先的技术能力成为全球各行业数据存储与处理的优先选择。在金融领域,华为致力于帮助金融机构打造智能时代的创新数据基础设施,使海量数据释放出更大的价值,为金融业务创新赋能。

携手伙伴,共建金融开放新生态。站在智能时代的入口,华为企业业务的定位是"Huawei Inside",即通过"无处不在的连接+数字平台+无所不及的智能",成为数字世界的内核、打造开放的数字底座,并致力于发展伙伴生态,为全球金融行业客户提供端对端行业解决方案。在过去的10多年中,华为通过联合全球5 400余家解决方案和服务合作伙伴,已经服务于全球60多个国家和地区的1 600多家金融机构客户,积累了丰富的经验,建立了完善的生态。

第一节 金融科技监管发展与挑战

一、金融科技监管历史

(一) 国家银行体系的建立(1948—1952年)

1948年12月1日,中国人民银行在河北省石家庄市成立。华北人民政府当天发出布告,由中国人民银行发行的人民币在华北、华东、西北三区统一流通,所有公私款项收付及一切交易,均以人民币为本位货币。1949年9月,中国人民政治协商会议把中国人民银行纳入政务院的直属单位系列,接受财政经济委员会指导,与财政部保持密切联系,赋予其国家银行职能,承担发行国家货币、经理国家金库、管理国家金融、稳定金融市场、支持经济恢复和国家重建的任务。

在国民经济恢复时期,中国人民银行在中央人民政府的统一领导下,着手建立统一的国家银行体系:①建立独立统一的货币体系,使人民币成为境内流通的本位货币,与各经济部门协同治理通货膨胀。②迅速普建分支机构,形成国家银行体系,接管官僚资本银行,整顿私营金融业。③实行金融管理,疏导游资,打击金银外币黑市,取消在华外商银行的特权,禁止外国货币流通,统一管理外汇。④开展存款、放款、汇兑和外汇业务,促进城乡物资交流,为迎接经济建设做准备。到1952年国民经济恢复时期结束时,中国人民银行作为中华人民共和国的国家银行,建立了全国垂直领导的组织机构体系;统一了人民币发行,逐步收兑了解放区发行的货币,全部清除并限期兑换了国民党政府发行的货币,很快使人民币成为全国统一的货币,对各类金融机构实行了统一管理。中国人民银行充分运用货币发行和货币政策,实行现金管理,开展"收存款、建金库、灵活调拨",运用折实储蓄和存放款利率等手段调控市场货币供求,扭转了中华人民共和国成立初期金融市场混乱的状况,制止了国民党政府遗留下来的长达20年的恶性通货膨胀;同时,按照"公私兼顾、劳资两利、城乡互助、内外交流"的政策,配合工商业的调整,灵活调度资金,支持了国有经济的快速成长,适度地增加了对私营经济和个体经济的贷款,便利了城乡物资交流,为人民币币值的稳定和国民经济的恢复与发展作出了重大贡献。

(二) 计划经济体制下的监管(1953—1978年)

在统一的计划体制中,自上而下的人民银行体制成为国家吸收、动员、集中和分配信贷资金的基本手段。随着社会主义改造的加快,私营金融业被纳入公私合营银行的轨道,形成了集中统一的金融体制,中国人民银行作为国家金融管理和货币发行机构,既是管理金融的国家机关,又是全面经营银行业务的国家银行。

从1953年开始,我国建立了集中统一的综合信贷计划管理体制,即全国的信贷资金,不论是资金来源还是资金运用,都由中国人民银行总行统一掌握,实行"统存统贷"的管理办法,银行信贷计划纳入国家经济计划,成为国家管理经济的重要手段。通过高度集中的国家银行体制,对大规模的经济建设进行全面的金融监督和服务。

中国人民银行担负着组织和调节货币流通的职能,统一经营各项信贷业务,在国家计划实施过程中承担综合反映和货币监督功能。银行为国有公司提供超定额流动资金贷款、季节性贷款和少量的大修理贷款,为城乡集体经济、个体经济和私营经济提供部分生产流动资金贷款,为贫困农民提供生产贷款、口粮贷款和其他生活贷款。这种长期资金归财政、短期资金归银行,无偿资金归财政、有偿资金归银行,定额资金归财政、超定额资金归银行的体制,一直延续到1978年,其间虽有几次变动,但基本格局变化不大。

(三)统一监管体系的形成与发展(1979—1992年)

1979年1月,为了加强对农村经济的扶植,恢复了中国农业银行。同年3月,为了适应对外开放和国际金融业务发展的新形势,改革了中国银行的体制,中国银行成为国家指定的外汇专业银行;同时,设立了国家外汇管理局。之后,又恢复了国内保险业务,重新建立中国人民保险公司;各地还相继组建了信托投资公司和城市信用合作社,出现了金融机构多元化和金融业务多样化的局面。

为了推动经济体制改革,加快市场化建设步伐,中国农业银行、中国银行、中国建设银行和中国工商银行相继从中国人民银行分离出来,成立专业银行。同时,非银行金融机构也快速发展。金融业务的日益增长和金融机构的持续增加,迫切需要成立一个能够统一监管和综合协调金融业的职能部门。1984年,中国人民银行开始专门履行中央银行职能,制定和实施全国宏观金融政策,控制信贷总量和调节货币资金,不再办理公司和私人信贷业务。1984年,"拨改贷"改革深入推进。此后,国营企业生产经营资金来源不再依赖财政拨款,转而寻求银行贷款,这在一定程度上加速了股份制银行金融试点的改革。同时,保险公司、证券公司等非银行金融机构不断涌现,资本市场上开始发行股票和债券,金融监管的相关规章制度开始建立和完善。1986年,国务院明确了中国人民银行作为金融监管者的法律地位。中国人民银行不仅负责货币政策的制定,同时还要对银行业、保险业、证券业和信托业的业务活动进行监督与管理,事实上形成了以中国人民银行为唯一监管者的统一监管体系,标志着适应改革开放要求的金融监管体系初步形成。

在这一阶段,金融监管体系建设与经济体制改革紧密联系在一起,由作为唯一监管者的中国人民银行,依据规章制度并采取行政手段,对银行、保险、股票、债券、信托等业务活动进行监管,以维护金融体系安全和金融机构稳健运行。

(四)分业监管体系的形成与发展(1993—2016 年)

20 世纪 90 年代,金融体系格局发生重大转变,资本市场发展驶入快车道。1992 年,国务院证券委员会及其执行机构证监会成立,中国人民银行正式将证券期货市场的监管权移交,标志着金融监管体系开始由统一走向分业。

为了贯彻党的十四届三中全会的决定,更好地发挥金融在国民经济中宏观调控和优化资源配置的作用,1993 年,国务院决定保险业、证券业、信托业和银行业实行分业经营,要求相关职能部门抓紧拟订金融监管法律草案。

在经历了新一轮的快速发展后,我国金融体系内部风险因素有所积累,而且时逢国际金融危机,金融监管受到高度重视。1998 年,国务院证券委员会和证监会合并,成立新的证监会,统一监管全国证券和期货经营机构。同年,保监会成立,统一监管保险经营机构。2003 年,银监会成立。2004 年以来,我国的金融分业监管体系不断完善。各监管机构的专业监管能力不断提升,金融监管法律体系不断完善,分业监管协调机制开始建立,国际监管合作机制逐步加强。特别是在 2008 年国际金融危机以来,我国的金融监管体系掀起了一轮改革浪潮,不仅构建了逆周期调节的宏观审慎监管框架,也强化了中国人民银行对系统性金融风险的管理职能,对系统重要性金融机构的监管和对金融消费者权益的保护也逐步加强。

在这一阶段,金融监管体系由统一监管走向分业监管,形成以中国人民银行、银监会、证监会、保监会"一行三会"为主导的监管格局。其中,中国人民银行的主要职责是对货币市场、信托机构、反洗钱等方面进行金融监管,"三会"的主要职责则是制定监管部门规章和规范性文件,并通过业务审查、现场检查等方式对相应的行业进行审慎监管。

(五)综合监管体系的形成与发展(2017 年至今)

为了切实强化金融监管,提高防范和化解金融风险的能力,2017 年,第五次全国金融工作会议提出设立国务院金融稳定发展委员会。同年 11 月,经党中央、国务院批准,国务院金融稳定发展委员会成立。作为国务院统筹协调金融稳定和改革发展重大问题的议事协调机构,国务院金融稳定发展委员会的成立可以说是拉开了新时代金融体系改革的大幕。

2018 年 3 月,为了深化金融体制改革、顺应综合经营趋势、落实功能监管和加强综合监管,将银监会和保监会合并,组建银保监会。这是继国务院金融稳定发展委员会之后,我国金融监管体系的又一重大变革。

2023 年,为加强党中央对金融工作的集中统一领导,负责金融稳定和发展的顶层设计、统筹协调、整体推进、督促落实,研究审议金融领域重大政策、重大问题等,组建中央金融委员会,作为党中央决策议事协调机构。同时设立中央金融委员会办公室,作为中央金融委员会的办事机构,列入党中央机构序列。不再保留国务院金融稳定发展委员会及其办事机构。同时,在银保监会基础上组建国家金融监督管理总局,统一负责除证券业之外的金融业监管,将中国人民银行对金融控股公司等金融集团的日常监管职责、有关金融消费者保护职责,证监会的投资者保护职责划入国家金融监督管理总局。这是我国深化金融监管体制改革、构建现代金融监管框架的重大变革,从此,我国金融监管体系进入"一委一行一局一会"

主导的新时代,现代化综合监管体系正式搭建。

二、金融科技监管的发展

随着我国金融科技快速发展,与金融法相关的规制也应该跟上,并作出相应的调整以对金融科技行业进行规范。我国金融科技的法律规制随着金融科技的发展而不断改善和深入。

(一)初期法规制度

在金融科技发展初期,金融机构在利用现代通信网络技术的基础上,开始注重数据应用。2005年,支付宝大规模上线应用,既满足了用户在传统金融机构之外的融资需求,也在很大程度上便利了消费金融活动,极大地提升了金融服务的效率。当时,政府没有出台有针对性的法律来对其进行监管。自2012年开始,金融科技进入成长期并快速发展。随着大数据、人工智能、区块链等新一代信息技术在金融领域的广泛应用,信用环境、法律环境、消费者保护、金融监管等方面的建设,为金融科技的发展奠定了良好的基础。2012年11月,银保监会银行业消费者权益保护局成立。

这一时期,政府为了鼓励和支持金融创新发展,出台了一些原则性的政策法规。2014年3月,国务院《政府工作报告》中首次出现"互联网金融"一词,同时指出要在促进互联网金融健康发展的同时完善金融监管协调机制;2015年7月,中国人民银行出台了鼓励金融创新、支持互联网金融良好发展的相关政策措施。上述报告和文件大多是从宏观上进行原则性倡导,强调要完善相关金融监管机制,但具体规范和实施细则较少。这一阶段对于金融科技以政策鼓励为主,其规制较为宽松。

(二)现阶段法律法规

金融科技行业从2015年后期开始呈现井喷式发展的态势,长期积聚的风险一触即发。"e租宝"事件爆发后,银监会有针对性地制定了相关规章制度,列出了8项、148条,内容几乎涵盖了P2P网络借贷平台的所有细节。这些都体现了该阶段我国金融科技规制趋严、合规引导的特征。中国人民银行也推进了一些助力金融科技发展的政策。

为进一步完善监管体系,推动新兴技术在我国金融领域的合理运用,促进金融科技稳步有序发展,中国人民银行在2017年5月成立了金融科技(FinTech)委员会,积极推动金融科技应用的标准化和规范化,密切关注、积极防控各类金融科技创新风险。

在我国金融科技发展的初级阶段,监管环境相对包容。在互联网金融领域出现局部风险之后,以互联网金融监管调整为契机,我国逐步完善金融科技的监管框架。对互联网支付、互联网保险、网络借贷、股权众筹融资和互联网基金销售等作出了相关规定。随后,针对P2P网络借贷和非银行线上支付服务提供商的监管规则也陆续出台。除了政府和监管部门,我国还有不少行业贸易协会、创业孵化器,共同支持金融科技公司的发展,我国金融科技监管的主体和分工日益明确。

2022年是金融科技强监管元年,多项重磅政策出台。银保监会对商业银行开展互联网贷款业务的合作机构提出了更高的要求。银保监会、中国人民银行明确网络小额贷款公司的注册资本、杠杆率、贷款金额、联合贷款出资比例、展业范围等。从监管机构发布的政策来看，金融科技创新监管工具也持续完善。2022年1月4日，中国人民银行提出八个方面的重点任务，特别指出监管科技的全方位应用，强化数字化监管能力建设，对金融科技创新实施穿透式监管，筑牢金融与科技的风险防火墙。

三、金融科技监管面临的挑战

我国已经出台了对金融科技发展和监管的指导性意见，但是对整个金融科技行业的风险防范和监管框架缺乏实质性的机构、规则和执行力支撑，使得我国金融科技行业整体上呈现弱监管特征，部分领域的监管甚至严重缺位。这种监管的不足或缺位，是目前金融科技风险事件频发的重要制度性根源。

（一）监管范畴不明确

金融科技是借助科技手段提高金融服务效率的产业，涉及第三方支付、大数据、金融云、区块链、人工智能等。科技金融则是以金融为落脚点，利用金融创新为科技创新创业提供服务的金融业态或金融产品，具体包括投贷联动、科技保险、科技信贷、知识产权证券化、股权众筹等。在实际监管过程中，如果对上述概念区分不清，就会导致金融科技监管范畴模糊，将属于科技金融产业的公司纳入监管范畴，而将许多属于金融科技行业的公司置于监管范畴之外。金融领域跨界开展业务现象普遍，一个行业出现问题，会快速传播到其他行业、地区，容易引发系统性风险。

（二）混业经营风险隐蔽性强

金融科技产品往往具有多种金融特性，可同时提供多种服务。互联网金融公司的混业跨界式经营打破了风险的时空限制，增加了金融风险快速传播和跨界传播的可能性，使不法分子容易利用监管空白和实现监管套利。另外，创新产品嵌套，贯穿多层次的金融市场，使底层资产和最终投资者变得模糊，风险的隐蔽性增大，难以被识别和度量，即使要求产品主动申报其实质属性，对其真实性进行鉴别和确认的工作也很繁重，这就对金融监管的技术手段和水平提出了更高的要求。

（三）被动型监管成本高

我国目前的金融科技监管模式属于被动型监管模式，监管部门在发展初期制定了完整的行业行为准则，公司在经营过程中严格遵守准则的规定，当公司违反准则规定时，监管部门会根据情节轻重对其进行处罚，轻者罚款，重者停业整顿。但是，行业行为准则无法覆盖全部风险，而且在行业向前发展的过程中，还会产生新的风险，与之对应的政策却无法及时更新，造成政策与形势不匹配，直到行业的发展出现问题时，监管部门才调整监管政策。这种监管模式的灵活性较差，无法适应金融科技行业快速发展的要求。同时，这种监管模式执行起来增大了公司的合规成本，提高了行业的准入门槛，限制了新竞争者的加入。对于初创公司来说，会占用大量资金，使公司创新业务发展受限，导致监管与创新之间出现失衡。

(四)缺乏统一安排

现有的金融科技产品都是根据已有的金融运行模式来确定的,针对性比较强,传统业务条线和金融产品之间并不是绝对分离的,这就要求监管政策之间具有紧密的联系。但已有的监管政策基本上"各自为政"。虽然各部门在出台政策时就已经尽可能多地考虑了政策搭配协调的问题,但这些条款往往是补充性质的,不具有前瞻性。现有的金融科技监管政策缺乏相互之间的协调,对于同类业务的不同认定造成了监管适用方面的摩擦。

金融科技应用于传统金融领域时,监管主体相对明确,但当其应用于非传统金融领域时,监管主体则相对分散。地方金融科技监管机构目前既有金融服务办公室,也有商务厅、经济和信息化局、市场监督管理局等机构,呈现出"碎片化"的特点。另外,金融科技的应用与发展使得传统金融业态与非传统金融业态之间的界限模糊。例如,一些融资担保公司和区域性金融资产交易中心都利用互联网金融平台发售类理财产品,非法吸纳资金,在垂直监管体系与属地监管体系之间缺乏协调的情况下就容易导致监管空白。

(五)监管强度难以把握

金融科技是一种高度市场化的业态,监管是对市场的干预和调控。对互联网金融业态进行调控可以采取经济手段、法律手段和行政手段。如何协调各项调控措施、监管手段和行政手段在何时以多大力度介入、法律给予多大的容错空间、经济手段如何通过市场机制发挥作用,都是难以测度和把握的问题。法律和行政力量过弱,会导致金融科技无序发展,威胁金融安全和社会秩序;法律和行政手段过强,则不利于市场在金融资源配置中发挥决定性作用,金融科技行业将失去活力,不利于打破传统金融垄断的格局,甚至可能通过政策传导效应对经济产生负面作用。

第二节 金融科技监管与技术创新

一、监管沙盒模式创新

(一)监管沙盒产生的背景

"沙盒"一词原为计算机用语,特指一种虚拟技术,多用于计算机安全领域,它指在受限的安全环境中运行应用程序,并通过限制授予应用程序的代码访问权限,为一些来源不可信、具备破坏力或无法判定意图的程序提供试验环境;沙盒中进行的测试多是在真实的数据环境中进行的,但因为有预设的安全隔离措施,不会对受保护的真实系统和数据的安全造成影响。英国金融行为监管局率先将沙盒概念引入金融监管领域。监管沙盒的基本运行机制有:由监管部门在法律授权范围内,根据业务风险程度和影响面,按照适度简化的准入标准和流程,允许金融科技公司在有限的业务牌照下,利用真实或模拟的市场环境开展业务测试,经测试表明适合全面推广后,则可以依照现行法律法规,进一步获得全牌照,并纳入正常监管范围。

监管沙盒本质上是对2008年全球金融危机之后大为强化以至过于烦琐的监管要求的"反省"和"纠偏"。后全球金融危机时代，发达金融市场国家面临一组新矛盾，即滞后的金融监管理念、方法、制度、立法和模式不能满足科技进步环境下金融创新发展和防控金融风险的需要。为缓和并解决这一矛盾，西方主要金融市场国家和地区迅速调整金融监管理念，摒弃了过去宽松的、轻触式金融监管理念和微观审慎监管模式，转向坚持全面"无缝隙"、刚性的监管理念和微观宏观审慎管理相结合的监管模式，陆续通过立法、行政等手段开展金融监管改革，确立了后金融危机时代的"新金融监管模式"。监管沙盒是在无法及时修订相关法律规则而为监管对象或潜在监管对象"减负"的情况下，以这种较为曲折的方式为金融创新留出余地、创造空间，以保持金融市场活力和国际竞争力。

(二) 金融监管沙盒的理论基础

作为一种监管尝试和创新，监管沙盒的理论基础有两点：一是破坏性创新；二是适应性监管。

破坏性创新是指以次要市场或潜在用户为目标群体，所提供的产品或服务相比主流市场更加简单、便利和廉价，具有"低端性"和初期回报不确定性等特点，因而易于被主流公司所忽视的创新活动。破坏性创新者在获得足够的市场发展空间后，会进一步改变公司的原有架构，逐步侵蚀高端市场，占据更大的市场份额，并获取更多利润，最终占据市场主导地位。金融科技的破坏性创新特质决定了对它的监管必须兼顾"破坏"和"创新"这两个维度：常规的监管要求对于金融科技初创公司而言往往是不可承受之重，易于扼杀活力、阻碍创新；自由放任的监管立场又容易导致金融科技野蛮生长，放大和传染其破坏性，乃至酿成系统性风险。

适应性监管的基本理念是指监管者不仅可以对市场规则的内容进行创新，而且可以对其监管策略进行创新，即在其自由裁量权范围内调整决策进程，在信息更加充分的基础上迅速而又渐进地作出决策。与综合性的一揽子监管方案不同，适应性监管是一个多步骤的反复决策过程，通常包括界定问题、确定监管目的和目标、确定底线、开发概念模型、选定未来行动、实施并管理行动、监控和评估等八个步骤。

(三) 金融监管沙盒的主要类型

从实践方面来看，英国的金融监管走在世界各国（地区）的前列。FCA报告中明确了三种沙盒模式，即授权式沙盒、虚拟沙盒、伞形沙盒。

(1) 授权式沙盒的整个流程可以分为三个阶段：首先是准入阶段。拟申请测试的公司在规定时间内向FCA提交申请书，该申请书包括入门指南、个人相关信息、创新方法的信息、测试计划信息四个部分。FCA将会根据申请书的内容，主要以公司所提出的该项创新是否在测试接受的范围之内、是否不同于已经在市场上存在的制度、是否为消费者权益的保护提供了良好的计划、是否真的需要通过沙盒来进行测试和公司是否已经做好测试的准备工作五个标准来对该创新进行细致的审查。如果计划被同意，FCA将指派专门的官员作为联络员，并与申请公司详尽讨论包括测试参数、结果测量、报告要求和安全措施在内的最佳沙盒模式。其次是运作阶段。FCA同意公司开始测试并进行监管，公司按照与FCA协商一致的最佳沙盒模式中的要求进行测试。最后是结束阶段。公司向FCA提交有关测试结果的最终报告，在FCA收到和审查该报告之后，公司决定是否提交沙盒之外的解决方法。如果提交，则需要经FCA最终审核之后再推向市场。

（2）虚拟沙盒是一种以行业间协作为基础、以云计算为技术手段建立的测试方案。公司可以通过虚拟沙盒，利用公共数据和其他公司提供的相关数据对其产品或服务进行测试，并邀请公司或者消费者来尝试其新方案。虚拟沙盒的优势在于所有的创新者都可以在无须授权的情况下进入沙盒进行测试，且该测试并非基于真实的环境开展，不会对消费者和金融系统造成损害。FCA鼓励行业间引入虚拟沙盒，并会在不违反相关规则的情况下为其提供数据支撑。

（3）伞形沙盒实际上是一种监管权的传递，即先在FCA的批准下成立一家非营利公司作为伞形沙盒，其受到FCA的直接监管。没有获得FCA授权成为沙盒公司的创新者，可以在该伞形沙盒公司的授权和监管下，作为其委派的代理人提供金融产品或者服务。与授权式沙盒极其严格的审核与授权相比，伞形沙盒无疑为创新主体极大地减少了测试成本。

创设监管沙盒的目的和意义在于缩短金融创新的市场转化时间，降低转化成本，同时增加创新公司的融资机会，使更多产品有机会获得测试和进入市场，也可以使监管机构同创新公司合作，确保关于消费者保护的适当保障措施内嵌于创新产品和服务。

二、监管科技创新模式

金融危机之后，全球监管当局对金融机构的监管逐渐收紧，金融机构遵守监管法令的成本增加。为了满足监管要求、避免巨额罚款，很多金融机构引入科技手段，促进自身满足监管能力的提升。许多国家的监管部门充分利用信息技术提高现有监管流程效率，对新金融产品、模式实现"穿透式管理"，确保这些金融科技业务的合规性，成为当前复杂金融环境下的监管新思路。

金融科技的飞速发展需要全新的监管范式。作为传统金融监管体系和合规管理框架下应对金融科技创新的有效监管策略，监管科技是基于金融科技创新衍生出的新型监管手段。监管机构将人工智能、加密技术、生物识别技术、应用程序接口、区块链和云应用等新兴技术手段应用于金融科技监管当中，推动监管政策、监管要求、合规准则的数字化，旨在提高监管部门的监管效率，降低金融机构的合规成本。监管科技成为金融科技监管的新方式，成为满足金融行业监管方与被监管方需求的一系列新技术手段。

（一）监管科技建设的必要性

全球金融危机后复杂的预先指令的大范围监管，导致监管者和被监管者合规与监管成本高昂。为回应越来越复杂的监管，需要在数据汇报、汇总与分析上更加颗粒化、精确化和高频化,监管科技建设必不可少。

根据《巴塞尔协议Ⅱ》的资本和流动性监管要求,英美、欧盟和其他地方的压力测试与风险评估,以及G20对场外衍生交易的报告要求,与多德法案和欧盟的欧洲市场基础监管要求的内容有冲突。攀升的监管压力提高了被监管方的合规成本,公司需要通过监管科技来降低成本。很多不同市场的监管碎片化给金融机构增加了新的合规压力。虽然全球决策者在推动相似的后危机改革,但执行这些改革的要求和规定在不同市场却大相径庭。监管上的重叠与冲突促使金融机构采取监管科技来优化合规管理。后危机监管的快速发展带来了未来监管要求的不确定性,要求金融机构增强对合规性监管的适应能力,利用监管科技让金融机构通过互动的模型与实验,确保其在变化的环境中保持合规性。监管者自身需要更加积极主动地探索采用监管科技来确保金融机构符合监管要求。利用监管科技可以帮助监管者近距离、实时地了解创新产品、复杂交易、内部欺诈与风险等,进而提高监管的附加值。西班牙国际银行认为,金融行业的监管科技应集中于人工程序的自动化和分析报告程序、数据质量的提高、大数据的创造、全过程的数据自动分析和使用,以及有益报告的产生并发送给监管者,用于促进关键的公司决策。

在分业经营、分业监管格局下,金融科技不仅加大了金融机构的合规难度和合规成本,也留下许多监管盲区,这些正是监管科技可以解决的痛点。建立在人工智能、云计算、机器学习等技术基础上的监管科技更加依赖数据资源的聚合分析,通过构建合规审核评估模型、客户适当性分析评测模型等,实现对金融机构及其业务的数字化监管。基于数据分析、数据预测、数据决策等全方位数据应用,提升监管水平和效率。监管科技进一步弱化了监管机构的人工审核评估机制,更加强调风险评估和监管审核流程的数据挖掘、整合、分析和预测,注重利用新技术对金融机构信用风险、操作风险、流动性风险等进行智能化监测,从而能够敏捷感知金融风险态势,及时跟进风险处置和缓释措施。通过监管流程的数字化以提升监管的时效性、针对性,促进金融科技稳健发展。

(二) 监管科技的技术应用

监管科技通过人工智能、机器学习、区块链、云计算等现代科技与监管合规体系进行深度融合,为监管机构以及金融机构、金融科技公司提供以技术为核心的监管解决方案,有效实现金融安全与金融效率的平衡协调。监管科技的典型技术应用主要有以下三个方面。

1. 人工智能与监管科技

机器学习特有的数据挖掘算法能够整合和分析高度复杂、非线性的非结构化、低质量数据,通过统计分析方法的改进和更新,可以为风险管理和压力测试构建更加精确、可靠的运算模型,提供更加科学、合理的数据预测结果和决策支持。例如,借助人工智能对金融机构和金融科技公司内部行为进行监测,以识别隐瞒、欺诈和渎职等违法违规行为。人工智能作为智慧金融创新发展的核心技术,在监管科技领域应用的前景广阔。

首先,将人工智能系统和产品嵌入监管流程各个环节,通过发挥其全局优化计算和在线实时监测的优势,快速、准确地识别和应对系统性金融风险,提高监管合规水平。例如,"智能合规官"(AICO)、"机器人辅助合规手量"(RACH)等人工智能典型应用场景,可以辅助金融机构和金融科技公司进行合规审核与持续合规评估。该类应用系统将线下、不间断、分散的人工合规流程,切换至在线、连续、集中的智能化模式,通过实时监测风险数据、监管数据,及时发现和捕捉违规操作和风险隐患,并进行风险提示和预警。其次,在数字化监管协议基础上引入人工智能。该类应用场景的出现可以帮助监管机构对监管规则、合规准则进行标准化解读和专业化解释,减少人工解读造成的理解歧义和解释错误,提高监管合规的科学性和准确性。最后,将指纹识别、虹膜识别、面部识别等生物识别技术与人工智能深度结合。该类应用场景促使监管机构以及金融机构、金融科技公司以更加科学有效、安全便捷的方式验证客户身份,满足"了解你的客户"的法规要求,提高客户适当性分析评测的精确性。

2. 大数据与监管科技

大数据具有数据体量大、类型多、速度快、真实性高等特点,监管当局如果仅仅依靠传统技术手段,将无法及时有效地挖掘数据价值。监管科技使用云计算、数据湖、数据处理引擎等大数据技术,使金融机构和监管当局高效地收集、索引、存储、处理复杂的数据,并捕捉传统分析方法无法获取的有用信息。大数据在监管科技领域的应用主要包括以下三方面的内容。

(1) 利用大数据技术对海量数据中的碎片化信息进行归纳总结,提炼出一些新的模式和算法,从而映射到不同的监管产品设计。例如,应用大数据技术的科技监管,可对私募基金、典当、上市公司等不同行业和业态进行细分产品的评分与评级,并对金融产品资产进行评价,同时也可实现对欺诈行为的客观评价。

(2) 利用大数据技术对公司进行全息画像,通过有效识别分析和挖掘涉金融公司的行为特征,可以推动对涉金融公司的有效监管。例如,在数据治理方面,采用大数据技术,可以找到服务于金融监管的诸多数据源,将其清理成服务监管的变量,再依照小贷公司、私募基金、担保机构以及互联网金融公司等不同业态的不同变量,用大数据算法来计算变量可能对监管产生的影响。

(3) 通过对大数据技术生成的 FIR(金融相关比率)分值进行风险预测,分析金融机构和涉金融公司的违约概率与非法集资的可能性。例如,一些违规的金融公司,招聘大量低学历的营销人员,却给出极高的工资,这种反经济的异常行为可能存在洗钱的可能性。通过金融风险的日常监测分析,可以预测公司是否有异常点的存在,进而对其进行有效监管。

3. 区块链与监管科技

区块链本身蕴含的实时动态在线、分布式总账本、全网广播等思想内核,使其天然地与金融高度契合,并且在金融监管、反洗钱、金融风险控制等细分领域有着突出的表现。在区块链以"全息"化的结构连接所有节点的同时,各个节点都实时上链,并且一个节点的信息增删修改需要全网超过51%的节点确认后在所有节点的区块包中进行修改。区块链的这种跨时空连接、全网记录和自信任机制，能够有效提高监管效率。区块链在监管科技领域的应用主要包括以下三方面的内容。

（1）区块链保障监管数据安全透明。在区块链技术背景下，在区块中记录的信息通过加密算法和哈希函数进行保存，每个区块与前一个区块间都有唯一的哈希值。由于哈希函数的不可逆性，前后区块之间也是不可逆的，按照生成的时间先后顺序以时间戳的形式标记。已经记录上链的信息在区块链中全网广播，所有区块节点中都有备份，都可以看到通过其他节点上链的信息，仅仅修改某个节点区块的数据无法实现修改的目标。由于区块链的防欺诈和难以篡改、可回溯查看的优势，用区块链记账的金融机构数据和监管数据将更加安全透明。相比传统金融监管要求金融机构上报一系列文件材料，需要进行烦琐复杂的会计和审计、尽职调查、出具法律意见书等程序，耗费大量的人力、时间和财力成本，以区块链构建的监管科技平台可以实时存储公司数据和监管政策，公司定期把公司报告、财务报表等上链，也可以在区块链上进行信息披露和发布行业公告，一旦信息上链就不可修改，可以有效减少实践中出现的财务造假、获取内幕信息的问题，监管机构可以及时得到真实数据，也可以随时进行查看和复核分析。

（2）区块链打造新型信任机制和线上监管。区块链信任是基于算法、技术产生的，技术、算法乃至建立在数学问题基础上的奖惩机制具有中立性和客观性。人们自然会相信其逻辑的自洽和真实性，这实现了信任的重构。在传统金融监管存在的问题中，比较明显的就是监管者和被监管者之间缺乏信任，监管机构往往"一放就松，一管就死"，市场主体、金融科技初创公司钻监管漏洞、进行监管套利的现象较为常见。在二元金融体制下，地方金融监管部门和中央监管部门之间也缺乏良好的信任机制，中央的政策能否有效传导到地方，以及地方如何执行、执行的程度，都影响着监管政策效果的发挥。基于区块链监管平台的打造，有利于促进监管机构和被监管方在线上交流互动，及时沟通计划和动向，开展线上研讨、论证，增强金融监管生态中各方主体的信任。

（3）区块链合约促进监管政策智能化。以智能合约为代表的区块链2.0，将智能合约置于分布式结构的上层，用编程式的合约规制经济关系。智能合约也可以应用于行政规制的金融监管领域，通过假设条件、事实和结果三段论的逻辑结构来构建监管政策。智能合约具有良好的兼容性和延展性，可以根据实际情况进行调整和迭代。底层框架是稳定不变的，在这个基础上修改逻辑层和应用层的代码，其成本将比监管层从无到有制定法律法规以及增删修改现有法规的成本更低。在代码层和技术层作出的变动，对金融机构产生的直接效果更明显、约束力更强。通过底层合规和技术合规推动金融机构智能化调整并符合监管规范，可能是未来区块链智能合约发展的趋势之一。另外，由于智能合约降低了监管当局的政策法规成本，监管机构和监管科技公司将能根据金融机构的动态和风险情况，灵活调整监管阈值，以编程化、数字化的法规、部门规章以及算法代替制定成文的监管政策和文件，在智能化过程中促进动态合规，让监管科技和监管政策智能化应变、协同化调整。

中国正逐渐成为国际金融科技创新的领跑者，以及全球金融科技重要的创新中心。金融科技的蓬勃发展极大地扩大了金融的场景应用空间、提升了金融服务能力,但其发展也给金融监管带来了难题。

从总体上看,我国监管体系建设滞后于金融市场发展。随着金融科技对互联网、大数据的应用,发展与监管的失衡进一步加剧。我们可以从金融科技监管国际实践中得到一些启示和借鉴,形成适合中国的监管措施。

(1) 抓住金融服务实体经济的本源,把金融科技发展提升实体经济金融服务的可得性和满意度作为衡量判断金融科技发展水平的基本标准。从国家层面研究制定金融科技发展规划,确立发展原则和目标,引导金融科技公司把金融资源合理高效地配置到经济社会发展的重点领域和薄弱环节,不断提升金融科技服务的普惠性和精准度。

(2) 加强顶层设计,充分发挥中央金融委员会的牵头作用,统筹建立"一委一行一局一会"、市场监管、工信、网信、公安等部门参加的监管协调机制,明确业务边界与监管分工,实现金融科技监管无死角。加强与各国金融监管机构和国际组织的信息沟通,加强在政策融合、风险监测、危机处理等方面的交流合作,积极参与制定金融科技监管国际规则,推动全球金融科技风险治理。

(3) 创新金融科技监管方式和工具。近些年,我国互联网金融监管规则的出台,为实施监管沙盒积累了一定经验。应积极探索借鉴监管沙盒模式,主动引导金融科技创新,寻求驾驭风险的有效途径,弥补现有监管机制的短板。同时,金融监管部门应加强与金融科技公司的合作,积极探索将大数据、人工智能、云计算等技术嵌入金融监管当中,提升金融科技监管的科技化水平。

(4) 加强金融消费者权益保护。当前,我国金融消费者权益保护机制尚未完善,因此,"一委一行一局一会"在金融科技监管中应突出金融消费者保护的基本原则,加大对金融科技公司消费者保护义务的监管力度,明确信息披露责任,完善投诉处理、损失救济机制,构筑金融消费者权益保护体系。

本章小结

从金融稳定的基本定义看,金融科技极大地改变着金融服务的提供方式,改变着金融产业格局,这些新型金融服务提供商必然对金融稳定产生影响,其影响可以从金融安全网——微观审慎监管、行为监管、宏观审慎管理、存款保险、最后贷款人五个维度来分析。随着我国金融科技快速发展,与金融法相关的规制也应该跟上,并作出相应的调整以对金融科技行业进行规范。我国金融科技的法律规制随着金融科技的发展而不断改善和深入。创设监管沙盒的目的和意义在于缩短金融创新的市场转化时间,降低转化成本,同时增加创新公司的融资机会,使更多产品有机会获得测试和进入市场,也可以使监管机构同创新公司合作,确保关于消费者保护的适当保障措施内嵌于创新产品和服务。

关键词

金融稳定　金融监管　监管沙盒　创新模式

复习思考题

1. 如何理解金融科技与金融稳定的关系？
2. 金融科技的发展对金融监管而言是一把双刃剑吗？
3. 面对金融科技的迅速发展，监管机构该如何把握机遇并迎接挑战，更好地进行金融监管？
4. 我国未来金融科技监管的趋势是什么？
5. 我国在引入和借鉴国外监管沙盒模式时，应该注意哪些方面的问题？

扩展阅读

［1］陈辉.金融科技：框架与实践［M］.北京：中国经济出版社，2018.

［2］张晓燕，等.金融科技行业发展与监管2018［M］.北京：经济科学出版社，2018.

［3］阿齐兹迪斯，斯塔格斯.金融科技和信用的未来［M］.孟波，陈丽霞，刘寅龙，译.北京：机械工业出版社，2017.

本书主要参考文献

[1] 李建军,彭俞超. 金融科技学[M]. 北京:高等教育出版社,2021.
[2] 杨涛. 金融科技15讲[M]. 北京:人民日报出版社,2021.
[3] 曹袁阳,王重润. 金融科技概论[M]. 北京:机械工业出版社,2022.
[4] 邓辛. 金融科技概论[M]. 北京:高等教育出版社,2020.
[5] 郭福春,吴金旺. 金融科技概论[M]. 北京:高等教育出版社,2021.
[6] 于斌,陈晓华. 金融科技概论[M]. 北京:人民邮电出版社,2017.
[7] 李凤羽,刘壮,孙岩. 金融科技导论[M]. 北京:清华大学出版社,2023.
[8] 帅青红,等. 金融科技[M]. 北京:高等教育出版社,2020.
[9] 张宗新. 投资学[M]. 4版. 上海:复旦大学出版社,2020.
[10] 林川,翟浩淼. 金融科技概论[M]. 重庆:重庆大学出版社,2023.
[11] 管同伟. 金融科技概论[M]. 北京:中国金融出版社,2020.
[12] 苟小菊. 金融科技概论[M]. 北京:中国人民大学出版社,2021.
[13] 姚国章. 金融科技原理与案例[M]. 北京:北京大学出版社,2019.
[14] 林健武,等. 金融科技实务教程[M]. 北京:清华大学出版社,2023.
[15] 佩德森. 金融科技:卓有成效的金融创新实践[M]. 董良和,译. 北京:中国科学技术出版社,2023.
[16] 臧敦刚. 金融科技学[M]. 北京:经济科学出版社,2022.

图书在版编目(CIP)数据

金融科技概论/李征主编. -- 上海：复旦大学出版社,2024.8. -- (复旦卓越). -- ISBN 978-7-309-17509-7

Ⅰ. F830

中国国家版本馆 CIP 数据核字第 20247EJ133 号

金融科技概论
李　征　主编
责任编辑/郭　峰

复旦大学出版社有限公司出版发行
上海市国权路 579 号　邮编：200433
网址：fupnet@fudanpress.com　http://www.fudanpress.com
门市零售：86-21-65102580　　团体订购：86-21-65104505
出版部电话：86-21-65642845
常熟市华顺印刷有限公司

开本 787 毫米×1092 毫米　1/16　印张 16　字数 349 千字
2024 年 8 月第 1 版第 1 次印刷

ISBN 978-7-309-17509-7/F·3052
定价：56.00 元

如有印装质量问题,请向复旦大学出版社有限公司出版部调换。
版权所有　　侵权必究